KB142523

조선에
반하다
反

조선에
반하다 反

벌거벗은 자들이 펼치는
역류의 조선사

조윤민 지음

글항아리

군자君子의 야만에 저항한 조선 백성
– 낮은 곳에서 만나는 불온한 조선사

이들은 조선 사회의 이탈자였습니다. 서울 창의문 밖에 사는 조만준은 떡을 팔아 생계를 유지하는 평민이었는데, 왕실 사당에 행차하는 어가에 느닷없이 돌을 던집니다. 관아에서 잡일을 하는 하인 박중근은 지엄한 궁궐 마당에서 칼을 빼들어 자살을 기도합니다. 평민 장득선은 아들과 함께 능에 불을 지르죠.

절치부심하며 아버지의 복수를 준비해온 이명과 이가음이李加音伊 형제는 13년째 되던 해 마침내 옛 상전을 죽입니다. 충주 주민들은 수령을 대신한 인형에 화살을 쏘며 욕설을 퍼붓고, 경희궁을 수리하던 목수들은 포도청에 난입해 관리를 구타합니다. 농부와 떠돌이 노동자로 살아온 백성이 의적의 이름으로 당당하게 부잣집 재물을 취합니다.

그 시대에도 불온한 자들이 있었습니다. 지배세력과 사상이나 신념을 달리한 인물들이었죠. 임진전쟁을 계기로 집안이 몰락한 길운절과 서얼 출신 소덕유는 제주 주민을 선동해 반란을 기도합니다. 승려 여환은 무당, 지관과 함께 북한산에서 대홍수의 날이 오기를 빌며 변란을 도모하죠.

『정감록』 예언을 퍼뜨리며 10년 동안 반란을 준비해온 문인방은 유배지에서 역모를 꾀합니다. 권력 투쟁에서 밀려 정계 진출이 좌절된 이들과 함께 말입니다. 관아 노비인 김재묵은 10만 병사가 난을 일으킬 것이라는 괘서를 성문에 붙이며 민심을 어지럽힙니다. 유랑지식인 김치규는 홍경래 무리와 합세해 조선을 멸망시킬 것이라는 유언비어로 하층민을 선동합니다.

벗어나고 거스르던, 파편과도 같은 이런 저항의 흔적은 결국 지배층에 전면적으로 맞서는 역류의 항쟁으로 거듭납니다. 19세기 들어 백성은 평안도와 삼남에서, 마침내 조선 전역에서 대규모 무력 투쟁에 들어갑니다. 몰락한 양반 가문과 한미한 집안 출신의 지식인이 앞장서고, 안목을 갖춘 개혁 성향의 평민이 의로움을 외칩니다. 지주의 토지를 빌려 농사짓는 병작농민과 땔나무를 해다 파는 초군이 동참하죠. 머슴과 임금노동자가 항쟁 대열에 합류합니다. 가구 만드는 장인과 소금 파는 행상도 뛰어듭니다. 뜨내기와 광대가 창과 총을 들고, 노비도 관리와 토호를 징치하는 관아 마당으로 진군합니다.

백성의 이러한 저항 행위는 대부분 대역부도나 역모 등 나라를 위태롭게 하는 극히 불충한 소행으로 단정됐습니다. 도덕과 사회윤리 측면에서도 도道에 어긋나는 짓거리로 매도당했습니다. 목숨과 집안의 미래까지 걸어야 하는 매우 위험한 선택이었죠.

지배세력은 강력한 제재에 나섰습니다. 무력과 폭력을 동원했으며, 제도와 관습의 틀을 공고히 하고, 때로는 사상을 주입하거나 교화정책을 펴며 그 소행과 짓거리를 억누르려 했습니다. 이는 위력과 사회자산을 모두 동원해 지배체제를 지키려 한 사실상의 총력전이었습니다. 그럼에도 조선시대 내내 그 소행과 짓거리는 끊이지 않았습니다. 이들은 대체 왜 그랬던 걸까요? 무엇이 이들로 하여금 자신의 생명과 혈육까지 내던질 수 있게 했을까요?

벗어나고 투쟁한 백성 또한 인력이자 생산자로 조선 사회를 유지하는 데 없어서는 안 될 존재였습니다. 하지만 쉽게 무시당하는 존재이기도 했죠. 지배층의 눈에는 무지몽매한 자였으며 무뢰배이자 흉포한 잡배였습니다. 때로는 도적과 화적, 폭도로 불렸습니다. 기껏해야 가르치고 이끌어주어야 할 모자라는 백성이었습니다. 지배층의 권력 투쟁 와중에 명분을 쌓기 위한 민본의 대상으로 종종 등장하지만 그건 말의 성찬일 뿐, 이들을 위한 정책은 제대로 실현되지 않았습니다.

이들은 지배를 가능하게 해주는 자원인 관직과 토지를 갖지 못했으며 신분과 사회 지위도 미미한 편이었습니다. 지배 계층의 이념이나 사회경제적 영향력 아래 종속돼 차별과 억압을 받는 백성이 대부분이었죠. 지배층으로의 진입이 인정되지 않거나 아예 지배세력권에 접근할 수 있는 길이 차단된 자들입니다. 자신의 목소리를 낼 통로를 갖지 못한 채 오랫동안 사회 주변부를 떠돈 이들입니다. 빼앗기고 밀려나고 억눌려 마치 벌거벗은 사람과 다를 바 없었죠. 겨우 하찮은 것밖에 안

되는 생명, 그 한갓된 존재 말입니다.

그렇지만 이들 또한 무시당하면 모멸감을 느끼는 사람이었습니다. 무뢰배와 도적이라 매도하는 모욕에 가슴 아파했습니다. 울분과 의분을 가진 분노할 줄 아는 사람이기도 했습니다.

의義와 도道를 주창하고 자신들만이 이를 수행할 수 있다고 한 지배층의 허위가 드러나자 마침내 이 분노한 사람들이 들고일어났습니다. 그토록 당당하게 외친 그 의를 행하라며, 그토록 근엄하게 설파한 그 도를 실현하라며, 그렇지 않으면 이제 자신들이 그 의와 도를 이루겠다며 나선 것입니다. 이들의 입장에선 자신들이 조선 사회에 의로움을 세우고 시대의 도를 높이는 의병이었죠.

이 책은 조선 사회의 주류 흐름과 지배세력에 맞서 이탈하고 전복하고 봉기한 자들에 대한 사연을 담았습니다. 양반 중심의 신분질서를 흔들고, 통치체제에 균열을 내며, 지배이념을 거스르며 맞서 싸운 자들에 대한 기록입니다. 앞서 펴낸『모멸의 조선사』에서 지배세력의 통치에 대응해 회피하고 반항하는 양상을 보인 백성을 단편적으로 다루었습니다. 이 책에서는 이탈과 불온, 역류의 이야기를 깊고 넓게 다루고 저항과 항쟁의 세계를 본격적으로 펼침으로써 이전 책과는 형식과 내용 모두에서 분명한 차별을 꾀했습니다.

이들이 외치는 절규의 목소리를 들어보고 거칠지만 정직한 그 몸짓을 겸허하게 짚어보려 합니다. 욕심일 수도 있지만 가능하면 이들의 생각과 꿈까지 헤아려볼 겁니다. 그렇지만 이들의 부르짖음을 두둔하고 행위를 미화하려는 의도는 없습니다. 선과 악의 잣대만을 들이대거나 호불호의 구도에도 얽매이지 않으려 합니다. 이것만이 조선 역사의 큰 줄기라 여기지 않을 것이며 이들만을 변혁의 주체로 고집하지 않을 것입니다.

다만, 명징과 미혹이 교차하고 진전과 좌절이 함께하는 역사의 난장판에서 제대로 발언할 기회를 갖지 못한 이들에게 외칠 자리 하나를 마련하려 합니다. 압제의 대상에서 저항의 주체로 거듭난 이들의 몸짓을 헤아리면서 조선 지배층이 구축한 억압과 착취의 사회구조 한 자락이나마 들여다볼 수 있었으면 합니다. 천리와 윤리의 얼굴 뒤에 숨은 그 속내 말입니다.

어찌 보면 이 책에서 들을 수 있는 목소리와 만날 수 있는 몸짓은 힘없는 자들의 한풀이나 넋두리로 여겨질 수 있습니다. 이들의 저항이 결국은 좌절되지 않았나 하는 자조의 평가를 내릴 수도 있을 겁니다. 설령 그렇더라도, 역사의 유산에서 실패를 되새길 때 다가올 역사의 도전에 당당히 나설 수 있다고 한 말을 또렷이 기억하고 싶습니다. 시대의 부조리와 지배의 야만에 맞섰던 조선 백성이 행한 그 역류의 바람이 오늘 이 시대를 질타하는 칼이 되었으면 합니다.

2018년 7월
조윤민

|차례|

1부
일어서는 자 벗어나는 이

나는 반항한다.
그러므로 우리는 존재한다.
_ 알베르 카뮈, 「반항하는 인간」

지존의 밑바닥, 왕권에 균열을 내다 | 국왕 질타

국왕 숭배와 모독

궁궐 소란

국왕 숭배와 모독

어가에 돌을 던진 떡장수

그날 조선 왕의 위엄은 하늘과 땅을 오갔다. 화려한 어가와 형형색색
의 깃발, 대소 신하와 수많은 호위병은 군주의 권위를 드높였지만 어
가에 날아든 한 알의 돌멩이는 휘황찬란해 보이는 왕가에 쇠락의 기운
이 가득 찼음을 알려주었다. 이 돌멩이 사건은 조선 왕가 역사상 가장
모욕적인 사건 중 하나였다.

봄기운 명랑하고 하늘은 맑은 날이었다. 대로 양쪽으로 수많은 도성
주민이 몰려나와 임금의 행차를 구경했다. 지존의 나들이답게 행렬은
화려하고 성대했다. 철종哲宗 12년인 1861년 3월 초순의 어느 날, 어
가는 경복궁 북쪽에 위치한 육상궁毓祥宮으로 향했다. 육상궁은 숙종의
후궁이며 영조의 친어머니인 숙빈 최씨의 신주를 모신 곳으로, 철종은
왕실 사당 참배 행사의 하나로 이곳을 찾은 터였다.

돌멩이 사건은 육상궁으로 이어진 큰길에서 일어났다.[1] 어가가 육상궁 인근에 이르렀을 때 가마 지붕을 때리는 날카로운 소리가 울렸다. 어디선가 주먹만 한 돌멩이가 날아와 가마 꼭대기의 황금 봉황 장식을 부러뜨린 것이다. 호위병들이 재빠르게 어가를 감쌌다. 누가 돌을 던졌는지 알 수 없는 상황이었다. 어가 행렬을 구경하던 군중 무리로 탄성과 웅성거림이 번졌고, 병사들은 즉시 범인 색출에 들어갔다. 거둥길은 순식간에 아수라장이 되었다.

어가에 돌을 던진 행위는 대역부도大逆不道에 해당하는 범죄였다. 대역은 종묘나 능, 궁궐을 훼손하거나 그럴 목적으로 음모를 꾸민 범죄로 가장 엄하게 처벌하는 십악十惡에 해당하는 중대한 범죄였다. 도리에 어긋난 행위나 말이 대역에 미칠 경우에 이를 대역부도라 해 엄중하게 다스렸다. 죄인을 사형에 처함은 물론 재산을 몰수하고 가족을 노비로 만드는 가혹한 연좌제를 적용해 엄혹한 처벌의 본보기를 보였다.

어가에 돌을 던진 자는 의외의 인물이었다. 호위병에게 잡힌 범인은 조만준이라는 30대 중반의 남자였다. 도성의 북소문인 창의문 밖에 거주하며 떡을 파는 상인이었다. 상민常民 신분으로 사대문 안에 거주하다 도성 밖으로 밀려난 자였다. 조정에서는 배후가 있을 것으로 보고 국왕이 직접 죄인을 신문하는 친국親鞫을 열었다. 하지만 조만준은 자신이 혼자 저지른 일임을 굽히지 않았으며 범행 동기에 대해서도 분명하게 입을 열지 않았다. 고문까지 가하는 신문이 계속됐지만 이튿날에도 조만준의 태도는 변함이 없었다. 결국 조만준은 사지와 목을 찢고 잘라내어 죽이는 능지처사를 당한다. 지상의 존엄이자 나라의 극존을 훼손한, 도를 어긴 행위에 대한 가차 없는 처벌이었다.

죄인 조만준을 군기시軍器寺 앞길에서 주살했으니, 대역부도함 때문이었다.[2]

−『철종실록』 13권, 철종 12년(1861) 3월 7일

국왕 행차의 진실

왕은 하늘의 명령을 대신하는 초월적 존재였다. 우주의 진리와 덕을 체현한 신성한 존재로 여겨졌고, 하늘의 뜻에 따라 세상을 다스리는 자로 받아들여졌다. 왕은 백성의 아버지와 같은 존재이기도 했다. 만물을 낳고 자라게 하는 것이 하늘이듯 사회를 유지하고 사람을 생육하는 궁극의 힘이 왕에게 있다고 보았다. 백성을 교화해 인간성을 발현시키는 사명까지 가졌기에 만백성의 스승이라는 지위도 부여받았다. 이러한 상징성과 이미지가 널리 공유되면서 백성은 유일무이한 국왕의 존재 아래 일체감을 가질 수 있었다. 하늘의 도가 우주의 질서를 보장하듯이 하늘의 뜻을 대신하는 왕은 이제 인간 사회의 질서를 보장하는 존재로 자리 잡았다. 왕의 권위에 기대어 군주를 정점으로 한 상하의 통치관계와 귀천의 신분질서가 합리화되고 정당화될 수 있었다. 힘없고 보잘것없는 한 하층민이 행한 거둥길 투석은 이런 왕의 권위와

역할에 대한 의문 제기였다. 위계화되고 차별화된 조선의 유교적 사회 질서를 흔드는 저항의 몸짓이었다.

당시 국왕은 군주로서의 사명을 다하지 못하고 있었다. 강화도에 유배돼 농사꾼으로 지내다 왕위에 오른 철종(재위 1849~1863)은 친정을 시작한 뒤에도 실권을 제대로 행사하지 못했다. 세도정치가 극심해 국정은 안동 김씨 일족이 좌우했으며, 관료의 부정부패가 횡행해 백성은 도탄에 빠져 있었다. 철종은 명색은 지존이었지만 실제 권력 행사에서는 지존이 아니었다. 그럼에도 왕은 반드시 지고의 자리에 앉아 있어야 했다.

왕조시대의 조정에는 지배질서의 정당성을 확보해줄 위엄과 권위를 가진 군주가 필요했다. 조선의 지배층은 교화와 통치 행위를 통해 이러한 군주의 이미지를 강화해나갔다. 능과 사당에 참배하는 왕의 거둥 또한 군주의 위엄을 과시하고 통치의 권위를 확보하는 정치 행위의 하나였다. 18세기의 숙종肅宗과 영조英祖, 정조正祖는 이러한 거둥을 통해 백성과 만나고 왕의 권위를 확보한 대표적인 군주다. 이 시기에는 사신을 맞는 행차 외에 제례 행차와 능행이 늘어나고 기우제 거둥도 증가했다. 영조대에는 1년에 평균 약 18회의 거둥이 행해졌고 정조대에 이르면 연평균 25회에 이른다. 정조는 재위 19년(1795)이 되는 해에 무려 47회의 거둥길에 나섰다.[3]

거둥을 구경하는 행위를 관광觀光이라 했으며 구경나온 백성을 관광민인觀光民人이라 불렀다. 거둥 소식이 알려지면 이들 관광민인이 다투어 몰려나와 거리는 인산인해를 이루었다 한다. 영조 초반의 한 거둥에는 관광민인이 한꺼번에 몰리는 바람에 여러 명이 밟혀 죽는 일까지 발생할 정도였다. 특히 정조는 백성이 모이고 구경하는 데 큰 제한을 두지 않았다.

임금이 거둥길에서 명을 내렸다. "앞으로 가까이 나와서 소란을 피우는 행동은 어쩔 수 없이 금지시켰다. 그렇지만 높은 곳에 올라가서 관광하는 행위 역시 어가의 행차를 보고 싶어 하는 백성의 심정 때문이다. 그러니 이런 백성을 쫓지 말도록 거둥길을 관리하는 부처에 단단히 일러라."

　　　　　　　　　　　　　　　　　　　　　　－『일성록』 정조 1년(1777) 7월 17일

거둥길에서 왕은 백성의 목소리를 들었다. 고충과 요구를 적은 글을 받았고, 직접 얼굴을 마주하고 대화를 나누기도 했다. 호소를 들어주고 억울함을 풀어주는 조치를 취했다. 왕은 거둥길의 소통 이벤트를 통해 불만을 가진 백성을 지배질서 내로 포섭하고 민심을 안정시켰다. 거둥길은 민의상달의 길이자 통치의 길이기도 했던 것이다. 이는 같은 유교문화권인 중국이나 일본과는 다른 풍경이었다. 중국에서는 황제가 행차하면 문을 닫고서 방 안에 있어야 했다. 중국 황제는 자주 행차를 나갔지만 백성의 생활을 알기보다 돈을 써서 재력을 과시하거나 유람하는 데 치중했다. 일본의 천황과 쇼군은 1년에 한두 번 행차했으며 그나마 규제가 심했다. 도로변 마을은 불 피우는 행위가 금지되고 창문까지 닫아야 했다.

「화성능행도華城陵幸圖」 부분. 국립중앙박물관 소장. 정조의 현륭원 행차를 그린 그림으로 백성이
언덕에 올라 왕의 행차를 관광하고 있다.

유럽으로 관심을 돌리면 영국제국의 토대를 마련한 엘리자베스 1세(재위 1558~1603)가 눈길을 끈다. 여왕은 종교 질서를 확립했으며, 화폐제도를 통일하고 중상주의 정책을 펼쳤다. 한편으론 구빈법을 제정해 사회정책의 초석을 놓았다. 이러한 정치 업적을 쌓을 수 있었던 데는 백성의 지지와 충성이 한몫했다는 평가를 내린다. 엘리자베스 1세는 백성의 지지를 얻기 위해 행차와 순시의 정치를 펼쳤다.[4] 수도인 런던과 지방의 백성을 직접 만나고 대화를 나누었다. 하층민의 하소연에 귀 기울이고 때로는 이들의 요구를 들어주었다. 이렇게 45년 치세 기간에 대략 255개 지역을 방문해 백성을 만났다. 국왕에 대한 지지는 더욱 탄탄해졌고 이는 정책을 밀어붙일 수 있는 든든한 배경이 되었다. 엘리자베스 1세는 "군주는 백성과의 직접적인 접촉을 통해서 인기를 유지시켜야 한다"고 강조한 마키아벨리의 정치이론을 실행한 대표적인 군주였다.

조선에서는 영조와 정조가 마키아벨리의 이러한 입장을 대변했다고 볼 수 있다. 왕은 군림하고 명령만 내리는 억압적 지배자가 아니라 백성의 말을 들어주고 덕치를 펼치는 왕으로 보였다. 그러면서 왕의 권위는 강화되고 통치 질서는 더욱 굳건해졌다. 백성은 군주에게 복종하며 기꺼이 경의를 표했다. 어진 군주가 나타나 혼탁하고 힘든 세상을 바로잡아줄 것이란 기대까지 품었으니, 이른바 국왕 숭배이자 국왕 환상이 왕조시대 백성의 전반적인 마음가짐이었다. 하지만 이렇게 만들어지고 치장된 군주의 위엄을 모든 백성의 마음에 주입할 수는 없었다. 힘과 통치술로도, 만들어진 이미지 너머의 실상을 알아차린 백성의 입을 죄다 닫게 할 수는 없었다.

게다가 19세기에는 그나마 얻었던 민심마저 등을 돌린다. 세도정치 시기에는 백성과 소통하는 민생 행차가 크게 줄어든다.[5] 거둥 횟수가 줄고 행차 때의 대민 소통 기회가 위축된다. 백성의 청원을 담은 글은 마지못해 접수됐고, 백성의 의사를 직접 듣는 일도 점차 줄어들었다. 하지만 거둥 행렬은 이전보다 화려해지고 성대해졌다. 18세기에 비해 수행원이 늘어나고 가마의 수도 증가했다. 민심을 읽고 이를 반영하는 정치는 멀리한 채 위력으로 억압하고 수탈하려는 이 시기의 정치 풍토가 낳은 당연한 결과인지도 모르겠다. 몸소 백성 가까이 다가가 살아 있는 목소리를 듣고 이를 토대로 지지를 이끌어내기보다 온갖 치장과 술수로 임금의 존엄과 왕실의 권위만 높이려 했다.

철종 때의 거둥 투석은 이런 실상을 가리려는 정치 조작 현장에 던지는 파문이자 그러한 정치 현실에 대한 나름의 저항이었다. 민의상달이 막히고 소통의 정책이 부재한 현실을 시정하라는 요구였다. 하지만 세도정치기의 군주와 지배 권력은 민심의 숨은 뜻을 받아들이지 않고 백성의 목소리를 무시하고 억압하는 쪽으로 정책을 더욱 밀어붙였다.

임금이 명을 내렸다. "어가가 대궐 밖으로 나갈 때에 백성이 이를 구경하도록 관광 행위를 금지하지 않았다. 그 말류의 폐단이 이번 일에 이르러서 극에 달했다. 이제부터는 관광하러 길에 나온 백성을 각별히 엄하게 경계하도록 하라."

—『철종실록』 13권, 철종 12년(1861년) 3월 6일

임금에게 횃불을 올리다

몸을 숨기지 않고 여러 사람 앞에 나서서 임금에게 목소리를 높인 저항적 인물도 있었다. 황해도 황주에 사는 이인백은 서울의 남산 꼭대기에서 횃불을 올려 왕에게 직접 간언을 올리고자 했다.[6] 왕과의 면담을 요청하며 횃불을 올리는 이런 행위를 거화擧火라고 했다. 순조純祖 24년인 1824년 겨울에 일어난 사건이었다.

> 어전회의에서 좌의정 이상황이 임금에게 아뢰었다. "지척에서 변괴가 일어났습니다. 어젯밤에 금위대장이 와서 이렇게 보고했습니다. '남산에서 횃불을 올린 사람을 붙잡고 보니 황주에 거주하는 이인백이란 자였습니다. 품속에 흉서凶書 한 권이 있었는데 상소 양식으로 첫머리가 시작되고 말이 나라의 길흉에 관계되어 아주 흉악했습니다. 더구나 임금을 욕하고 있어, 더할 수 없이 귀중하고 위엄해 감히 말할 수조차 없는 곳까지 그 무례함이 미치고 있습니다'라고 했습니다."
>
> ─『순조실록』 27권, 순조 24년(1824) 12월 27일

왕의 권위를 만들어내고 지켜야 하는 신하의 입장에서 보면 이인백이 쓴 글은 예법에 어긋나고 또한 지극히 흉악해 보였을 것이다. 그렇지만 금위대장이 굳이 흉서라 부른 그 글은 사실상의 상소문이자 한 백성이 목숨을 걸고 임금에게 올리는 진언이었다. 이인백은 이를 통해 당시의 정치 부패를 지적하고 왕의 책임과 함께 치세를 요구한 것이다.

이인백은 거화도 당당하게 했듯이 신문에도 당차게 응했다. 사주한 사람을 대라는 추궁에 자신은 단지 나라를 위해 목숨을 바치려 했다고 담담하게 진술했다.

제가 비록 조정에서 벼슬살이를 하지는 못했지만 나라를 향한 진실한 마음이 있기에 이렇게 일을 벌이게 된 것입니다. (…) 저는 나라에 목숨을 바치려고 이런 행동을 했습니다. 이밖에 달리 아뢸 말씀이 없습니다. 잘 살펴 처리하시길 바랍니다.
　　　　―『추안급국안』 27권, 갑신년(1824) 대역부도 죄인 이인백 신문 기록

이인백은 대역부도 죄인이 되어 서소문 밖에서 능지처사를 당했다. 처벌 규정에 따라 그가 살던 황주목은 황강현으로 강등됐다.

신문 기록은 이인백이 최후 진술을 통해 자신의 행위가 대역부도임을 자백했다고 전한다. 당시 지배 권력의 입장에서 보면 이인백의 언행은 인륜도덕을 업신여기고 도리를 그르치는 흉악한 역적 행위가 분명했다. 하지만 부정부패한 정치 난맥상을 방관할 수 없어 최고 권력의 통치 행태에 시정을 요구한 이인백이 정녕 자신의 행위가 역적죄에 해당한다고 생각했을까? 과연 얼마나 많은 백성이 이인백을 대역부도한 역적으로 마음속 깊이 인정했을까?

궁궐 소란

경희궁 하졸의 자살미수 사건

정조가 즉위한 이듬해인 1777년 여름, 경희궁에서 한 하졸이 칼로 자살하려다 미수에 그친 사건이 일어났다.[7] 임금이 거처하는 궐내에서 칼을 빼들었다는 사실에 조정은 무거운 분위기에 휩싸였다. 당사자는 병조에서 잡일을 하는 하례下隷인 박종근이었다. 그는 근장군사近仗軍士 처벌에 얽혀들어 사건을 일으키는 주인공이 됐다. 근장군사는 국왕 경호를 담당한 근위병으로, 이들은 병조에 소속돼 궁궐 문을 지키거나 거둥 때 어가를 호위하고 주변을 경계했다.

사건 전날, 정조는 편전 앞의 차비문을 지키는 근장군사들을 근무태만으로 처벌했다. 평소 정사를 보는 편전 일원에서 일어난 일이라 임금이 특별히 명을 내린 전교傳敎 사안이었다.

임금이 명령했다. "차비문은 엄히 경계해야 하는데, 근장군사 중에 한 사람도 이 문을 지키는 자가 없어 점검할 때에 모두 탈이 잡혔다. 조사하라는 명을 내렸는데도 병조 낭청이 식사 교대 때문이라고 하면서 끝내 둘러대니, 기율로 헤아려 볼 때 이는 매우 놀라운 일이다. 훈련대장에게 이미 전교를 내렸으니 해당 벼슬아치와 근장군사에게 곤장을 치도록 하라. 그리고 탈이 잡힌 자들과 행수 근장군사를 법규를 적용해 엄히 처분하라."

–『일성록』 정조 1년(1777) 7월 4일

군주의 명령임에도 불구하고 근장군사들은 병조 소속 하례와 호패를 바꿔 차고 하례가 대신 곤장을 맞도록 했다. 그런데 처벌 현장에서 한 하례가 매질을 거부하며 칼을 빼어들어 자살을 시도했다. 박중근이었다. 다행인지 죽음에 이르지는 않았지만 궐내는 이 사건으로 한바탕 뒤숭숭해졌다.

정조(재위 1776~1800)는 집권 세력의 견제와 반대를 물리치고 어렵게 왕위에 올랐다. 즉위한 지 1년이 지났지만 노론을 중심으로 한 반대 세력이 여전히 궁궐 안팎에서 암약하고 있었다. 어느 때보다 빈틈없는 호위가 필요한 때였다. 당시 정조는 암살 위협에 처해 있었다. 박중근 사건이 일어난 지 20여 일 뒤에 실제로 정조 암살이 기도됐다. 거처하는 경희궁 존현각 지붕까지 자객이 침투했는데 호위무사가 발각해 암살은 수포로 돌아갔다. 정조는 이후 창덕궁으로 거처를 옮겼지만 얼마 지나지 않아 다시 괴한의 침입을 받는다.

당시의 이런 으스스한 정국 분위기 때문인지 정조는 곧장 처벌을 회피했다는 사실보다 궐내에서 칼을 뽑았다는 행위에 더 큰 무게를 두었다. 이 사건을 왕실 권위를 침해한 사건으로 보고, 장차 일어날지도 모를 더 심각한 사태를 우려했다.

> 임금이 명을 내렸다. "궁궐의 뜰이 얼마나 엄숙한 곳이며, 전교가 얼마나 중대한 사항인가. 그런데 하찮은 하례가 이처럼 놀라운 짓을 저지른다 말인가? 이와 같은 일이 그치지 않는다면 결국은 편전 앞마당에서도 칼을 빼는 짓을 하게 될 것이다. 이러한 무리는 결코 예사롭게 처리할 수 없다. 적용할 만한 법을 대신과 의논해 아뢰라."
>
> ─『정조실록』 4권, 정조 1년(1777) 7월 4일

대신들은 박중근의 처벌을 놓고 의견이 분분했다. 명확한 본보기가 되는 전례가 없는 사건이고, 또한 적확하게 적용할 법조문도 없는 상태였다. 사형에 처해야 한다는 데는 대체로 생각이 일치했지만 그 방법과 정도에 있어서는 의견이 갈렸다.

좌의정은 즉시 참수해야 한다는 주장을 펼쳤다. 당시는 생물이 자라는 시기인 춘분과 추분 사이에는 사형을 집행하지 않고 추분 후에서 춘분 전에 사형을 집행하는 것이 원칙이었다. 좌의정의 주장은 박중근 사건은 나라의 기강을 흔드는 중대 범죄이니 이 원칙을 적용하지 않고 바로 사형을 집행하자는 뜻이었다. 우의정은 한 단계 더 높은 처벌을 원했다. 군문에 넘겨 참형이나 능지처사를 한 뒤 그 머리를 장대에 매

달아 만인에게 공개해야 한다는 의견이었다. 형조 판서는 한발 더 나아가 아예 대역부도의 죄로 다스려야 한다는 주장을 펼쳤다. 이렇게 되면 가족까지 처벌을 받는 연좌제가 적용될 수 있었다.

> 형조 판서 장지항 등이 아뢰었다. "형률의 법조문을 살펴보건대, 비록 딱 들어맞게 적용할 조문이 없습니다. 그렇지만 청명淸明한 궁궐 내에서 칼을 빼어드는 발악한 짓은 마땅히 부도 간범률不道干犯律로 조사해 그 죄에 따라 처리해야 합니다."
>
> —『정조실록』 4권, 정조 1년(1777) 7월 4일

그런데 의외로 정조는 가을철 추분까지 기다려 참형에 처하라는 결정을 내린다. 더구나 사형 시기에 즈음해서는 감형을 적용해 유배로 사건을 마무리 짓는다. 왕실의 권위를 훼손한 불손한 행위는 유배형 정도로 처벌하고, 죄인에게 감형이라는 은덕을 베풂으로써 왕의 아량을 선보일 심산이었던 모양이다.

하지만 임금의 정치 전략적 은덕과는 별개로, 또한 박중근이 자살을 기도한 목적이 무엇이었는지를 떠나 궁궐에서의 자살 기도는 왕의 위엄과 왕실의 권위에 타격을 가하는 행위임이 분명했다. 의도했든 의도하지 않았든 박중근의 자살 기도는 왕의 위엄과 권위에 도전하는 저항 행위의 하나가 된 셈이다.

궁궐에 잠입하는 하층민들

궁궐은 최고 권력자가 가진 힘의 속성을 드러낸다. 그 무엇과도 비교될 수 없는 웅장한 규모를 갖추고 외양은 외경을 불러일으킨다. 공간 곳곳에는 위세가 서리고 함부로 행동하지 못할 엄숙함이 깃든다. 때로는 궁궐 자체가 최고 존엄과 절대 권위를 가진 왕의 상징물이 된다. 웅장하고 경외에 찬 궁궐의 위엄을 통해 왕 또한 그러한 존재임을 모든 백성에게 알린다.

왕조시대 궁궐이 가진 이러한 기능과 상징성 때문에 같은 언행이라도 궁궐 영역에서는 달리 취급되었다. 동일한 성격의 범죄라도 더 엄중한 처벌을 받았으며, 궁궐 밖이라면 심각하게 문제 삼지 않을 일탈 행위도 궁궐 내에서는 중대한 범죄가 될 수 있었다. 궁궐 공간에서의 불손과 도리에 어긋나는 언행은 곧바로 왕과 왕실에 대한 도전으로 간주되었다. 또한 궁궐은 독존의 존재인 국왕에게 그러하듯이 함부로 다가가지 못하는 경외의 공간이어야 했다. 이를 어길 때에도 엄한 처벌을 받았다. 그런데도 조선시대 내내 무단으로 궐내에 들어가 소란을 피운 사건이 근절되지 않았다.

조선 전기의 기록을 보면, 궁궐 후원에 침입한 백성이 나무에 올라 곡을 한 사건이 눈에 띈다.[8] 1495년 여름, 경상도 동래에 사는 수군水軍 신분의 박을수는 수령의 불법을 조정에 호소했지만 오히려 죄인으로 몰려 조사를 받게 된다.

왕이 승정원에 명하여 박을수를 국문하게 했다. 박을수가 이렇게 진술했다. "얼마 전에 수령이 불법을 저지른 일에 대해 북을 울려 격고하고 상소했습니다. 그런데 법에 어긋나는 격고를 했다 하여 오히려 저에게 죄를 과했습니다. 그러고는 격고로 호소한 말에 대한 사실 여부를 관찰사로 하여금 조사하게 했습니다. 관찰사는 즉시 역졸을 내려 보내 저를 잡아들이라 했습니다. 제가 붙잡혀 단월역에 당도했을 때 형리 두 사람이 저를 죽이려 했습니다. 그래서 밤중에 형리가 깊이 잠든 틈을 타서 포박을 풀고 도망쳤습니다." 이에 임금이 이렇게 명을 내렸다. "형조에 내려서 추국하고, 아울러 수령의 불법에 관한 일도 옳고 그름을 따져 아뢰도록 하라."

-『연산군일기』7권, 연산 1년(1495) 7월 8일

형방 아전으로부터 살해 위협까지 겪자 박을수는 마침내 궁궐 후원의 담장을 넘었다. 자신의 억울한 사정을 알릴 수 있는 마지막 수단으로 궁궐 무단 침입을 시도한 것이다. 이 사건으로 박을수는 왕명에 따라 추국을 당했지만 수령의 불법 문제도 조사하게 되었으니, 그의 목숨을 건 저항이 어느 정도 성과를 거둔 셈이다.

조선 후기에도 억울함을 호소하는 수단으로 궁궐 난입이 이용됐다.[9] 1843년에 황해도 재령에 사는 이진영은 억울함을 알리려 창경궁에 몰래 숨어들었다가 체포됐다. 이진영은 장杖 100대를 맞고 천민 군대에 편입되는 형벌을 받는다. 창덕궁 난입 사건도 있었다. 1852년에 개성 출신인 손양묵이 기마병 복장으로 위장하고 궁궐 잠입을 시도했다. 그러고는 창덕궁의 중문인 진선문까지 들어가 대궐 마당에 놓인 북을 쳤다. 신문 과정에서 손양묵은 개성 유수의 재물 불법 탈취를 알리려는 의도였다고 진술했다.

대군이나 공주 등의 왕족이 거처한 궁방이나 왕실 산하의 사당에 무단으로 침입해 소란을 일으킨 사건도 심심찮게 일어났다. 1822년에 노비 신분인 영애와 오장 모자母子가 명례궁에 침입했다가 장 50대를 맞는다. 명례궁에선 1853년에 김삼상이란 자가 술을 먹고 난동을 부린 사건도 있었다. 김삼상은 일흔 중반의 노모를 홀로 모시고 있어 유배 대신 재물을 바치는 처벌을 받는다. 돌멩이 투석 사건이 벌어진 육상궁도 무단 침입의 대상이었다. 박득량은 1854년 겨울에 육상궁에 들어가 창호와 기물을 부순 혐의로 외딴섬에 유배됐다. 철종 10년인 1859년엔 김행룡이 영조가 즉위하기 전에 살던 창의궁에 침입해 소란을 일으켰다. 김행룡 또한 유배형에 처해진다.

절도 목적으로 궁이나 사당에 몰래 들어간 백성도 있었는데 이들은 주로 철물과 기와, 병풍, 제기, 서책 등을 훔쳤다. 배고픔을 참지 못해 궁궐에 난입한 백성도 있었다. 한 예로, 1843년 봄에 최관유란 자가 궐 내에서 체포됐다.[10] 이천 출신인 최관유는 수년 전에 고향을 떠나 유랑민으로 떠돌던 하층 빈민이었다. 체포되기 10여 일 전에 상경해 걸식으로 하루하루를 연명하던 처지였다. 길거리나 빈집에서 잠을 자다 더 이상 기댈 곳이 없자 결국 궁궐에 잠입했다.

이날 이천의 유민 최관유라는 자가 창경궁의 공북문 수문을 통해 함부로 들어왔다가 잡혔다. 포도청에서 엄하게 신문했으나 다른 꼬투리가 없으므로 멀고 거친 섬으로 보내어 종으로 삼으라고 명했다.

－『헌종실록』 10권, 헌종 9년(1843) 3월 17일

최관유는 유민으로 떠돌기 전에 말단 행정직인 이속吏屬의 일을 한 때 수행했다고 한다. 이로 미루어 최관유는 급격한 신분 변동을 겪은 뒤 극빈층으로 전락한 인물로 보인다.

조선 후기 들어 늘어난 궁궐 난입은 국왕과 왕실의 권위가 그만큼 저하됐다는 뜻이며, 국왕과 왕실에 대한 백성의 반감이 증가하고 있다는 사실을 반영한다. 어떤 백성은 엄벌을 감수하면서도 궐내에서 불만을 표시하는 저항 행동을 감행했으며, 어떤 백성에게는 궁방과 사당이 화를 푸는 장소가 됐다. 굶주린 어느 백성에게는 물건을 훔칠 수 있는 부잣집으로 다가왔다. 이들에게는 궁궐이 더 이상 존엄의 대상만은 아니었다.

극히 소수지만 하층민들은 잠입이라는 방식으로, 최고 권력이 행사되는 궁궐이라는 정치 공간의 한복판에 뛰어들었다. 이들의 행위는 때로는 절박했고 때로는 난동에 가까웠다. 어떤 경우는 쓴웃음이 뒤따르는 우발적인 사건, 곧 해프닝처럼 보이기도 한다. 그렇지만 이 또한 민심의 한 갈래였고, 이들 또한 조선의 지배층이 교화해 이끌어야 할 백성이었다.

그렇다면 군주와 조정 대신들은 이들을 궁궐에 몰래 들어가도록 추

동한 힘, 곧 당대의 혼탁한 사회현실을 한번쯤 심각하게 고민해봤을까? 아쉽게도, 남아 전하는 기록은 난입자들의 행위를 도리에 어긋난 악행으로 비난할 뿐 이들이 짊어진 비참한 현실에는 올곧은 시선을 두지 않는다. 궁궐 난입은 모순에 찬 현실을 돌아보라며 당대의 정치 공간에 던져진 화두 같은 의문부호였는데 말이다.

불타는 능과 전패 | 국왕 상징물 훼손

능침 방화와 파손

전패작변

능침 방화와 파손

제릉 정자각 방화사건

궁궐은 살아 있는 지존의 공간이며 능陵은 죽은 지존의 공간이다. 왕은
죽어서도 권위와 위엄을 가져야 하기에 능 또한 그에 어울리는 규모와
외형을 가졌다. 넓디넓은 터에 크고 우람해 보이는 봉분을 올리고 제
례에 필요한 건축물까지 갖추었다. 관료를 배치하고 능을 지키는 수호
군守護軍을 두어 특별한 관리와 경계를 펼쳤다. 수호군은 대체로 70명
이 정원이었는데 적게는 30명에서 많게는 90명에 이르기도 했다. 경기
도 구리에 있는 문종文宗의 능인 현릉顯陵은 30명이 정원이었고 영월에
자리한 단종端宗의 능인 장릉莊陵은 90명을 두었다. 또한 능 인근의 전
답을 경작하게 해 경비를 조달했다. 능역은 그 자체로 자급 가능한 하
나의 마을 같았으니 능은 죽은 왕을 위한 또 다른 궁궐이었던 셈이다.
궁궐 난입이 원칙적으로 대역이듯이 능 훼손 또한 대역죄로 다스렸다.

숙종 2년인 1676년 여름, 경기도 풍덕(지금의 황해북도 개풍군)에 있는 능에서 변괴가 발생했다. 조선을 세운 태조太祖의 원비인 신의왕후 한씨의 능인 제릉齊陵에서 화재가 일어난 것이다.[1] 제사를 지내기 위해 봉분 앞에 조성한 정자각丁字閣이 완전히 불타고 물품도 사라져버렸다. 이른 새벽에 저지른 방화였다. 능 관리를 책임진 참봉이 수령에게 현장 상황을 정리해 급히 보고를 올렸다.

사경四更(오전 1~3시) 끝 무렵에 정자각을 지키는 수복守僕 봉영록과 수호군 한성건, 인근 사찰의 승려가 정자각의 네 면에 누군가 한거번에 불을 질렀다고 매우 급하게 전했습니다. 제가 어쩌할 바를 모르고 달려가 보니 불빛이 하늘로 뻗쳤고 사방에서 화약이 타는 듯한 냄새가 진동했습니다. 잠깐 동안에 전부 불에 타버려 불길을 잡을 대책이 없었습니다.

－『추안급국안』 8권, 병진년(1676) 제릉 방화 장득선 신문 기록

화약을 사용해 불을 지른 게 분명했다. 정자각 위쪽의 석물과 봉분으로 불길이 번지지 않은 게 그나마 다행이었다. 제사에 쓰는 물품을 보관하는 제기고 한쪽 벽이 파손되고 그릇 일부가 없어졌다.

능참봉의 보고는 관찰사를 거쳐 임금에게 전달됐다. 곧 왕명에 따라 의금부에서 중죄인을 심문하는 추국推鞫이 열렸다. 능침에서 청소와 잡일을 하는 수복과 능을 지키던 수호군 네 명이 잡혀와 신문을 받았다. 능참봉도 조사를 피해갈 수 없었다. 추국과 현장 수사를 거쳐 범

경기도 구리시에 위치한 태조 이성계의 무덤 건원릉의 정자각.

인으로 추정되는 세 명의 인물을 체포했다. 주범은 43세의 장득선이었다. 양인 신분의 장득선은 제릉 수호군의 입역 비용을 대는 봉족에 편성돼 군역을 수행하고 있었다. 함께 불을 낸 종범은 장득선의 아들과 처남이었다.

장득선은 정자각에 불이 나면 능 관리를 책임진 참봉이 파면될 것이라 여기고 사건을 저질렀다고 실토했다. 수호군 봉족으로 감당해야 하는 신역身役을 제릉 참봉이 부당하게 부과하고 아들마저 마음대로 부려 살길이 막막했다며 억울함을 호소했다.

지난 임자년(1672) 2월쯤에 집안에 불이 나서 함께 살던 장모와 처남의 아내, 자식 등 모두 세 사람이 한꺼번에 불에 타 죽었습니다. 이후 제릉 참봉이 한 해의 신역은 면제해주었지만 그 뒤 한 해의 신역인 돈 70냥은 반드시 납부하라고 다그쳤습니다. 저는 이미 집안의 재산을 화재로 다 날리고 그나마 남은 땅뙈기마저 모두 팔게 돼 유리걸식하는 처지나 다름없었습니다. 그러니 신역을 대신한 돈을 납부할 방법이 없었습니다. 게다가 참봉이 제 아들 장무신을 심부름과 잡일을 하는 통인通引으로 부려 농사를 제대로 짓지 못하게 되었습니다. 그러자 논밭 주인이 그동안 빌려주었던 논을 거두어갔습니다.

—『추안급국안』 8권, 병진년(1676) 제릉 방화 장득선 신문 기록

장득선의 처남인 40대 중반의 이인립 또한 생활이 곤궁했다. 거기다 흉년까지 겹쳐 수호군 봉족으로 부담해야 하는 군포나 돈을 제대로 납

부하지 못하고 있었다. 그러자 제릉 참봉이 이인립을 수호군 봉족에서 빼버리고 현역 복무를 시키겠다며 으름장을 놓았다. 하지만 이인립은 참봉을 교체하려는 마음에서 정자각 방화에 끼어든 것은 아니라고 했다. 장득선의 설득과 꾐에 빠져 마지못해 일을 저질렀다고 진술했다.

나름의 사연이 절실했지만 그것으로 이들이 저지른 대역부도한 행위가 상쇄될 수는 없었다. 주범과 종범을 가리지 않는 대역죄인 처벌 규정에 따라 세 사람 모두 능지처사 당한다.

제릉 방화사건은 겉으로 보기에는 불편한 관계에 있는 능참봉을 곤혹에 빠트리기 위한 보복 행위로 비춰진다. 억울함을 풀어보려는 힘없는 백성의 자구책이란 성격도 강하다. 그런데 사건이 발생하게 된 배경을 하나하나 짚어보면 근본 원인이 불합리하게 운영되는 수취제도와 신분제에 근거한 부당한 인력 착취에 있음을 알 수 있다. 제릉 방화는 개인의 불만과 보복을 넘어 사회제도와 통치의 문제와 맞닿아 있었던 것이다.

또한 당시 백성 중에는 왕실 권위를 마냥 받아들이지 않고 지엄한 왕실의 권위를 이용하려는 백성이 있었다는 사실도 눈여겨 볼만한다. 왕실 권위를 지키기 위해 능이 훼손당하면 그 관리자를 엄벌에 처한다는 규정을 두었는데, 오히려 이 처벌 규정이 능침 훼손 사건을 부추길 때가 있었다. 처벌 규정이 역효과를 가져와 결과적으로 왕실 권위가 추락했던 것이다. 백성들의 이러한 행위는 왕실의 존재를 소홀히 여기고 국왕의 존엄성에 해를 가하는 대역 범죄지만 당사자에겐 살아남기 위한 절박한 생존의 몸부림일 수 있었다.

세종의 능을 훼손하다

세종世宗이 묻힌 영릉英陵도 훼손을 당한 적이 있다. 경기도 여주에 위치한 영릉은 세종의 비인 소헌왕후 심씨가 함께 묻힌 합장릉인데, 1687년 초봄에 혼유석魂遊石이 파손당하는 불상사를 겪는다.[2] 혼유석은 봉분 앞에 놓인 장방형의 돌로서 무덤의 혼이 나와서 논다는 곳이다. 이 신성한 혼유석 한 모서리가 예리한 도구로 잘려나간 것이다.

탐문 조사 결과 범인으로 추정되는 인물이 붙잡히고 추국이 열렸다. 혼유석을 훼손한 혐의자는 영릉의 수호군으로 근무하는 30대 중반의 안계리였다. 그런데 안계리는 이 사건을 다른 두 사람이 주도해 저질렀고 자신은 종범에 불과하다고 주장했다. 공범자로 지목된 한 인물은 30대 초반의 변해卞海로 중앙 군영인 어영군에 속해 군역을 수행하고 있었다. 다른 한 사람은 영릉의 수호군 봉족으로 근무하는 최명립이었다. 50대 초반의 최명립은 가난에 질환까지 겹쳐 생활이 어려운 처지였다. 안계리가 말한 사건 당시의 정황은 이러했다.

2월 13일 초어스름에 변해, 최명립과 함께 영릉에 갔습니다. 홍살문 밖 잣나무 아래에 이르러 저는 더 이상 올라가지 않고 그곳에 머물렀습니다. 변해와 최명립은 능으로 올라갔습니다. 그런데 두 사람이 되돌아와서 저를 불렀습니다. 그제야 저는 마지못해 따라 올랐습니다. 현장에서 일을 벌이려고 할 때 저희 세 사람은 서로 책임을 지지 않으려고 먼저 나서기를 꺼렸습니다. 그러다 변해가 도끼로 혼유석을 깨뜨려버렸습니다. 처음에는 살짝 때려 깨지지 않았는데 두 번째는 힘을 주어 내려치니 혼유석 한 모퉁이가 떨어져나갔습니다.

─『추안급국안』 10권, 정묘년(1687) 안계리 신문 기록

그런데 안계리의 진술과 달리 두 사람은 혐의를 완강히 부인했다. 자신들은 능에 해를 가할 이유가 없다며 결백을 주장했다. 곧바로 대질 신문이 이어지고 다시 조사에 들어갔다. 그러자 안계리가 말한 변해와 최명립의 범행 동기가 사실이 아닐 수도 있다는 의문이 강하게 일었다. 안계리는 변해와 최명립이 조세와 군역 관리를 하는 능의 서원書員을 내쫓기 위해 사건을 일으켰다고 했다. 평소 본인과 친족의 군포를 과하게 거둔 서원에게 앙갚음하기 위해 능의 혼유석을 깨트렸다는 것이다. 결국 이러한 진술이 거짓으로 드러나면서 혼유석 파괴사건은 안계리 혼자서 저지른 범행으로 결론이 잡혀갔다. 안계리가 자신의 죄과를 덜어보려고 사건과 관계없는 두 사람을 끌어들였던 것이다.

영릉 서원에게 분을 품은 자는 안계리 자신이었다. 그는 혼유석 사고로 인해 서원이 처벌받고 파면되기를 기대했다.

서원 이흥석이 제가 관아로부터 받은 위전位田을 빼앗아 가지려 했습니다. 또한 제 아들을 군역에 정해 넣으려고 했기 때문에 앙갚음할 계획을 세웠습니다. 뿐만 아니라 이흥석을 대신해 서원 자리를 차지하고자 마음먹었습니다. 이흥석이 근무하러 들어간 때를 틈타 일을 저질렀습니다.

─『추안급국안』 10권, 정묘년(1687) 안계리 신문 기록

알고 보니 안계리 또한 부당한 힘에 짓눌린 피해자였다. 조선의 지배세력이 말단의 관리자에게 내려준 위세에 휘둘리는 힘없는 백성이었다. 왕실의 존엄을 잠시 낮추어 보더라도 당장의 생계를 마련하고 억울함을 풀고 싶은 가진 것 없는 백성이었다. 그렇다고 안계리는 마냥 선하고 늘 당하고만 사는 인물은 아니었다. 분을 풀고 싶은 욕구가 과하고 때론 분별을 잃어 죄 없는 타인을 범죄사건의 와중에 서게 하는 가혹함도 지닌 인물이었다. 선과 악을 한 몸에 모두 가진 허다한 이 땅의 백성과 같은 그런 한 사람이었다.

불타고 침범당하는 능

17세기에서 18세기에 이르는 이 시기에는 원한을 품거나 파직을 목적으로 능을 훼손한 사건이 심심찮게 보인다. 1687년엔 예종睿宗의 원비인 장순왕후의 능에 화재가 발생했다. 능을 관리하는 서원과 불화를 겪던 김성기라는 수호군이 이 서원을 쫓아내고자 저지른 방화였다.

능의 수목을 몰래 베어냈다가 수호군에게 붙잡힌 하층민이 그 보복으로 능에 불을 지른 사건도 있었다. 1724년에 최석산은 경기도 파주에 있는 인조仁祖의 능인 장릉長陵에서 세 명의 노비와 함께 소나무를 몰래 베어냈다.[3] 최석산은 노비는 아니지만 여종의 남편으로 실상은 이들 노비와 다름없는 신세였다. 얼마 지나지 않아 최석산 무리는 수호군에게 체포돼 처벌을 받는다. 3명의 노비는 주인의 비호를 받았는지 곤장을 맞는 선에서 끝냈지만 최석산은 사건을 주도했다며 유배형을 받았다. 분을 품은 최석산은 이듬해 유배지에서 도망쳐 나와 능에 불을 지른다.

방화가 아니라 관리 소홀로 능에 불이 번진 사건도 추국으로 다스렸다. 숙종 30년인 1704년 겨울, 한 능졸이 산짐승을 잡으려다 왕릉까지 불태운 사건이 발생했다.[4] 당사자는 경기도 고양에 위치한 인종仁宗(재위 1544~1545)의 능인 효릉孝陵을 지키는 주명철이란 수호군이었다. 5대째 효릉 수호군으로 군역을 수행하고 있었으니, 주명철 집안에서는 능이 조성될 때부터 이를 지켜온 것으로 보인다. 아마도 이 집안 사람들에겐 효릉 능지기가 가업과도 같았을 것이다.

사건은 정오 무렵에 벌어졌다. 주명철은 전날 목격한 담비가 다시 나타나 능의 수채 안으로 들어가는 것을 보고 이 담비를 잡으려고 불을 놓았다. 그런데 수채 안으로 연기를 피워 넣어 담비를 끌어내려는 때에 불기운이 삽시간에 능의 잔디로 번져버렸다.

저는 수호군으로 1월 15일에 근무하러 들어갔습니다. 1월 18일에 새벽 근무를 마치고 나오던 참에 관례대로 능을 살펴보려고 올라갔습니다. 그때 봉분 뒤를 둘러싼 담 바깥에서 담비 두 마리가 담 서쪽에 있는 수채로 들어가는 것을 봤습니다. 저는 어리석고 못난 탓에 그 담비를 붙잡아 가지려 했습니다. 이튿날 오시午時(낮 11~1시)에 담비가 드나들던 곳으로 가서 볏짚으로 입구를 막고 부시로 불을 붙였습니다. 부채로 연기를 구멍 안으로 들여 넣어 담비를 끌어내려던 참에 불기운이 담 안의 잔디까지 넘어 들어갔습니다. 이어 삽시간에 주위로 번져서 타버렸습니다.

　　　　　　　　─『추안급국안』 12권, 갑신년(1704) 주명철 신문 기록

실화였지만 주명철은 능지처사를 당해야 했다. 그나마 의도한 것은 아니었다는 점을 참작해 연좌제는 적용하지 않고 집만 몰수하도록 했다.

방화 외에도 능의 권위를 손상하는 사건으로는 물건을 훔치는 범죄 행위가 있었다. 정자각의 깔개가 없어졌고 제기가 도난당했다. 침상이 사라지고 능원의 수목이 베어졌다. 능 인근에 몰래 묘지를 쓰는 투장偸葬도 쉽게 근절되지 않는 능침 훼손 행위였다. 능 가까운 곳에는 묘지를 쓰지 못하도록 한 금제를 어기는 백성이 줄어들지 않았다.

묘지는 조선시대 최고의 가치인 효가 실행되는 예의 현장이었다. 묘지 조성은 왕족뿐 아니라 평민에게도 살아 있는 자의 효심을 증명하는 행위였으며, 묘지 훼손은 불효로 귀결되었다. 그런 만큼 조선시대 사람들은 묘지 관리에 특별한 공을 들일 수밖에 없었다. 일반 백성에게도 그러했을진대 하물며 왕가의 무덤인 능에 있어서는 어떠했겠는가.

그럼에도 왕실의 권위에 균열을 내는 능침 훼손 행위는 조선시대 내내 그치질 않았다. 하루하루를 힘들게 버티는 하층 백성이 생존하기 위해서는 왕의 존엄 이전에 당장의 욕구와 필요가 먼저일 때가 종종 있었다. 피폐한 백성과 부패한 관료를 방치한 왕의 권위가 얼마나 오래 빛날 수 있었겠는가?

🔷 전패작변

관노 애립, 임금의 상징을 불태우다

현종顯宗 12년인 신해년(1671) 설날 새벽, 연천 현감 홍진은 망궐례를 행하기 위해 객사에 나아갔다. 망궐례는 왕을 배알하지 못하는 지방의 관료가 임금이 있는 궁궐을 향해 절하는 예식을 이른다. 명절과 왕의 탄신, 음력 초하루와 보름에 국왕의 만수무강을 빌며 충성을 나타내는 의례였다.

이날 망궐례는 새해 첫 예식이어서 현감은 더욱 정성을 들이고자 했다. 그런데 객사에 들어가 예를 올리려는데 매우 불경스런 사건이 발생했다. 객사에 모셔둔 전패殿牌가 사라진 것이다.[5] 전패는 왕을 상징하는 전殿이란 글자를 새겨 넣은 목패로 왕의 초상을 대신했다. 이 전패는 해당 지역에도 왕권이 미치고 있음을 알리는 절대 권력의 표지였다. 수령에게 왕권이 위임돼 있다는 표시이기도 했으니, 수령은 이 전패를 근거삼아 향촌사회를 통제해나갔다. 통치권을 상징하는 전패를 훼손한 자는 대역 죄인으로 처벌했다.

　현감은 우선 전패 관리를 책임진 예방 아전과 객사를 지키는 관노官奴를 가두고 경위를 조사했다. 객사 담당자는 이제 40세에 이른 귀남이라는 사내종이었다.

　객사가 얼마나 중요한 곳인데 감히 삼가지 않는 마음이 있었겠습니까? 온 마음을 다해 임무를 수행하던 중에 이런 뜻밖의 변고를 당하게 됐습니다. 사내종인 제가 저지른 죄는 아니지만 황공하여 몸 둘 곳을 모르겠습니다.

　　　－『추안급국안』 7권, 신해년(1671) 전패를 훔친 죄인 애립 신문 기록

　귀남이 의심스러운 구석이 없지는 않았지만 계속되는 신문에도 전패를 대하는 심정만은 일관돼 보였다. 현감은 다른 관노와 인근 주민을 대상으로 탐문수사를 벌였다. 수상해 보이는 자를 염탐하고 행인을 일일이 조사했다.

　전패를 분실한 지 열흘쯤 뒤, 애립이라는 관노가 유력한 용의자로 체포됐다. 이제 열아홉 살이 된 애립은 죄를 짓고 관아에서 도망친 상태였다. 아버지는 사노私奴였고 어머니는 관노 신분이었는데, 얼마 전 모두 사망한 것으로 파악됐다. 애립은 관찰사와 형조의 신문을 거쳐 의금부에서 추국을 받았다.

저는 부모가 돌아가신 뒤에 신역을 피해 기유년(1669) 8월쯤에 도망쳤습니다. 이 일로 친척들이 붙잡혀갔기에 곧 자수했습니다. 그런데 연천 현감이 매질을 아주 심하게 해서 다시 도망쳐 여기저기서 밥을 빌어먹으며 지냈습니다. 지난해에는 흉년을 당해 구걸하는 것조차 어려워져 다시 관아로 돌아갈 요량이었습니다. 그런데 연천 현감이 전처럼 매질을 심하게 하면 이제는 맞아 죽을지도 모른다는 두려움이 앞섰습니다. 그런 참에 객사의 전패를 분실하면 수령이 파직돼 교체된다는 말을 전해 들었습니다. 그래서 지난해 12월 25일 밤에 객사에 몰래 들어가 전패를 훔쳐내 아궁이에 던져 넣어 불살라버렸습니다.

　　　－『추안급국안』 7권, 신해년(1671) 전패를 훔친 죄인 애립 신문 기록

전패 훼손 사건을 전패작변殿牌作變이라 했는데, 전패를 분실하면 원칙적으로 수령을 파직하고 읍호를 강등하는 처벌을 내렸다. 연천 전패작변의 경우, 현감을 파직시켜야 한다는 논의가 일었지만 결과는 애립이 기대했던 것과는 달랐다. 연천 현감은 결국 파직을 면했고, 애립은 대역 죄인 처벌 규정에 따라 능지처사됐다.

애립이 일으킨 전패작변은 자신의 필요에 따라 수령을 쫓아내려는 의도에서 시작됐지만 그 과정에서 국왕과 관아의 위엄 또한 손상됐다. 사건 수사를 통해 지방관의 가혹한 대민 통치 방식이 드러났다. 애립 자신은 의도하지 않았을지라도 그가 벌인 전패작변은 결과적으로 국왕의 권위를 부정하고 조선 사회의 모순을 들춰내는 저항 행위가 되었다.

앙갚음의 수단이 된 전패

충청도 온양에 사는 사노 생이生伊 또한 수령을 쫓아내기 위해 전패를 훼손한 인물로 기록돼 있다.[6] 현종 3년인 1662년 초여름, 수령이 생이를 가축 절도 혐의로 감옥에 가두고 심한 매질을 했다. 분함과 배고픔을 참지 못한 생이는 탈옥을 감행한다.

저는 청주에서 살다 온양 땅에서 아내를 얻어 여러 해 지냈습니다. 그러던 중, 소나 말을 훔친 일이 없는데도 억울하게 옥에 갇혀 여러 날 풀려나지 못했습니다. 배고픔을 견디지 못하고 틈을 타서 도망쳤습니다.
  –『추안급국안』 7권, 임인년(1662) 전패를 훔친 죄인 생이 신문 기록

생이는 누명의 억울함을 풀고 수령에게 해를 가하는 방책으로 전패를 훔쳐 훼손한다. 세 조각으로 쪼개어 감옥 인근의 길섶에 던져버린다. 체포된 생이는 신문과정에서 범죄 혐의를 번복하기도 했지만 결국은 자신이 저지른 일이라 자백한다. 생이는 지금의 서울시청 부근 세종대로인 군기시 앞에서 처형당했다.

함경도 안변에서는 지방관에게 불만을 가진 이들이 합심해서 전패 작변을 일으키기도 했다. 영조 25년인 1749년 1월, 향리의 아들인 신상인은 도망 노비를 잡지 못한 일로 안변 부사의 처벌을 기다리고 있었다.[7] 곧 난장亂杖을 칠 것이란 부사의 말에 잔뜩 겁을 먹은 상태였다. 난장은 죄인을 형틀에 묶어놓고 여러 형리가 신체의 부위를 가리지 않

임금을 상징하는 전패殿牌. 위 전패는 조선시대
경주 지역의 객사인 동경관東京館에 모셔졌던
것으로 추정된다. 국립경주박물관 소장.

고 일제히 난타하는 가혹한 고문이었다. 치사율이 높았으며 법전에 규정조차 되지 않은 신문 방법이었다.

두려움을 이기지 못한 신상인은 부사를 파면시킬 계책을 떠올렸다. 즉시 유찬적이란 사노와 전패 훼손을 모의했다. 유찬적은 억울한 일로 상전에게 대들었다가 부사에게 매질을 당한 뒤 분한 마음을 품고 있었다. 작변 기도에는 유찬적 주인집의 계집종 남편인 김금봉과 유노랑이 가세했다. 유노랑은 김금봉의 사위이기도 했다. 체포된 뒤 신상인이 추국에서 털어놓은 방화 현장은 이러했다.

김금봉과 유노랑이 족상足床을 붙들었고, 제가 키가 컸기 때문에 족상 위로 올라가 전패를 담아둔 장의 자물쇠를 떼어내어 버렸습니다. 유노랑이 먼저 부시를 쳐서 불이 일어나도록 했습니다. 저는 가지고 있던 화약을 꺼내 전패가 들어 있는 장 안에 던져 넣었습니다. 이어 유찬적이 마른 솔잎과 면조각에 불을 붙여서 저에게 주자 이를 장 안에 던졌습니다.

－『추안급국안』 21권, 기사년(1749)
안변에서 전패를 훼손한 죄인들의 신문 기록

이들은 전패 훼손으로 안변 부사가 자리에서 쫓겨나길 기도했지만 이는 정보 부족에서 온 판단 착오였다. 전패작변의 목적이 대개 수령을 쫓아내는데 있다는 사실이 드러나면서 17세기 후반에 이미 규정이 점차 완화되다 폐지되는 추세를 밟는다. 이 무렵엔 전패 훼손만으론 수령을 파직하지 않는다는 규정이 적용되고 있었다. 분풀이는 실패로 돌아갔다. 김금봉과 유노랑은 사형을 감해 섬에 유배됐고, 신상인과 유찬적은 특별히 함경도로 이송돼 능지처사 형벌을 받는다. 의금부에서 관할하는 대역 죄인에 대한 능지처사형은 대개 서울에서 행해졌다. 그렇지만 영조는 전패작변 죄인을 이들의 거주 지역에서 공개 처형해 그곳 백성에게도 강력한 경고의 메시지를 전하고 싶어했다.

> 전패 훼손은 공자가 말한바, '백성이 죄만 면하려 하고 수치스러움을 알지 못한다'고 하는 태도에서 비롯됐다. 또한 지금까지는 가르치지 않고 형벌만 내려왔다. 하물며 듣자 하니 민간의 풍습이 옛날과 같지 않다고 하니 특별히 함경도에서 죄인을 처형하고자 한다. 또한 지방관에게 명을 내려 전패를 훼손하는 사건에 대해 수령의 책임을 묻지 않는 것, 이것이 바로 나라의 법이라고 이르도록 하라.
>
> ―『추안급국안』 21권, 기사년(1749)
> 안변에서 전패를 훼손한 죄인들의 신문 기록

국왕 숭배와 모독 사이에서

19세기 중반에 들어서도 관료의 부당한 처사에 항의하는 저항 성격의 전패작변이 일어났다. 1851년 겨울, 충청도 황간에 사는 현원일은 객사의 전패를 훔쳐냈다.[8] 두 번이나 소송에서 패소하고 게다가 관아로부터 사대부를 능욕했다는 문책까지 받은 터라 그 화를 참지 못해 저지른 범행이었다.

양인 신분인 현원일은 양반인 황익현 집안의 선산을 돌보는 산지기였다. 현원일이 이 선산의 일부를 전용한 게 소송의 발단이었다. 황익현 집안에서는 현원일을 힐난하며 책임을 추궁했고, 의견이 조정되지 않아 결국은 소송 사태로 사건이 확대됐다. 그런데 관아에서는 일방적으로 황익현 집안의 편을 들고, 양반에게 대들었다는 강상윤리까지 들먹이며 현원일을 투옥시켜버렸다. 이후 곤장을 맞고 겨우 풀려난 뒤 생활마저 어려워지자 전패를 훔치는 범죄를 저지르고 만다.

현원일은 전패를 집에 몰래 가져와 아궁이에 넣어 불사르려 했다. 그러자 처가 만류하고 나섰다. 지엄한 물건을 소각시켜서는 안 된다는 뜻이었다. 전패의 존엄함을 강조하는 처의 말을 재차 들으며 현원일은 고민에 빠졌다. 나라님을 상징하는 전패를 불태워 없애버리기에는 자신도 마음 한구석이 개운치 않았던 것이다. 그렇다고 사태를 되돌릴 수도 없는 상태였다. 현원일은 차마 전패를 불태우지는 못하고 세 조각으로 부수어 강에 내다 버린다. 그런데 강물에 떠내려가다 만 전패 조각이 발견되면서 현원일은 관아에 체포된다. 결국 그는 30대 중반의 나이에 대역부도 죄인으로 처형당하는 비극을 맞았다.

법이나 제도를 통한 의사 표현과 수용은 양반이 아닌 현원일에게는 참으로 요원한 일이었다. 그나마 가진 권리 또한 제대로 보장받지 못하는 시대였다. 그래서 관료를 움직일 힘도 제도를 바꿀 능력도 없는 현원일이 마지막으로 선택한 행위가 전패 훼손이었다. 현원일을 비롯한 하층민들이 일으킨 전패작변은 당대에는 분명 범죄 행위였다. 하지만 그 행위가 정치 부패나 사회 모순과 관련돼 있어 이들을 단순한 범죄자로만 볼 수 없게 만든다. 국왕과 조정 대신들은 국가 범죄로 규정해 가혹하게 처벌했지만 지배세력의 그물망 너머에 있는 백성의 생존과 생명 욕구라는 시선으로 보면 그들의 행위는 어느새 저항의 몸짓으로 다가온다.

덧붙이자면, 그 저항은 어딘지 제멋대로 자라고 아직은 덜 여문 열매만 맺는 야생의 과실나무 같다. 국왕의 상징물에 해를 가해 결과적으로 왕의 권위에 도전하지만 그렇다고 왕의 존엄을 대놓고 무시하거나 국왕 자체를 직접 거부하지는 못한다. 전패를 불태우지 못하고 고민하는 현원일의 망설임에서 국왕 숭배의 정서가 얼마나 질기고 탄탄한지를 엿볼 수 있다.

다수의 조선 백성은 전패를 우러르며 임금을 하늘같이 여기며 살았다. 그 구석진 한 곳에 전패를 조각낸 현원일과 생이 같은 일탈자가 있었고, 조금 더 나아가면 전패를 불태워버린 애립과 같은 극히 소수의 반항자가 있었다. 시대가 흐르면서 이들 저항의 몸짓과 목소리가 조금씩 자리를 넓혀갔고 동시에 왕조의 기운은 쇠락을 거듭했다.

조선 사회에서 일어난 전패사건은 역사 사건이나 사태에는 일방적으로 작용하는 것이 극히 드물다는 사실을 보여준다.[9] 나라에서는 충과 효에 바탕을 둔 지배이념을 강요했지만 겉으로 보기와 달리 백성이 모두, 또한 항시 이를 그대로 받아들이지는 않았다. 수용과 거부에 이르는 극과 극의 입장 사이에는 다시 세밀하고 복잡하게 나뉘는 다양한 태도 지형이 놓여 있었다.

신분질서를 거스르다 | 복수 살인

13년을 기다린 형제의 복수

옛 상전 살해사건

토혈과도 같은 울음소리가 찬 대기를 뚫고 야산 기슭을 타고 내렸다. 숙종 26년인 1700년 겨울, 경상도 상주의 한 야산에서 두 사내가 원한에 찬 목소리로 오랜 분노를 뱉어내고 있었다.

"우리가 이제 원수를 갚겠다."

이들은 얼마 전 천민 신분을 벗어난 이명과 그의 동생인 이가음이였다.[1] 이명은 대가를 받고 노비 신분에서 벗어나게 해주는 속량을 통해 대물림되는 신분제의 사슬을 겨우 끊은 터였다.

형제는 즉시 상주 읍내의 한 기와집에 잠입해 사랑채로 향했다. 이곳에는 현감을 지낸 양반 신분의 손지가 손님으로 잠시 머물고 있었다. 손지는 이명의 옛 상전이었다. 형제가 마당을 가로질러 마루로 오르려는 순간 젊은 사내가 칼을 뽑아 들고 나섰다. 손지를 수행하는 종인從人인 춘봉이었다. 사태를 눈치 챈 손지는 급히 방을 나서 몸을 피했다. 하지만 10년 넘게 복수를 다짐해온 형제의 몸이 더 빨랐다. 형이 춘봉을 찔렀다. 동생은 손지를 쫓아 등에 칼을 내리쳤다. 두 사람은 즉사했다.

살인사건 30일 뒤, 이명 형제가 상주 관아에 모습을 드러냈다. 그리고는 당당하게 그간의 경위를 설명했다.

> 아버지가 죽은 뒤에 밤낮으로 절치부심하며 복수를 다짐했습니다. 다만 동생이 어리기 때문에 장성하기를 기다려 힘을 합쳐 복수하려고 지금까지 참아왔습니다. 이제는 소원을 풀었습니다. 죽어도 여한이 없으나 집에 노모가 계시므로 살아갈 방도를 마련하고서 이제야 출두했습니다.
>
> ─『숙종실록』 38권, 숙종 29년(1703) 12월 3일

사건의 시작은 13년 전으로 거슬러 올라간다. 당시 손지는 상주에서 자신의 외거노비인 이막령을 체포했다. 이막령은 무리를 지어 도적질을 하며 인근 양반가를 위협하던 도망 노비였다. 이막령은 손지까지 협박하는 대담함을 보였는데, 손지는 군사를 풀어 이막령 무리를 겨우 생포할 수 있었다. 사고는 이들을 청주 옥사로 이송하는 도중에 일어났다. 이막령이 도망치려다 들켜 채찍으로 매질을 당한 것이다. 그런데 하필이면 학질이 겹쳐 며칠 뒤 그만 죽고 만다. 곧 손지가 살인 혐의로 체포됐다. 손지는 처음엔 유배형을 받았지만 재조사가 이뤄지면서 풀려나게 된다. 이막령은 이명 형제의 아버지였다. 그 후 13년, 이

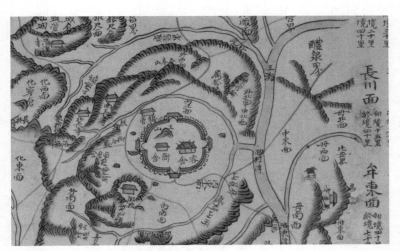

조선시대 여지도에 그려진 상주읍성의 형태.

명 형제는 복수의 날을 세웠고 마침내 뜻을 이루었다. 이른바 복수 살인이었다.

정당한 복수 살인인가, 반상의 도리를 어긴 범분 살인인가?

양반 상전을 죽인 살인사건임에도 불구하고 이명 형제를 처벌하는데 큰 논란이 일었다. 논란의 핵심은 복수 살인 여부였다. 이명 형제가 주장하듯이 이 사건을 부모의 원수를 갚은 복수 살인으로 다루느냐, 아니면 양반 상전을 죽인 강상 범죄로 처벌하느냐 하는 것이었다. 지금의 법 상식과 달리 당시 복수 살인은 일반 살인에 비해 형벌이 매우 가벼웠다. "조부모와 부모가 살해됐을 때 그 즉시 자손이 자의로 살인자를 죽일 경우 죄를 묻지 않았고, 그 이후에 살인자를 마음대로 죽일 경우는 장杖 60대에 처한다"는 규정을 두었다.

이명 형제에게도 이러한 복수 살인 규정을 적용할 것인가를 두고 갑론을박이 오갔다. 사헌부의 한 관리는 이 사건을 복수를 빙자한 흉악한 살인이자 신분질서의 도리를 어긴 강상 범죄라고 몰아붙였다. 반면 관찰사는 복수 살인으로 인정해 감형을 주장했고, 형조 판서 또한 이명의 지극한 효성을 칭찬하며 사형은 면해주자고 했다. 그런데 손지를 직접 죽인 동생 이가음이가 감옥에서 병으로 죽으면서 복수 살인 적용이 한층 더 애매해져버렸다. 복수와는 관계없이 단지 손지를 수행한 춘봉을 죽인 이명에게 과연 복수 살인을 적용해야 하느냐를 두고 다시 논란이 일었다. 대신들의 의견은 팽팽히 갈렸다.

판부사 서문중이 아뢰었다. "손지만 죽였다면 혹 복수라고 인정할 수 있겠지만 춘봉은 관계가 없는 사람으로서 까닭 없이 살해당했습니다. 피살자의 목숨에 대해 살인자의 목숨으로 갚음한다는 상명償命의 원칙을 따르지 않고 이명을 처벌하지 않는다면 춘봉에게는 너무 원통한 일입니다. 이명을 사형에서 벗어나 용서해주는 것은 근거가 없을 듯합니다." 그러자 병조 판서 윤세기가 맞받았다. "춘봉을 죽이지 않으면 형편상 손지를 죽일 수 없었습니다. 그러니 춘봉 살해도 하나로 연결된 사건으로 봐야지 나누어 두 가지로 볼 수는 없습니다. 만일 이명을 죽인다면 경전에서 복수를 인정한 의의가 어디에 있겠습니까?"
–『숙종실록』 숙종 29년(1703) 12월 3일

유교 경전인 『예기禮記』는 복수 살인을 자손의 당연한 권리로 인정한다. "아버지의 원수와는 한 하늘을 함께하지 않으며, 형제의 원수를 위해서는 무기를 가지러 돌아가지 않는다"고 했다. 『춘추春秋』를 해석한 『춘추공양전春秋公羊傳』은 "복수를 하지 않으면 아들이 아니다"라고 잘라 말한다. 이처럼 고대부터 유교 문화권에서는 복수 살인이 권리를 넘어 의무의 성격까지 가져, 이를 행하지 않을 경우 불효라는 도덕적 비난을 받는 분위기였다.

중세 유럽에서도 복수 살인은 정당한 권리로 여겼다. 국가에서도 이를 묵인하는 실정이었다. 한 예로 셰익스피어의 『로미오와 줄리엣』을 보면, 로미오가 친척이자 친구인 머큐쇼의 원수를 갚기 위해 줄리엣의 사촌인 티볼트를 죽인다. 이는 모욕을 대갚음하는 행위였고 그런 행동은 명예로운 행위로 받아들여졌다. 친척이란 꼬리표가 붙어 있긴 하지만 친구까지 복수 살인의 명분에 들었으니 중세 유럽에서는 복수 살인에 대해 상당히 관대했음을 알 수 있다.

언제까지 복수 살인이 그대로 허용되지는 않았다. 경전대로 복수 살인을 용인할 경우 복수가 복수를 낳는 악순환과 복수 살인을 빙자한 살인 행위로 사회는 혼란에 처할 것이 분명했다. 뿐만 아니라 복수 살인 허용은 국가 사법권을 침해해 통치 권력을 약화시킬 수 있었다. 군주만이 백성의 생살여탈권을 가진다는 당시의 형벌관과도 충돌을 일으켰다. 위정자들이 효라는 유교 가치를 우선시하는 경전과, 안정과 통제를 목표로 한 법질서 사이에서 균형을 찾아야 했으니, 당시의 복수 살인 처벌 규정은 그 결과물이었다. 복수 살인 자체를 원칙적으로 범죄로 규정하되 일반 살인과는 구별해 형량을 감하거나 면죄했던 것이다.

조정 대신들의 논의가 계속되면서 이명의 편을 드는 신하가 늘어났다.

예조 참판 유집일이 아뢰었다. "아비가 죽은 지 10여 년 뒤에 칼을 갈아 복수하고, 자신의 죽음은 가벼이 여겼습니다. 보통 사람은 손가락을 끊어도 효도라고 하는데 하물며 이러한 일이야 일러 무엇 하겠습니까. 이

명이 행한 지극한 효성은 고금에 드문 일입니다. 어찌 차마 사형을 집행
해 효의 도리를 손상시킬 수 있겠습니까?"

-『숙종실록』 숙종 29년(1703) 12월 3일

결국 임금은 절충안을 제시한다. 법으로는 사형이 마땅하나 인정과
도리로는 용서할 만하다며 사형에서 감면해 귀양 보내도록 했다.

노비 출신인 이명은 아버지를 죽음으로 내몬 상전을 당당하게 살해
하고도 지배층이 신봉하는 효라는 유교 가치에 기대어 자신의 목숨까
지 보전할 수 있었다. 지배층이 내세우는 이념을 몸소 실천함으로써
오히려 그 지배세력에 맞서나간 경우라 할 수 있다. 이런 시각에서 보
면 이명 형제는 지배질서에 저항한 대담한 일탈자였다. 그가 당시 사
회가 인정하는 복수 살인을 빙자해 교활하게 분풀이를 했는지, 복수
살인을 통해 유교 가치의 하나인 효를 참으로 실천하려 했는지는 이명
그 자신만이 알겠지만 말이다.

🎋 복수 살인의 시대

하층민의 복수 살인

부모의 원수를 죽인 하층민의 범죄 행위가 모두 복수 살인으로 인정되지는 않았다. 전하는 기록이 소략해 아버지 살해 때의 정황과 복수 살해의 구체적 방법을 파악하기 어렵지만, 영월에 살았던 노비 만재 또한 오랫동안 기다려 아버지를 살해한 주인을 죽였다.

> 만재는 영월 사람 김대종의 종이다. 김대종이 일찍이 만재의 아비를 살해했다. 그러자 만재가 장성해 김대종을 살해함으로써 아비의 원수를 갚았다. 중죄를 범한 죄인을 의정부, 의금부, 사헌부 등 삼성이 합좌해 국문하는 추국을 설치해 자백을 받아낸 뒤 사형에 처했다.
>
> –『영조실록』 37권, 영조 10년(1734) 1월 7일

조정에서는 만재를 원수를 갚은 죄인이라 언급하지만 복수 살인 처벌 규정을 적용하지는 않고 일반 살인죄로 다스렸던 것으로 보인다. 하지만 이 무렵엔 이전 시기에 비해 복수 살인에 대해 좀 더 관대한 태도를 보이면서 법적으로 복수 살인을 용인하는 추세가 강해지고 있었다.[2] 친족을 위한 복수 살인이 늘어났으며 아내의 정절을 명분으로 한 복수 살인도 비교적 증가했다.

복수 살인을 행하는 신분층도 확대되고 있었다. 18세기 후반기의 범죄 사건과 재판 과정을 기록한 『심리록』에는 평민과 노비 계층이 행한 복수 살인 사건이 집중적으로 나타난다. 전라도 나주에 사는 노비 취삼은 처와 간통한 이웃 사내를 구타해 죽인다. 서울 북부에 거주하는 차진성은 처가 주인에게 강간을 당하자 이 주인을 살해했다. 처음 이 사건은 종이 주인을 범한 강상죄를 적용해 차진성에게 사형을 내렸지만 결국 복수 살인으로 인정한다. 전라도 흥양에 사는 박정효는 사촌 동생이 구타당하자 그 상대를 때려 숨지게 했다. 이처럼 하층민의 복수 살인은 대부분 주인의 침학이나 부당한 대우에 대한 보복성 살인이었다.

복수 살인은 모두가 따라야 할 윤리의 귀감으로 격상될 때도 있었다. 1791년 가을 전주에 사는 김계손과 김성손 형제는 아버지를 죽인 원수를 찾아 나선 끝에 3년 만에 복수를 이루고 이내 자수한다.[3] 당시 임금인 정조는 이들을 석방하며 그 행위를 효의 본보기라며 칭찬을 아끼지 않았다.

임금이 일렀다. "원수가 적당히 처리돼 옥에서 나왔을 때 가까이 있으면 가까이서 지키고 멀리 도망가면 멀리 따라다니다가 형제가 함께 복수했다. (…) '비분강개하며 죽기는 쉬워도 조용히 죽음에 나아가기는 어렵다'고 한 말은 바로 계손 형제를 두고 이른 것이 아니겠는가. 이들의 행위는 『이륜행실도』에 올리더라도 지나치지 않을 것이다."

—『정조실록』 33권, 정조 15년(1791) 9월 20일

복수 살인이 효의 귀감이 되면서 부모의 원수를 갚지 않으면 불효자로 낙인찍히는 것은 물론 법적 처벌까지 받는 분위기가 조성됐다. 1794년에 경기도 음죽에 사는 김험상은 아버지를 살해한 원수를 감싼 죄인으로 처벌받았다.[4] 김험상은 애초에 아버지를 죽인 가해자를 관아에 고발했다. 하지만 이 가해자와 합의를 하고는 아버지가 구타로 죽은 게 아니라 병으로 죽었다고 말을 바꾼다. 조사 결과 거짓 증언을 한 정황이 드러나면서 김험상은 매질을 당하는 처벌을 받았으며, 원수를 숨겨주거나 원수와 화친한 대악大惡 죄인으로 취급됐다.

복수는 고사하고 아버지를 죽인 원수에게서 돈을 받아내고 죄를 눈감아 준 파렴치한도 있었다. 경상도 순흥에 사는 노비 김치걸은 주인인 이후원과 폭력 다툼을 벌였는데, 엿새 뒤에 이후원이 사망했다.[5] 그러자 이후원의 아들인 이암회가 입막음의 대가로 금품을 요구하고 나섰다. 김치걸은 상당한 재물을 모은 외거노비였다. 이암회는 15년이 지난 뒤에 다시 금품을 요구했으며, 뜻을 이루지 못하자 그제야 관아에 살인 사건을 고발한다. 하지만 이암회 자신의 패륜 행위도 끝내 감

출 수 없었다. 임금이 김치걸은 형량을 낮추어 유배형에 처하지만 이 암회는 인륜을 어긴 죄를 들어 중벌을 내린다.

인륜을 팔아 재물을 탐하는 후안무치한 족속은 어느 시대에나 있기 마련이다. 그런 소수를 제외하면 18세기에는 천민에서 양반에 이르는 모든 계층에서 복수 살인을 유교 가치의 하나로 실천하고 있었다. 위정자들도 하층민의 복수 살인을 대체로 받아들이는 입장이 강했다.

그런데 조선 전기에는 18세기와는 분위기가 달랐다. 노비가 저지른 복수 살인을 무엇보다 아랫사람이 윗사람에게 해서는 안 될 짓을 저지른 이른바 범분犯分 사건으로 규정했다. 효라는 가치를 실현하는 복수 의무보다 상하 신분에 따른 복종 의무를 더 우선시했던 것이다. 한 사례로, 겨우 10살의 나이로 아버지에 대한 복수를 시도했던 노비 변송을 들 수 있다.

> 밀양에 사는 변송은 이제 열 살이다. 변송은 칼로 주인을 찌르려 하다가 끝을 맺지 못했는데, 주인에게 침탈당한 아버지의 분을 풀기 위함이었다. 임금이 잡아와 국문하라고 의금부에 명을 내렸다.
> ―『세종실록』 116권, 세종 29년(1447) 6월 27일

어린 노비의 칼부림에 의금부까지 나섰다는 사실은 당시 위정자들이 이 사건을 자식의 복수 행위가 아니라 노비가 주인을 살해하고자 한 범분 행위로 보았음을 뜻한다.

또 다른 사례를 보자. 1560년에 온양에 사는 노비 김의는 주인인 김

숙겸을 살해했다. 김숙겸이 김의의 아버지를 때려 거의 죽기 직전에 이르렀는데, 이를 마음에 품고 저지른 일이었다. 하지만 이 사건 또한 복수 살인이 아니라 범분 살인으로 취급해 김의는 능지처사라는 최고 형벌을 받는다.

정조는 왜 복수 살인을 부추겼나?

그러면 조선 후기 들어 일반 백성의 복수 살해가 늘어나고 18세기 후반기엔 효의 귀감으로까지 격상된 까닭은 무엇일까?

　먼저 국가의 이념 정책 차원에서 살펴보면, 복수 살해 추세는 조선 후기에 행해진 유교윤리 강화 정책과 관련이 깊다. 조선 지배층은 임진전쟁(임진왜란)과 병자전쟁(병자호란)을 거치면서 흐트러진 지배질서를 바로 잡기 위해 가부장제 중심의 유교 가치를 재정립하고자 했다. 효에 바탕을 둔 가부장적 가족질서는 양반 중심의 신분제와 지배질서를 유지하는 근간이었다. 지배층은 효를 최고의 인륜 가치로 재차 강조했으며 효행을 권장하고 효자와 효녀에게 상을 내렸다. 부모의 원한을 자식이 대신 갚는 복수 살인은 이러한 효를 실천하는 눈에 보이는 본보기였다. 효라는 명분으로 복수 살인에 대한 처벌이 느슨해졌으며, 때로는 풍속교화 차원에서 권장되기에 이른다. 백성을 지배체제 속에 포섭해 사회질서를 유지해야 하는 위정자에게 복수 살인은 최적의 통치전략의 하나가 됐다.

특히 정조는 그 어느 임금보다 복수 살인에 관대했다. 법조문에 따른 판단보다 윤리와 도리의 시각으로 접근할 때가 많았으며, 칭송을 넘어 장려하는 태도를 보이기도 했다.[6] 정조의 이 같은 정책 지향을 예치나 왕도정치의 시각으로 파악하고 넘기기엔 뭔가 부족함이 남는다. 한발 더 나아가, 정치책략이란 측면에서 파악할 필요가 있지 않을까 싶다.

정조는 과도해진 신권臣權을 누르고 왕권을 강화해 군주 중심의 통치체제와 유교질서를 구축하고자 했다. 무엇으로 대신들의 주장과 욕구를 막을 것인가? 일반 백성의 지지 외에는 다른 대안이 없었다. 무엇으로 백성의 지지를 얻을 것인가? 복수 살인은 백성의 호감을 살 수 있는 잘 포장된 도덕적 수단이었다. 정조는 복수 살인에 대한 관대한 처벌을 통해 자신이 효를 중시하는 어진 군주임을 어김없이 나타내 보였고 또한 자신이 얼마나 백성을 아끼는지를 널리 드러내었다. 거둥길의 소통 이벤트와 같이 이 또한 백성의 지지를 통해 군주의 권위를 확보하는 한 방책이었다. 결국 정조가 행한, 복수 살인을 비롯한 유교 가치 재정립은 군주 중심의 조선을 정립하기 위한 정치적 디딤돌로 작용한 셈이다.

한편으론, 복수 살인 확산은 효와 가족 중심의 윤리 규범이 백성의 의식 깊은 곳까지 자리 잡았다는 사실을 뜻한다. 당시 백성에게 복수 살인은 가족의 명예와 가문의 번영을 위한 의무적인 행위로 다가왔다. 가족과 가문 내에서 개인의 존재 의미를 찾는 게 당연시되었던 실정을 감안하면 그 의무는 일방적인 희생 행위만은 아니었을 것이다.

이런 추세에서 하층민 또한 복수 행위를 살인 범죄가 아니라 득이 되는 윤리 규범의 하나로 인식하게 되었다. 기회가 오면 나서서 이를 실천하고자 했다. 조선 후기의 하층민은 지배층이 내세우는 유교 가치를 나름의 시각에서 받아들일 정도로 성장하고 있었다.

특히 노비나 천민 같은 최하층민의 입장에서 보면, 복수 살인은 효라는 유교 가치의 수용과 실천 이상을 뜻했다. 복수 살인을 통해 상전이 자행한 횡포와 부당한 억압이 폭로될 수 있었다. 상전에 대한 복수 살인이 법적으로 인정됐을 경우는 결과적으로 지배층의 권위가 어느 정도 손상될 수밖에 없었다.

이러한 부작용은 지배층 스스로가 행한 선택의 결과였다. 당시 위정자들은 효의 가치를 신봉하게 해 신분제에 기초한 유교적 사회질서를 유지하는 게 급선무였다. 동일한 성격의 살인사건인데도 자신들은 효의 가치에 따른 형벌을 적용하면서 하층민에겐 복종을 요구하는 범분과 같은 다른 가치를 일방적으로 적용할 순 없었다. 그래서 일정 부분 하층민의 의사를 들어주되 신분질서라는 더 근본적인 지배체제는 유지하고 강화하는 전략이 필요했다. 그 과정에서 발생할 수 있는 부정적인 효과는 감수해야 할 비용이었다. 지배층은 격하게 흔들리는 신분제를 어떻게든 지켜내고자 했던 것이다.

이런 배경 아래, 하층민은 지배층의 가치를 받아들여 실행함으로써 알게 모르게 당대의 정책 모순과 사회현실의 부조리함을 드러냈다. 그것은 지배질서에 타격을 가하고 균열을 내는 행위이기도 했다. 겉으로 보기엔 동일한 하나의 유교 규범이지만 하층민이 받아들여 행한 유교 규범은 애초에 그 규범을 정립한 지배층에게 적대적 행위로 실행되었다. 지배층 입장에서 보면 하층민이 효라는 지배 이념에 포섭된 듯 보였겠지만 실상은 그 이상이었다. 하층민은 지배 이념을 침학과 모욕에 저항하는 수단으로 사용하며 지배질서에 작지만 쉼 없이 균열을 냈다.

누가 의로운 폭력을 행하는가?

여섯 살 여자아이 살인사건

정조 10년인 1786년 초가을, 서울 남부 지역에서는 양반가의 어린 여자아이가 살해당한 사건으로 민심이 흉흉했다. 범인은 곧 체포되었지만 근본이 없지 않은 중인 신분의 남자가 양반집에서 벌인 일이라 뒷말이 많았다. 게다가 살인을 저지른 중인 남자와 죽은 여자아이의 아버지가 한동안 불화를 겪어왔다는 사실이 알려지면서 저간의 극히 불편했던 사정까지 다시 입방아에 올랐다.

　살인사건의 전말은 이러했다.[7] 중인 이상준이 한밤중에 칼을 품고 양반 김신묵의 집에 몰래 들어갔다. 이상준은 우선 구타해 제압하려고 이불 속에 누운 김신묵을 발로 사정없이 내질렀다. 그런데 시작부터 착오가 일어났으니, 이상준의 발길에 채인 사람은 김신묵이 아니었다. 김신묵의 처와 이제 여섯 살 난 어린 딸이었다. 뒤늦게 이를 확인한 이상준은 급히 방을 빠져나갔다. 살해 기도는 칼도 빼어보지 못한 채 접어야 했다. 문제는 발길에 채이고 짓밟힌 어린 딸이었다. 아이가 열흘 뒤 그만 죽어버린 것이다.

이상준이 체포되면서 사건이 일어나게 된 그간의 사정이 하나하나 드러났다. 이상준은 김신묵에게서 그동안 수차례 피해를 입은 상태였다.

형조에서 아뢰었다. "살옥 죄인 이상준은 김신묵이 자신을 소홀히 대접해 화가 났다고 합니다. 이후 김신묵의 주도 아래 마을에서 내리는 벌칙으로 벌금을 물리자 더 큰 분을 품었다고 합니다. 그 뒤에는 김신묵이 포도청에 고발해 집이 수색당하고 이상준은 체포되는 지경에 이르렀습니다. 마침 이상준의 처가 해산달이 차기 전에 아이를 낳다가 죽었는데 이상준은 집이 수색당할 때 놀라서 그리된 것이라 했습니다. 슬픔과 분노를 참을 수 없었던 이상준은 설욕할 생각으로 한밤중에 칼을 들고 김신묵의 안방에 뛰어들었습니다."

–『일성록』 정조 10년(1786) 12월 21일

함부로 대하고 벌금을 물린 것은 약과였다. 김신묵은 자신의 모든 위력을 동원해 이상준을 괴롭히고 손해를 입혔다. 이상준의 집 문에 가시울타리를 쳐놓는 벌을 사사로이 내리고 순찰하는 군병까지 빼내이를 지키게 했다. 이상준은 졸지에 흉악한 범죄를 저지른 죄인 취급을 받게 됐다. 위력을 가진 자가 부당하게 공권력을 동원해 약자에게 고통을 가하고 잇속을 채우는 실태 그대로였다.

김신묵은 이상준이 이번 사태의 빌미를 먼저 제공했으며, 자신의 행위는 그에 대한 합당한 응징이라며 항변했다. 그가 내세운 사정은 이러했다. 얼마 전 김신묵은 마을을 대표하는 존위尊位가 됐다. 그런데 이전에 존위를 지낸 이상준이 양반 신분을 가진 자가 존위를 맡았다며 모욕적인 언행을 일삼았다. 최말단 행정조직인 동이나 리의 책임자를 대개 존위라 했다. 이들은 주로 행정명령을 주민에게 알리고 조세 납부를 관리했으며, 풍속과 교화에 관련된 일을 처리하기도 했다. 조정에서는 이 직책을 덕망 있는 양반 사족에게 맡기려 했으나 그 역할이 차츰 관청의 심부름꾼에 지나지 않게 되자 양반층에서는 꺼리는 경향이 강했다. 실제로는 중인과 평민 계층 출신의 신흥 세력이 맡는 경우가 많았다. 이상준은 아마도 이런 실상을 근거삼아 김신묵을 자리를 탐하는 양반이라 험담을 한 것으로 보인다. 김신묵 측의 주장에 따르면, 이런 이상준의 언행에 마을 사람들이 함께 분해 하다가 응징 차원에서 가시나무를 쳐놓는 벌을 시행했으며, 마침 이상준의 처가 아이를 낳다 죽었다는 것이다.

이상준의 진술은 달랐다. 자신의 집안은 마을에 대대로 거주해왔기 때문에 존위를 지냈으며, 오히려 사족인 김신묵이 중인인 자신이 존위가 된 것을 싫어했다는 것이다. 그런 반감을 가지고 마을 사람까지 동원해 벌을 내렸다고 했다. 가시울타리를 치고 포도청에서 자신을 잡아가는 바람에 만삭의 처가 놀라서 아이를 낳다 죽었다고 재차 주장했다. 결국 이상준의 주장은 자신의 아내가 죽은 데 대한 복수로 일을 벌였다는 것이나 마찬가지였다. 사건 경위와 내막을 보고받은 임금의 판결은 이러했다.

김신묵은 서울의 양반 집안 출신으로 힘으로 일을 처리하려는 못된 행실을 보였다. 여러 가지 놀라운 짓을 많이 저질렀는데 가시덩굴로 집을 에워싸기까지 했으니 괴이하고 패악스러운 짓이 극에 달했다. 이상준에게 욕을 당한 사건도 모두 스스로 초래한 일이다. 이로 보나 저로 보나 각별히 엄하게 다스리지 않으면 사족 부녀의 부끄러움을 씻을 길이 없을 것이고 무고한 평민이 입는 피해를 막을 수 없을 것이다. 김신묵은 형장을 쳐 유배토록 하라.

　　　　　　　－『심리록』 16권, 병오년(1786) 서울 남부 이상준의 옥사

　김신묵에 대한 처벌은 강한 자의 횡포를 누르고 약한 자를 도와준다는 억강부약의 정신에 따른 판결이었다. 대립했지만 약자일 수밖에 없었던 이상준의 행위가 어느 정도 정당성을 인정받은 셈이다.

　하지만 정조는 "사족 부녀의 부끄러움을 씻을 길"을 언급함으로써 양반층의 권위를 챙기는 일도 빠트리지 않았다. 정조는 이 사건에까지 복수 살인 조항을 적용하지는 않았다. 김신묵이 이상준의 처를 직접 죽이지 않은 것은 분명하니 복수 살인을 적용하기는 아무래도 무리였던 것이다. 그러면서도 이상준을 사형시키지 않고 죄를 감해 유배형에 처한다. 며칠 전 이상준의 아들이 거둥길에서 아버지의 죄를 용서해달라는 격쟁을 했는데 그 모습을 보고 서글픈 생각이 들어서라는 다소

감정에 치우친 이유를 댄다. 그렇게 해도 형벌제도의 권위가 훼손되지
는 않을 것이란 말까지 덧붙여 자신의 판단을 옹호했다. 뒷날 정조는
김신묵의 아들이 아버지의 형벌을 감해 달라며 올린 청원은 단번에 물
리친다. 정조는 둘 중에서 이상준을 그나마 의로운 인물이라고 본 것
이다.

 달리 보면, 두 사람의 갈등은 마을의 주도권을 누가 쥐느냐를 두고
벌어진 일종의 세력 다툼으로 해석될 여지가 있다. 중인 신분의 이상
준은 신흥 세력으로 점차 발언권을 넓혀가는 중이었고, 기존 세력을
대표하는 양반 김신묵은 무섭게 치고 올라오는 이상준을 억누르는 입
장에 서 있었다. 이상준의 언행은 양반 지배에 대한 도전 행위로 비춰
졌고, 이를 용인할 수 없었던 김신묵은 갖은 수단을 동원해 이상준을
옥죄었다. 이런 김신묵의 횡포를 막으려고 이상준은 자신이 할 수 있
는 모든 방책을 동원했을 것이다. 그런데도 그 모두가 수포로 돌아가
자 결국 마지막 선택을 했던 것이다.

 18세기 후반 신분제도가 흔들리는 세태에서 두 사람은 각자의 방식
으로 옳다고 여기는 선택을 하고 이를 실행했다. 두 사람 모두 상대가
저지른 행위에 대한 보복과 응징으로 일을 저질렀다고 했다. 각자의
입장에서 보면 자신의 행위가 의로울 수 있겠지만 그 과정에서 나온
결과는 비참했다. 이상준은 아내와 채 맺지 못한 생명을 잃었으며 김
신묵은 처의 구타와 어린 딸의 죽음을 맞아야 했다. 자신들 또한 외진
땅에서 유배의 고통을 감내했다. 그럼에도 조선 땅에는 보복과 복수의
명분을 건 폭력이 끊이질 않았다. 위계와 차별의 신분제와 그에 힘입

정조 어진, 그리고 『일성록』과 『심리록』. 『일성록』은 1752년(영조 28)부터 1910년까지 주로 국왕의 동정과 국정을 기록한 일기이고 『심리록』은 정조 연간의 각종 범죄인에 대한 판례집이다.

은 억압과 수탈이 그 비정한 폭력을 부추겼다.

1894년 농민항쟁기, 양반가 시신 훼손 사건

1894년 7월 어느 날, 전라도 광양에 사는 양반 조윤태는 서모庶母의 집에서 조용히 아버지의 장례를 치르고 있었다.[8] 향촌자치기구인 향청의 좌수座首를 지냈지만 화중으로 객사한 터여서 호상이라 할 순 없었다. 더구나 관군에 맞선 동학농민군이 전라도 지역을 중심으로 민정을 펼치며 세력을 떨치던 시기여서 장례 마당은 더욱 무거웠다. 이곳 광양 지방도 이 무렵은 동학농민군이 장악한 상태였다.

그런데 예기치 못한 불상사가 초상집 마당에서 일어나 상주와 문상객을 경악시켰다. 동학농민군을 대동하고 들이닥친 한 사내가 시신에 총을 쏘아댔던 것이다. 그러고는 "원수를 갚았다"며 자신의 행위가 정당한 처사임을 알렸다. 시신을 훼손하는 행위는 유교 가치관에 반하는 반도덕적 행위였다. 그것은 해서는 안 되는 짓이었고 자식들은 어떻게든 막아야 하는 패륜 행위였다. 하지만 조윤태는 동학농민군의 위세에 눌려 그 처참한 현장을 지켜봐야만 했다

시신에 총을 쏜 자는 광양 지역의 동학농민군을 지휘하는 이학조였다. 그는 시신 훼손이 있기 전에도 조윤태의 집에 들이닥쳐 불을 지르고 가산을 파괴하는 폭행을 저질렀다. 이학조의 거칠고 모진 행위는 조윤태의 아버지인 조용하에게 가하는 보복성 폭력이었다.

계사년(1893)에 제 아버지 조용하는 좌수로서, 광양에서 몰래 동학을 공부하던 유수덕을 붙잡아 서울로 압송했습니다. 뒤에 동학도인 이학조도 관아에 체포됐습니다. (…) 그후 이학조는 제 아버지가 사주해 일을 만들었다며 원한을 품었습니다. 이후 갑오년에 동학이 크게 번성하자 이학조는 우두머리가 되어 세력을 떨쳤습니다. 동학 무리를 이끌고 저희 집에 불을 지르고 가산을 탈취하며 여러 차례 아버지에게 곤욕을 가했습니다. 제 아버지는 이 일로 병을 얻었고 이내 객지에서 돌아가셨습니다.

─『광양군 봉강면 강병촌 치사 남인致死男人 이학조 시체 복검안』

한 해 전에 이학조는 동학 활동을 했다는 혐의로 체포돼 심한 고초를 당했다. 고문은 물론 동료가 서울로 압송돼 사형에 처해지는 슬픔도 겪었다. 모두 조용하가 앞장서 벌인 일이었다. 품팔이로 연명하던 이학조는 사람이 사람 대접을 받는 의로운 세상을 꿈꾸며 그동안 동학 활동에 전념해왔다. 수탈 없는 세상이 오리란 기대로 하루하루를 버텨나갔다. 그런데 조용하의 주도로 다시 현실의 무자비한 힘 앞에 무릎을 꿇게 됐으니, 이학조에게 조용하는 절망과 고통을 안기는 탐학한 양반에 지나지 않았다. 이제 동학농민군이 우위를 점하면서 이학조는 그날의 수치와 모욕을 갚기 위해 품고 있던 분노를 터트렸던 것이다.

하지만 1894년 말 동학농민군이 패퇴하면서 이제는 이학조가 쫓기는 처지가 됐다. 조윤태는 복수를 하겠다며 이학조를 찾아 나섰다. 그렇게 거의 3년의 시간이 흐른 1897년 8월, 조윤태는 광양 시골 마을에서 이학조를 찾아냈다. 조윤태와 그 친척들의 무자비한 폭행이 뒤따랐다. 주민들이 말리고서야 겨우 폭행이 멈추었는데 이학조는 이미 몸을 가눌 수 없는 상태였다. 이학조의 아들이 사건조사에서 진술한 당시 폭행 사건의 전말을 이러했다.

저는 신세가 몰락하여 골약면과 인근 지역에서 품을 팔아 살아갑니다. 어머니께 들은 바로는 제 부친이 조윤태에게 구타당해 집으로 실려 왔다 합니다. 그러다 조윤태와 그 일족이 다시 들이닥쳐 구타할지 모른다는 두려움에 조카들이 아버지를 친척인 이달춘의 집으로 옮겼습니다. 그런데 다음날 조윤태와 그 일족이 제 친척 집에 난입해 다시 부친을 구타했습니다. 그래서 이내 집으로 피하셨다고 합니다.
　　　　　－『광양군 봉강면 강병촌 치사 남인致死男人 이학조 시체 복검안』

며칠 뒤 이학조는 죽음을 맞았다. 그러나 복수는 여기서 그치지 않았다. 조윤태는 관아의 명령이라 사칭하며 이학조의 시신을 불태우려 했다. 이학조가 그랬던 것처럼 자신 또한 시신을 훼손함으로써 완전하고 철저한 복수를 기도했던 것이다.

이학조의 검안을 맡은 순천 군수는 이 사건을 복수 살인으로 규정지으며 자신의 심회까지 털어놓았다.

조윤태는 아들로서 저 하늘을 향해 울면서 뼈를 깎는 고통을 감내했을 것입니다. 동학도가 모두 흩어진 뒤에도 항시 복수할 마음뿐이었겠지요.

그런데 원수를 잡지 못한 채 세월만 흘러가니 원한은 더욱 깊어 갔을 것입니다. 다행히 원수 이학조를 체포했으니, 아버지의 원한을 씻고자 하는 마음은 인륜과 도리를 따져보아도 누구나 같은 마음 아니겠습니까?

—『광양군 봉강면 강병촌 치사 남인致死男人 이학조 시체 복검안』

이어 순천 군수는 조윤태 처벌에 대한 의견을 덧붙인다. 일반 살인죄와 달리 "장 60대를 처한다"는 복수 살인 처벌 조항을 적용하기를 건의한다. 기록으로 남은 5년에 걸친 복수극은 이렇게 해서 막을 내린다.

어질고 예의 바른 정치, 정당하고 의로운 폭력

조용하의 죽음은 조선 말기의 혼란 속에서 잉태되었다. 이학조의 죽음은 복수가 또 다른 복수를 불러온 비극의 결과였다. 두 인물의 죽음은 수탈과 차별, 억압과 폭력, 모욕과 명예 훼손, 원한과 설욕, 그 모든 인간의 심정과 욕망이 뒤엉켜 빚어낸 처참한 사건의 결말이었다. 이 사건은 두 인물의 개인사에서만 연유하는 비극은 아니었다. 거기엔 조선 사회의 부조리와 신분제의 모순이 깊게 똬리를 틀고 있었다.

조선을 세운 사대부들은 인의예지를 강조하는 유학을 통치이념으로 내세우며 새로운 세상을 약속했다. 교화와 덕으로 백성을 다스리고 민심에 따른 정치를 펼친다고 했다. 하지만 그 약속은 지켜지지 않았고 세기가 지나면서 오히려 통치이념에 반하는 정치를 펼칠 때가 많았다.

19세기에 그 모순과 비리는 극에 달했다. 억압과 수탈은 일상이 되었고 양반관료를 비롯한 지배세력 외의 계층은 배제되고 소외당했다.

마침내 백성은 그들 지배층이 천명한 어짊과 의로움과 예의바름을 요구하고 나섰다. 명령하고 징치하던 자를 의義와 도道의 기준으로 심판대에 세웠다. 그 과정에서 때로는 보복의 욕망이 앞서 결코 의롭지 않은 피가 흐르기도 했다. 성난 백성 중에는 포악한 관료를 닮아가는 이도 있었다. 양면성을 가진, 백성의 그런 '인의예지의 시대'는 짧았고 지배층은 다시 욕망을 다지고 권세를 휘둘렀다. 억압과 수탈은 그렇게 조선의 마지막 날까지 멈추지 않았다. 그런 시대의 혼란 와중에 이학조와 조용하와 조윤태는 자신의 의지와 욕망을 내던졌고 그것은 칼날이 되어 상대를 해쳤다. 결국은 자신들도 되돌리기 불가능한 상처를 입어야 했다.

이제 이를 두고 누구의 복수가 정당했고, 누가 의로운 폭력을 행사했는지를 가려내어 확신하긴 쉽지 않다. 어쩌면 불가능한 작업인지도 모른다. 그들의 행위는 기실 그들 개인만의 의지와 욕망에 따른 선택은 아니었다. 정책과 정세 변화, 제도와 신분제의 혼란과 같은 사회 구조의 자장과 시대 조류의 격랑에 휩쓸려든 행위이기도 했다. 따라서 그들 행위의 정당함과 의로움에 대한 해석도 개인을 넘어선 더 큰 틀과 흐름 속에서 함께 행할 때 탄탄한 근거를 가질 것이다.

그러면 이제 우리는 이렇게 물어볼 수 있다. 그 시대 위정자들의 통치 행위는 어질었는가? 그 시대 양반의 교화와 지배는 의로웠는가? 그때 하층민의 저항은 정당했는가? 그때의 대항 폭력은 의로웠는가? 이런 물음이 유효할 때 이학조와 조용하와 조윤태의 행위도 제자리를 잡을 수 있을 것이다.

흔히 '살아 있는 개인'이나 '구체적인 일상'을 강조하며 거대 담론 운운에 대해서는 은근한 비난을 보내기도 한다. 하지만 이런 발언이 시대 조류와 한 사회의 성격까지 배제한 채 역사 속 개인과 일상을 복원하고자 하는 주장은 아닐 것이다. 지금 이학조와 조용하와 조윤태를 돌아봄도 마찬가지다. 시대 흐름과 사회 변동의 본질을 놓치지 않으면서, 그 속에서 살아가야 하는 한 사람 한 사람의 개인사를 구체적으로 확인해보자는 것이다. 예나 지금이나 우리는 여전히 사회적 존재다. 이 당연한 사실을 너무 진부하다고 여겨 잊고 사는 것은 아닐까? 그러면서 그 말이 품은 참뜻까지 알게 모르게 외면하는 것은 아닐까.

벌거벗은 자들의 생존 전략 | 양반 모독

상전을 벗어나라

어느 노비 부부의 탈주

그놈이 기어이 일을 냈구나. 오희문(1539~1613)은 노비 한복이 도망쳤다는 말을 듣자 올 게 왔다는 심정이었다.[1] 화가 끓어올랐지만 당장 사람을 풀어 잡아들이는 게 급선무였다. 사내종은 물론 가능한 사람을 모두 풀어 한복을 쫓으라고 일렀다. 한복은 혼자 도망친 게 아니라 아내인 강비와 함께 자취를 감추었다. 강비 또한 오희문 집안의 종이었다. 거기다 다른 집의 말까지 훔쳐 달아났으니 일시적인 충동이 아니라 계획된 도주가 분명했다. 어수선한 사회 분위기가 도망을 부추긴 모양이었다. 정유년(1597) 들어 일본이 다시 침략을 감행해 전쟁이 재발한 상태였다. 오희문은 얼마 전 아들이 수령으로 있는 강원도 평강으로 거처를 옮겨 피란생활을 해오고 있었다.

한복은 이전부터 고분고분한 노비는 아니었다. 제법 자기주장을 밝히며 잇속을 차릴 줄 알았다. 2년 전 한복이 자영으로 농사를 짓고 싶다고 해서 오희문은 관아에서 빌려 경작하는 전답 중 일부를 내주었다. 그런데 한복은 바쁘다는 구실로 그 전답의 반을 이웃 노비에게 다시 빌려주어 짓게 하는 당돌함을 보였다. 조선시대 노비는 토지를 빌려 직접 농업 경영을 할 수 있었으며 토지를 소유할 수도 있었다. 한복은 주인집 농사에 피해를 주면서까지 자가 경영에 강한 의욕을 보였다.

> 한복에게 율무밭 둑에 한 되 분량의 찰수수 종자를 심게 했다. 그런데 겨우 한 두둑을 심었을 뿐이고 그 싹도 덤성덤성 자랐다. 필시 한복이 종자를 빼내 자기가 경작하는 밭에 뿌렸을 것이다. 얼마나 가증스러운 일인가. 우리 집 전답은 모두 한복이 씨를 뿌렸는데 싹이 나는 것을 보면 모두 드문드문 파종을 했다. 생각건대 이 종자도 한복이 훔쳐 자기가 짓는 밭에 뿌렸을 것이다. 정말 분통해서 참을 수 없다.
>
> ―오희문, 『쇄미록瑣尾錄』 1595년 5월 18일

결국 오희문은 한복에게 내준 전답을 도로 거둬들인다. 이후 한복은 불평이 잦았고 일도 예전만 못했다. 그러다 끝내 극단의 패를 던지니, 주인의 통제에서 벗어나는 도망 노비의 길을 선택한 것이다.

의외로 한복의 자유는 짧게 끝났다. 추노꾼들이 산속에 숨어 있던 한복 부부를 찾아냈고 오희문은 즉시 징벌을 내렸다. 한복에게 장 80대를 치고 강비에게는 50대를 쳤다. 그리곤 말 절도죄까지 더해 관아에 넘겨 처벌하게 했다. 관아에서 다시 곤장을 맞은 한복은 이튿날

조선 후기 김득신의 풍속화 「노상알현도路上謁現圖」는 양반과 노비의 처지를 한눈에 잘 보여준다. 평양 조선미술박물관 소장.

그만 죽음을 맞는다. 목에는 칼이 발목에는 차꼬가 채워진 상태였다. 억압과 속박에서 벗어나고자 했던 한복은 그렇게 생의 마지막까지 포박된 몸을 벗어나지 못했다. 오희문은 한복의 죽음을 전해 듣고 이렇게 심정을 밝힌다.

> 한복이 죽은 것은 족히 아까울 것이 없다. 다만 내 집에 온 지가 이제 4년이 되었는데 원래 죽을죄가 아닌데도 갑자기 죽었으니 심회가 자못 불편하다. 마치 더러운 물건을 삼킨 것 같아 밤새 잠을 자지 못했다.
>
> —오희문, 『쇄미록』 1597년 6월 27일

노비의 죽음을 두고 슬픔이나 연민의 심정보다 아까움과 그렇지 않음이라는 계산의 잣대를 먼저 들이댄다. 주인에게 노비는 하나의 재산이었다. 그러면서도 합당하지 않은 한복의 죽음에 대해 불편한 심기를 다 털어내지는 못한다.

한복의 생은 여느 노비의 삶처럼 비참했으며 갖가지 구속에 얽매어 있었다. 그럼에도 살고자 하는 의지를 굽히진 않았다. 속박 내에서라도 자신의 생활을 향상시키려 했고 조금이나마 스스로 결정하는 영농활동을 하고자 했다. 하지만 현실은 그것조차 허용하지 않았다. 노비한복은 선택하고 주장할 수 있는 사람이 아니었다. 통제와 억압에서 벗어나 자신의 삶을 살기 위해선 목숨을 건 도망 외에는 다른 길이 없었다. 복종과 비참함으로 다가오는 노비의 이미지 너머로, 자신이 꾸려가는 삶에 대한 강인한 욕망을 가진 의지의 인간상이 겹쳐진다.

도망노비와 알선책

이 무렵 오희문 집안에는 거둬들인 고아까지 포함하면 30명 정도의 노비가 있었던 것으로 보인다.[2] 이 중에서 1593년부터 1600년 사이에 도망을 기도한 노비는 모두 14명으로 거의 절반에 이른다. 통제력이 약화된 전쟁 시기임을 감안하더라도 노비의 도망이 드문 일이 아니었음을 알 수 있다. 서너 명의 노비는 여러 번 도망을 쳤으며, 개비라는 노비는 네 번씩이나 도망을 시도했다. 도망친 노비는 잡혀오기도 하고, 생활 터전을 잡지 못해 스스로 주인집으로 걸어 들어오기도 했다. 노비의 도망이 곧 신분 해방을 뜻하지는 않았으니, 영구히 도망친 노비는 그리 많지 않았다.

200년이 흐른 뒤에는 어떠했을까? 경상도 선산과 상주 지역에 세거했던 노상추(1746~1829) 또한 노비 통제로 애를 먹었다. 무관을 지낸 노상추 집안은 적게는 20명 전후에서 많게는 70명에 이르는 노비를 보유했다.[3] 그가 쓴 일기에는 53년 동안 남자종 13명과 여자종 2명이 도망을 기도한 것으로 기록돼 있다. 여러 번 도망을 친 노비도 있어 실제 도망 횟수는 이 노비수보다 더 늘어난다.

어제 다시 손돌이 도망했는데, 가히 죽이고 싶다.
　　　　　　　　　　　　　　-노상추, 『노상추 일기』 1772년 6월 16일

도망쳤던 사내종 태원이 돌아왔다. 역시 궁핍 때문이다. 올해 생계는 아침과 저녁의 끼니조차 어려울 정도다. 노비가 도망해도 먹는 것이 주인집보다 나을 수 없으니 되돌아오지 않고 어찌 하겠는가?

-노상추, 『노상추 일기』 1815년 7월 11일

생계와 안전한 거처를 마련하지 못하면 도망은 대개 실패하기 마련이었다. 홧김에 주인집을 나서거나 준비 없이 도망해서는 성공하기 어려웠다. 철저한 사전준비가 필요했으며 도움의 손길이 있어야 목적을 달성할 수 있었다. 노비들은 도망에 필요한 정보를 교환했으며, 도망친 후 거주할 곳을 알선하는 사람을 찾기도 했다.

19세기 중반에 생존했던 족간이足間伊는 이생원 집의 여종이었다. 족간이는 몸집이 작은 사람이라는 뜻을 가진 쪼간이로 불렸는데, 1869년에 갑자기 종적을 감추었다.⁴ 이생원은 쪼간이의 그간 행적을 알아보다가 이웃에 사는 임백동이 도망을 도왔다는 사실을 알아냈다. 쪼간이는 한동안 임백동의 집에서 여러 노비와 만나 어울렸는데 거기서 정보를 수집하고 도망 후 머물 곳도 주선받은 것으로 드러났다. 임백동과 그의 딸은 중개 역할을 했던 것으로 파악됐다. 이 모든 사실이 밝혀지면서 임백동은 이생원 앞에서 다음과 같은 명문明文을 작성하게 된다. 노비 도망을 주선한 죄를 지었으니 그에 대한 책임을 진다는 일종의 손해배상에 대한 합의서였다.

제 딸이 유인해 도망치게 한 죄를 피할 수 없어서 여러 달 쪼간이를 찾아다녔습니다. 끝내 찾지 못한다면 저의 열세 살 난 딸 문영이를 들여보내 쪼간이가 하던 일을 대신 하도록 하겠습니다.

－전북대학교박물관 소장 고문서 No. 10818

결국 임백동은 2년 뒤에 딸을 이생원 집의 여종으로 보낸다. 30냥의 돈을 받긴 했지만 한 노비의 도망을 도운 결과치고는 너무 비싼 대가를 치른 셈이다. 양반이 관아의 지원과 인맥을 동원해 도망노비를 쫓듯이 노비도 나름의 관계망을 통해 도망을 기도했다.

노비 도망 그 후

도망친 노비는 어디로 갔을까? 친척집이나 연고지를 찾는 노비가 있었지만 그곳은 주인이 제일 먼저 수색을 벌이는 곳이었다. 추쇄에서 벗어날 가능성이 높은 곳은 외딴섬이나 변방, 국방 요충지였다. 이들 지역은 대체로 특별구역으로 설정된 곳이어서 신분을 숨기고 살아가기가 비교적 용이했다. 섬에는 대개 궁방이나 관청에서 관리하는 어장이 설치돼 있어 이를 보호하기 위해 노비 추쇄를 금지하는 곳이 많았다. 변방이나 국방 요충지도 인구 유입을 늘리기 위해 노비 추쇄를 수시로 금했다.[5]

이처럼 도망 노비가 그나마 안전한 곳은 사람이 살기 힘든 환경을 가진 지역이었다. 이들은 외진 강변을 찾았고 깊은 산으로 들어가 화전을 일구었다. 18세기 이후엔 광산과 토목공사장, 수공업장, 포구를 찾아 고용노동에 종사하기도 했지만 그 수요는 그리 많지 않았던 것으로 보인다. 이마저도 여의치 않아 생계가 곤란할 때는 유랑민이 되거나 거지로 전락했고, 때로는 도적이 되어 일탈의 삶을 이어갔다.

아예 권력의 한복판을 선택하기도 했다. 경제적으로 독립하지 못한 도망 노비는 다른 주인을 찾아 다시 예속 생활을 하는 경우가 적지 않았다. 더 나은 조건에서 노비 생활을 할 수 있는 상전 밑으로 들어가는 이른바 투탁이었다. 이들은 권세가를 찾거나 궁가나 내수사에 의탁해 본래 주인의 추쇄를 피하고 이전보다 나은 생활을 하고자 했다. 이 또한 노비로서의 부담을 줄이고 생계를 유지하려는 삶의 전략이었다. 노비들은 더 큰 권력에 기대어 분을 풀기도 했는데, 이러한 행위는 이미 조선 초기부터 큰 논란을 일으켰다.

> 형조에서 논의가 필요한 죄를 법률 규정을 들어 진술했다. "선산의 죄수인 강달은 본래 주인을 배반하고 연창군延昌君 집에 투탁했습니다. 그리고는 본 주인의 머리끄덩이를 부여잡아 땅에 자빠뜨리고 그 머리끄덩이를 짓밟았습니다. 옆구리와 다리를 차면서 이렇게 욕까지 했다고 합니다. '개자식아, 내가 지금도 너의 종인 줄 아느냐.'"
>
> ─『세종실록』 61권, 세종 15년(1433) 9월 17일

투탁 현상은 조선 후기에도 계속됐다. 특히, 왕실 재정을 관리하는 내수사는 백성의 토지를 침탈해 그 자체가 거대한 독립적인 재정기구로 변했는데 노비 투탁을 둘러싼 잡음이 끊이지 않았다.

사헌부에서 임금에게 아뢰었다. "요즘에는 주인을 배반한 노비가 내수사에 투탁하는 자가 매우 많습니다. 본래 주인이 소송하면 반드시 패하고, 패하면 허물을 가려내 벌을 줍니다. 이런 연유로 투탁이 날로 늘어나니 원통하고 억울한 일을 바로잡을 수가 없습니다."

-『숙종실록』 7권, 숙종 4년(1678) 5월 19일

투탁을 막기 위한 처벌 규정은 엄연했다. 내수사에 투탁하는 노비는 역役이 더 무겁고 환경이 훨씬 열악한 변경 지역의 관비로 삼는다는 조항을 두었다. 노비를 숨겨두고 부린 자는 매질을 하는 장형杖刑과 강제 노역을 시키는 도형徒刑에 처한다고 했다. 하지만 이런 법조문은 현실의 힘 앞에선 대체로 무용지물이었다.

투탁은 노비 상태가 계속된다는 점에서 일정한 한계를 가진 행위였다. 그렇지만 더 나은 조건과 환경을 노비 자신이 선택했다는 점을 감안하면 문제가 달리 보인다. 노비가 자신의 의사에 따라 주인을 바꿀 수 있다는 사실은 노비의 자유의지를 일부나마 인정한 셈이어서 이는 결과적으로 신분제의 근저에 충격을 가할 수 있는 행위였다. 상전들은 자기 욕심에 충실해 투탁이 신분질서에 미칠 부정적인 영향을 미처 몰랐을 수도 있지만 노비들은 그 과정을 거치면서 조금씩 의식을 키워나갔다. 자신 또한 의사와 의지를 가진 한 인간임을 알게 모르게 깨우쳐나갔던 것이다. 한편으론 상전의 권위가 훼손되면서 신분질서의 견고함 또한 조금씩 약해지고 있었다.

도망이 모두 성공하는 것은 아니지만 조선 후기엔 도망 노비가 크게

늘어났다. 이미 1655년에 중앙 관아에 배속된 노비 19만 명 중에 노역 대신에 바치는 신공身貢을 거둘 수 있는 노비는 2만7천 명에 불과했다. 1798년 경상도 군위현에는 모두 162명의 노비가 있어야 하는데 확인 되는 실거주자는 14명에 지나지 않았다고 한다.

사노비의 도망도 증가 일로에 있었다. 전라도 무장현에 거주한 오 광찬 집안에서 1762년에 관아에 제출한 호구단자를 살펴보자. 일종의 식솔 명단인 호구단자에 기재된 도망 노비는 21명으로 전체 노비의 거 의 절반에 이른다. 이처럼 조선 후기 양반 집안의 호구단자에는 어느 집안이나 다수의 도망 노비가 기재돼 있다. 대구부 호구장적을 분석한 자료에 의하면 1783년부터 1789년 사이에 노비의 원인별 감소 수는 사망 25명, 매매 33명, 도망 1126명으로 나온다. 도망이 압도적이다.

노비의 탈주는 양반 중심의 지배질서를 흔드는 일종의 체제 저항 행 위였다. 노비의 도망은 신분제의 동요를 가속화시켰으며 양반 지주의 권세에 타격을 가했다. 유교 지배이념의 권위에 흠집을 냈고, 지배층 의 경제력 또한 약화시켰다. 19세기 초의 공노비 해방과 19세기 말에 실시한 노비제도 전면 폐지는 지배층의 시혜로 이루어진 조치가 아니 었다. 도망 노비의 쉼 없는 행렬이 이뤄낸 저항의 결실이었다. 그들은 꿋꿋하고 강인한 심성의 끈을 놓지 않고서 자기 삶을 꾸리고자 했던 백성이었다. 끝내는 타인에게 자신을 인정받고 싶어했던 그때 이 땅의 사람이었다.

폭력 저항

도망 노비, 추쇄에 맞서다

숙종 2년인 1676년, 양반 유목은 마침내 평안도 정주 땅에 발을 디뎠다. 얼마 전 도망 노비의 은신처를 알아내고 추쇄하러 나선 길이었다.[6] 그렇게 정주의 골 깊은 산간 지역에 이르자 도망 노비가 제발로 유목 앞에 모습을 드러냈다. 그런데 무리를 지어 나타난 도망 노비는 용서를 구하는 게 아니라 유목에게 곧장 칼을 겨누었다. 도망친 노비가 주인을 살해했다는 흉흉한 소문을 들어 나름 대비를 했지만 여럿이 달려들어 선제공격을 하니 피할 틈조차 없었다. 도망 노비는 피범벅이 된 유목을 광석을 캐내던 갱에다 버렸다. 죽었다고 여기고 유기한 것이지만 다행히 목숨이 끊어지지는 않은 상태였다. 유목은 행인의 도움으로 갱에서 나와 겨우 집으로 돌아갈 수 있었다.

주인을 죽이려한 노비를 그냥 둘 순 없었다. 신분질서를 어긴 범분

사건이기도 했지만 유목의 아들 입장에서는 아버지를 찌른 원수를 처단하는 일이기도 했다. 유목의 아들은 도망 노비를 찾아내 강에 빠뜨려 죽이고 만다. 조정에서는 유목의 아들에 대한 처벌을 두고 논란이 일어 3년이란 시간을 보낸 뒤에야 유배형을 내린다. 관청에 알리지 않고 함부로 사람을 죽였다는 죄였다. 이후 석방의 은전을 입어 유배지에서 풀려날 수 있게 되었다. 하지만 사건은 여기서 끝나지 않았다. 죽은 도망 노비의 족속들이 뇌물로 권세가를 움직여 유목의 아들을 다시 옥에 가두어 버린 것이다.

이 도망 노비의 족속은 유목 집안을 상대로 나름의 복수를 하고 있었다. 재물로 권세가를 매수했다고 하니 이들은 아마도 상당한 재산을 모은 노비였을 것이다. 조선의 노비는 자신의 재산을 가질 수 있었으며 상업 활동을 할 수 있었다. 드물긴 하지만 거부로 이름을 남긴 노비도 있었다. 15세기에 생존한 노비 임복은 백성을 진휼하라고 곡식 3000석을 내놓을 정도로 큰 부자였다. 이 진휼곡으로 임복 자신은 물론 네 명의 아들까지 면천을 받았다고 한다. 엄격한 신분제 사회지만 재력이 정치권력을 조종할 때가 종종 있었다.

유목 집안은 노비 추쇄에 관아의 도움을 받지 못한 것으로 보아 별다른 영향력을 가진 가문은 아니었던 것으로 보인다. 사노비 추쇄는 기본적으로 주인이 담당해야 했지만 개인의 힘으로는 한계가 있었다. 영향력을 가진 노비 주인은 대개 관아의 지원을 받아 노비를 추쇄했다. 양반층은 관권을 중심으로 한 양반 지배층의 연계망을 동원해 달아난 노비를 붙잡고 이들의 저항을 억누르고자 했다.

한말의 화가 김윤보가 그린 『형정도첩』에 실린 장면. 하나는 거꾸로 매달아놓고 잿물을 부으며 고문하는 모습이고 다른 하나는 참형하는 모습이다.

처벌 규정 또한 빈틈없이 마련해놓았다. 상전에게 폭력으로 대항하는 노비는 가차 없는 처벌을 받도록 했다. 노비가 양반 주인을 구타하면 장 100대를 때리고 3년의 도형에 처하도록 했다. 부상을 입혔을 때는 장 100대를 치고 오지로 유배했다. 주인을 살해했을 때는 그 노비를 처형하는 것은 물론 해당 지방관을 파면하고 고을의 읍호까지 강등했다. 이처럼 주인에 대한 노비의 폭력 저항은 일반 범죄에 비해 더 엄한 형벌을 내렸다. 윤리와 도리를 어긴 강상 범죄이자 신분질서에 대한 도전으로 받아들였기 때문이다.

상전 살해, 잦아지는 폭력 대응

그럼에도 노비의 폭력 저항은 그치질 않았다. 1625년에 양반 홍안세는 평안도 용천에 신공을 거두러 갔다가 외거노비인 영립에게 죽음을 당한다. 신공 받아내기가 만만치 않을 것을 예상해 장정 6명을 데려갔지만 방에 갇혀 모두 불에 타 죽는다.

경기도 양평에 사는 양반 이동립은 1724년에 노비 추쇄를 위해 전라도 흥양에 갔다가 변을 당했다. 전답을 관리했던 노비 최천강이 다른 노비를 선동해 이동립 부자父子에게 폭력을 휘둘렀다. 결국 이동립은 죽고 아들만 겨우 목숨을 부지해 도망칠 수 있었다.

수령 파면과 읍호 강등을 우려해 노비의 주인 살해사건을 숨기거나 축소하는 경우도 있었다. 현종 14년인 1673년, 도망간 노비를 쫓다가 오히려 그 노비에게 식구가 모두 피살되는 사건이 발생했다. 김포에 사는 허정이 정읍현에서 노비를 추쇄하다 벌어진 일로 자신만 겨우 목숨을 건진 큰 사건이었다. 포도대장까지 나서서 수사를 도와 5명의 노비가 범인으로 체포됐다. 그런데 정읍현에서는 죄인 관리를 부실하게 하고 사건 처리를 지연시켰다. 사건 자체를 노비가 주인을 죽인 범분살인이 아닌 일반 살인사건으로 몰아가려 했다.

> 대사간 이숙 등이 임금에게 아뢰었다. "정읍 유향소의 유진형 등이 현縣이 강등되는 피해를 두려워 해 뇌물을 써서 계책을 부렸습니다. 고의로 감옥 관리를 느슨하게 해 상전을 죽인 노비들이 탈출하도록 했습니다."
> −『현종개수실록』 27권, 현종 14년(1673) 8월 14일

은폐 시도는 오래가지 못했다. 도망친 노비 중에서 3명이 체포되면서 정읍현에서 벌인 비리가 드러나고 만다. 관련자들은 엄한 처벌을 받았으며, 정읍의 읍호 강등도 피할 수 없었다.

그렇지만 조선 후기엔 노비의 주인 살해에 대한 책임 추궁이 약화되는 추세였다. 지방관과 읍호는 그냥 둔 채 당사자인 노비만 처벌할 때가 많았다. 다른 처벌은 내리기 힘든 상황이 도래한 것이다. 주인 살해 사건이 늘어나, 이전처럼 처벌할 경우 거기서 파생되는 혼란과 불편이 너무 커서 현실적으로 감수하기 곤란한 지경이었다.

주인 살해로까지 이어진 노비의 대항은 조선 지배체제의 근간인 신분질서를 흔들었다. 군림하고 명령하는 상전의 권위가 훼손당하고, 지

배의 정당성에도 의문을 가지는 노비가 늘어났다. 노비의 폭력 대항이 빈번해지면서 주인과 노비의 관계가 영구불변의 도리가 아니라는 사실을 깨닫고 저항을 통해 그 관계를 깨트릴 수 있다는 의식이 싹텄다. 이는 신분제의 동요를 가속화시켰고, 한편으론 이런 신분제의 혼란이 노비를 비롯한 하층민의 폭력 저항을 부추겼다.

포도청에서 임금에게 아뢰었다. "양인 김내영은 양주 목사 송면재의 여종 남편입니다. 김내영은 송면재로부터 쫓겨난 뒤 원한을 품고 있었는데, 지난밤에 칼을 갖고 숙소에 침입해 먼저 송면재를 찔렀습니다. 이어 송면재 처의 머리를 마구 찔렀으며, 며느리와 아홉 살 손녀 또한 칼로 해쳤습니다. 모두 사경을 헤매고 있습니다."

－『순조실록』 11권, 순조 8년(1808) 8월 19일

이전 같으면 속으로 삭일 갈등이 살인 사건으로 비화했다. 서울 서부에 사는 덕순은 홍씨 집안의 여종이었다. 한 집안에서 대를 이어 내려오는 이른바 세전노비였다. 그런데 덕순은 1814년에 상전인 홍씨를 살해한다.[7] 화근은 덕순이 홍씨에게서 빌려 농사짓던 채마밭이었다. 덕순이 밭의 지대를 내지 못하자 홍씨가 경작권을 거두어갔다. 덕순은 경작권을 돌려주길 누차 간청했지만 받아들여지지 않았고, 이에 덕순은 화를 참지 못하고 돌로 홍씨를 때려 살해했다.

전주부에서는 노비가 산판 주인을 때려죽이고 자살한 사건이 발생했다.[8] 1834년 봄, 노비 박덕산은 나무를 베어내다 산주山主에게 들켜

곤욕을 치렀다. 산주는 나무를 베어내지 말라는 경고와 함께 험한 말로 박덕산을 비하하며 사정없이 몰아세웠다. 산주가 놈이라고 지칭하며 너무 심하게 자신을 모욕한다고 여겼는지 박덕산은 막대기로 산주를 때리며 폭력으로 대응했다. 그런데 구타가 지나쳐 그만 산주가 죽고 만다. 놀란 박덕산은 칼로 자신을 찔러 자살을 택한다. 사건을 접한 당시 관찰사는 "남의 사내종을 놈이라고 하는 게 무슨 대수라고 살인까지 일으켰느냐"고 하면서 죄인이 죽었으니 사건을 종결하라고 지시했다.

양반 상전에게는 대수롭지 않아 보이는 언행이 당사자인 노비에게는 참을 수 없는 모욕이 될 수 있었다. 박덕산은 비록 주인에게 예속된 신세지만 최소한 물건이나 짐승 취급은 받고 싶지 않았는지도 모른다. 아무리 자신을 낮추어도 '이놈' '저놈'은 아닌 존재가 되고 싶었던 것이 아닐까? 그 욕구가 사람다운 사람으로 살고 싶은 바람이었다면 그건 다수의 타인이 자신을 사람으로 대접할 때 가능한 일이다. 나만이 아니라 타인이 나를 인정할 때 나는 비로소 하나의 인간으로 바로 설 수 있는 것이다. 비록 흔들리고 있었지만 당시의 신분제는 아직은 그걸 모두 허용하지 않았으니, 조선 사회에는 멸망의 날까지 이 인정 투쟁이 그치지 않았다.

성균관 노비와 푸줏간의 생존법

성균관 노비 자살사건

성균관은 양반 중심의 지배체제를 유지하기 위한 교육기관이자 지배
이념을 전파하는 진원지였다. 유교 지식을 갖춘 고급 관료를 양성하
고, 여러 성현의 업적을 기리며 제사를 받들었다. 공자를 모시는 사당
이 있는 곳으로 출입을 통제하며 신성시하는 구역이기도 했다. 범죄자
가 숨어도 관리가 함부로 들어갈 수 없었으니 치외법권 지대나 다름없
었다.

숙종 30년인 1704년 늦가을, 성균관 지역에서 불경스러운 사건이
두 번이나 일어났다. 성균관에 소속된 노비 신분의 사령使令 두 사람이
연이어 목숨을 끊은 것이다.

대사성 조태구가 임금에게 아뢰었다. "폐단이 심각해 성균관에서 거두

는 어물전의 세금과 성균관에 속한 외거노비의 신공 수취가 막힌 지 오
랩니다. 이처럼 재원은 줄어들었는데 받들고 수행해야 할 일은 여전히
전과 같으니 최소한의 임무조차 행하기 힘든 상태입니다. 이 때문에 목
을 매어 죽은 사령이 연달아 두 사람이나 나왔습니다. 성균관 노비가 역
을 감당하는 게 얼마나 괴로운지 알 수 있습니다."

-『승정원일기』 421책, 숙종 30년(1704) 10월 21일

성균관 책임자인 대사성의 말을 풀면, 성균관 노비가 직무 수행에
필요한 물자나 돈을 마련할 수 없어 심한 압박을 받다 이를 견디지 못
하고 자살했다는 뜻이다.

성균관에 소속된 노비는 크게 보면 두 부류였다. 지방에 거주하는
외거노비는 신공 납부의 의무만 수행하면 되었다. 다른 한 부류는 직
접 역을 수행하는 노비로 이들은 성균관과 인접한 곳에서 마을을 이
루어 살았다. 흔히 이 마을을 반촌泮村이라 하며, 이곳에 사는 노비를
반인泮人이라 불렀다. 자살한 두 노비도 이곳 반촌에 사는 노비였다.
18세기를 전후한 시기에 반촌에는 2000명 정도의 반인이 살았다. 가
구는 340~400호 규모였다. 이들은 외부 사람과 교류가 적었으며 자
신들만의 독특한 풍속을 유지했다.

반인은 원래 개성에서 이주해 온 사람들이라 말씨와 곡소리가 개성 사
람과 같다. 남자의 의복은 사치스럽고 화려하며 예사 사람과 다르다. 기
개가 높고 협기가 있어 죽음에 담담하다. 더러 싸울 때는 칼로 가슴을

긋고 허벅지를 찌르니 풍습이 매우 특이하다.

—윤기尹愭, 「반중잡영泮中雜詠」 『무명자집』

반인은 고려 후기의 학자인 안향(1243~1306) 집안의 노비 후손으로 알려져 있다. 안향이 개성에 있는 국자감에 노비를 바쳤는데, 이후 국자감이 조선의 성균관으로 이어지면서 노비도 대대로 세습돼왔다고 한다.

이들 성균관 노비는 건물을 관리하고 제사 업무 전반을 도왔다. 사당을 청소하고 지켰으며, 제사에 쓸 물품을 손질하고 제수음식 뒷정리까지 담당했다. 공부하는 유생의 뒷바라지도 맡아 기숙사를 관리하고, 음식을 만들어 식사를 책임졌다. 그런데 이런 제반 업무를 수행하는데 필요한 비용까지도 성균관 노비들이 감당하고 있었다. 어떻게 해서 한 나라의 최고 교육기관이자 지배 이념의 수호자나 다름없는 성현을 모시는 곳에서 운영에 필요한 재정을 노비가 감당하게 된 것일까?

성균관 재정을 떠안은 노비들

해법은 소 도살에 있었다. 반인은 서울에 공급되는 소고기에 대한 판매 독점권을 가지고 성균관 운영에 필요한 재정을 마련하고 있었다. 소를 잡고 이를 팔아 남는 이윤으로 자신들의 생계를 유지하고 성균관 운영비까지 조달했다.

조선 전기부터 성균관에는 소를 직접 잡아서 소고기를 조달하는 곳이 있었다. 이를 도사屠肆라 했는데 반인들이 이 작업을 맡았다. 조정에서는 농사에 필요한 소를 보호하기 위해 기본적으로 소 도살을 금지하는 정책을 폈지만 성균관에는 도살을 허용했다. 제사에 쓸 제물로 소고기가 필요했고 유생의 식사에도 소고기를 올려야 했다. 이 무렵엔 소고기 판매가 성균관의 주요 재원은 아니었다. 반인이 생계유지를 위해 판매하는 정도였다. 이들이 서울 지역 소 도살과 판매를 전담하게 된 데는 우금정책과 성균관의 재정 문제가 얽혀 있다.

　성균관의 주요 재원은 외거노비에게서 받는 신공과, 전답과 어장에서 거두는 세금이었다. 그런데 조선 후기 들어 도망 노비의 증가로 신공이 줄어들었다. 국가기관 간의 재원 경쟁이 치열해지면서 관리하던 전답과 어장까지 크게 감소했다. 성균관에 속한 어장을 구실로 어물전에서 생선을 공급받았는데 이마저 끊기게 됐다. 성균관은 심각한 재정난에 시달렸다. 이때 눈을 돌린 곳이 반인이 운영하는 도사였다.

　이 무렵 반인은 서울 지역 소 도살과 소고기 판매에 대한 독점권을 가지고 상업 활동을 해나가는 중이었다. 조정에서는 소 잡는 것을 금하는 우금정책으로도 증가하는 소고기 수요를 막을 수 없자 공급을 제한하는 정책을 폈다. 기존 성균관 도사에만 도살과 판매를 허가하고 그 외는 모두 금지시켰다.

　반인은 정부의 이런 독점 조치에 힘입어 이전보다 훨씬 많은 수입을 올릴 수 있었다. 명칭도 소고기를 매달아놓고 파는 가게라는 뜻의 현방懸房이라 했다. 서울 20여 곳에서 문을 열었는데 부유한 양반층과 중

성협의 『풍속화첩』 중 고기를 구워 먹는 사람들.

인충이 거주하는 북부 지역과 중부 지역에 집중됐다. 이들 각각의 현방은 독점권을 행사하는 판매구역을 가졌다. 반인이 운영하는 푸줏간이 일종의 직영점 네트워크를 형성한 셈이다.

성균관은 필요한 물자 구입비용을 이 현방에 떠넘겼다. 음식 장만에 필요한 곡류와 채소, 어물을 반인이 직접 마련하도록 했다. 생활에 긴요한 땔감과 기름 장만까지 부담시켰다. 갈수록 반인이 감당해야 할 부담이 늘어나, 성균관 운영에 필요한 막대한 비용이 모두 반인의 몫이 됐다. 반인 두 사람의 자살은 이런 재정 압박 속에서 일어난 사고였다. 그런데 불상사는 여기서 그치지 않았다. 부담이 가중되면서 목숨을 끊는 노비가 계속 나타났다.

대사성 송인명이 상소했다. "이즈음 천민의 신역身役 중에 성균관 노비의 신역보다 괴롭고 무거운 경우는 없습니다. 남녀노소가 늘 신역을 수행하느라 잠시도 쉴 수가 없습니다. 그 고통을 견뎌내지 못해 자살한 자가 6, 7명이 넘으니 참으로 가련합니다. 더구나 이들은 반촌 안에서만 살게 되어 있어 다른 직업을 가지고 생계를 유지할 수가 없습니다. 의지해 목숨을 잇는 수단은 그저 현방뿐입니다. 그런데 형조와 사헌부, 한성부에 속전贖錢으로 바치는 돈이 거의 수천 냥에 이르며, 범법 행위를 단속하는 하급 벼슬아치도 함부로 돈을 요구합니다. 관청의 허가 없이 도살하고 판매하는 자들도 있어 현방의 이익을 침해합니다."

–『승정원일기』 645책, 영조 3년(1727) 9월 12일

현방의 상업전략

반인은 현방에서 얻는 이익으로 좀 더 나은 생활을 할 수 있었지만 그것은 잠시였다. 그 이득이 빌미가 되어 이제는 생존 자체를 걱정해야 할 처지가 됐다. 어떻게든 살길을 찾아야 했다.

대응 방안은 의외였다. 반인은 상업 확대 전략을 들고 나왔다. 또한, 다른 노비처럼 상전에게 저항하는 직접 대응이 아니라 상전을 활용하는 길을 찾았다. 국가기관인 성균관을 통해 조정에 요구 사항을 전달하고 이익을 관철시키는 방안이었다. 성균관 관료 입장에서도 이는 손해 볼 것 없는 제휴였다. 반인의 이익이 커지면 그만큼 재정이 탄탄해질 수 있었다. 과도한 신역과 운영비를 전가할 때 발생하는 갈등도 사전에 막을 수 있었다.

우선, 반인이 수행하는 의무를 줄여나갔다. 현방에서는 소고기 전매권을 부여받으면서 형조와 사헌부, 한성부에 속전이란 명목으로 돈을 납부했다. 도살은 불법이니 벌금에 해당하는 속전을 내야 한다는 구실로 거두는 일종의 영업세였다. 성균관 측에서는 이익에 비해 의무가 지나치다는 이유를 들어 형조와 한성부에 내는 속전을 반으로 줄였다. 그럼에도 반인이 부담하는 속전은 적은 액수가 아니었다. 1759년의 1년 속전 납부액이 거의 2만 냥에 달했다고 한다.

신역 수행에도 변화를 꾀했다. 반인에게 부과된 노동을 직접 하는 대신에 돈을 내는 금납화를 성사시켰다. 신역을 대행시킴으로써 노비와 주인의 전반적인 종속관계를 경제적 부담만 지는 관계로 변화시키려 했다. 반인은 성균관의 구속과 간섭을 어느 정도 줄이면서 현방 운영에 전념할 수 있었다. 반인이 성균관에 내는 돈은 현방 수익에 따라 조율했으니 현방 이익의 증가는 성균관에도 이득이었다.

서울에는 반인 외에도 다른 소고기 판매자가 있었다. 소고기 수요가 증가하고 소 도살이 이문이 크게 남는 장사라는 게 알려지면서 불법 도살자들이 시장에 뛰어들었다. 돼지고기를 파는 저육전 상인과 관청에 물품을 납품하는 일부 공인이 소고기 판매에 나섰다. 궁방과 군문, 사대부 집안에서도 노비나 하층민을 내세워 소고기 장사에 열을 올렸다. 반인은 관청의 허가 없이 소를 잡는 이들 장사꾼과 경쟁하며 상권을 지켜나가야 했다.

반인은 이익을 남길 수 있는 상품 확대 전략을 펼쳤다. 그동안 훈련도감과 금위영 등 군문에 무상으로 납부한 소뿔을 돈을 받고 판매하는 상품으로 전환시켰다. 우피와 소기름을 판매하는 점포를 열어 사업 다각화를 추진했다. 이제 반인은 성균관 노비라기보다 노련한 상인의 면모를 보이고 있었다.

이들은 법을 어기면서까지 이윤을 추구하기도 했다. 법조항에는 지나친 도살을 막기 위해 현방 한 곳에서 하루에 소 1마리만 잡도록 정해놓고 있었다. 하지만 현방에서는 "성균관에는 관리가 마음대로 출입할 수 없다"는 규정에 기대어 단속을 피하고 1마리 이상의 소를 도살했다. 나라가 정한 다른 금지법규를 활용해 법망을 빠져나갔던 것이다.

소 매매 시장에도 진출했다. 그동안 소는 우전牛廛을 통해 사들였는데 이제는 도성 밖의 시장에서 소를 직접 구입해 이윤을 늘렸다. 게다가 소를 판매하는 난전까지 벌여 이득을 올렸다. 18세기 후반에는 지방에 현방을 개설해 판로를 확장했다. 19세기 중반엔 수원과 개성, 전주, 원주 등 7개 지역에 현방이 설치돼 영업을 했다고 한다.

조선 후기 반인은 상업 진출을 통해 상전의 요구와 압박에 대응해 나갔다.[9] 의무로 주어진 도사를 상업조직인 현방으로 성격을 변화시킴으로써 운신의 폭을 넓혔다. 이는 오로지 권력기관에만 복종해 생존을 도모하지는 않겠다는 의도였다. 그렇다고 권력기관을 모두 멀리하지도 않았다. 성균관이라는 권력기관에 기대어 또 다른 권력의 횡포와 착취에 대처했다. 상하질서를 수용하고 그 안에서 이익을 최대한 확대하려는 전략이었다.

큰 힘의 압력에 버티는 상태를 저항이라 한다면, 반인의 저항은 이중적이었다. 지배세력에 철저하게 복종하지 않았지만 그렇다고 목숨을 걸고 맞대응하지도 않았다. 반인의 이러한 생존 전략은 그들 자신이 또 다른 권력이 되어 타인을 지배하고 착취하는 결과를 피할 수 없게 했다. 반인은 현방 영업이 활성화되자 다른 도살자를 밑에 두고 부렸다. 가축의 가죽을 벗기는 일을 하는 거모장去毛匠에게 도살을 맡겼다.

제사를 관장하는 봉상시 도제조 박성로가 임금에게 아뢰었다. "가죽을 벗기는 장인은 다른 여러 공장工匠에 비할 바가 못 되어 모두 반인의 노예로 일합니다. 밤에는 각처의 현방에서 사사로이 도살하여 생기는 이익을 취하고 낮에는 놀면서 일하지 않습니다."

–『승정원일기』607책 영조 1년(1725) 12월 18일

거모장은 반촌에 사는 반인 부류가 아니었다. 고위 관료가 거모장을 "반인의 노예"라 칭할 정도로 극심한 차별을 받는 천민이었다. 반인은 현방 내에 다른 도살자를 둠으로써 새로운 종속 관계를 만들었다. 지시하고 억누르는 자와 복종하고 예속당하는 자가 또 다시 생겨나 골 깊은 신분제의 모순을 더했다. 권력의 압박과 요구에 대응하기 위한 행위가 결과적으로 또 다른 억압을 낳았으니, 큰 힘에 대항하는 언행이 자칫 타인을 얽어매고 상처를 주지는 않는지 곰곰히 돌아볼 일이다. 그 언행이 또 다른 예속의 고리를 만드는 발판이 되지는 않는지 짚어볼 일이다.

관료와 위계에 맞서다 | 관료 능욕

위계질서를 흔들다
힘으로 맞서는 백성들
생존을 위해 관료에게 대항하다

위계질서를 흔들다

황해도 감영 난동사건

임인년(1782) 겨울, 황해도 해주에서 임금과 조정 대신의 분노를 자아낸 하극상이 일어났다. 관아의 곡식 창고를 관리하는 감관의 아들이 감영 한복판에서 칼부림을 벌인 것이다.[1] 이 무렵 창고감관인 이광성은 수하에 있던 아전이 모자라는 곡식을 채워 넣지 못하자 판관의 조사를 받고 있었다. 그러던 중 감옥에서 사망했는데, 감영에서는 이광성이 곡식을 대신 충당하는 게 두려워 스스로 목을 매 죽었다고 알렸다. 하지만 가족은 자살이 아니라 신문 과정에서 매질을 당한 뒤 그 후유증으로 죽은 것이라 여겼다. 이광성이 죽기 전에 매질을 당한 것은 틀림없는 사실이었다.

이에 아들 이철은 칼을 들고 판관의 관사에 난입했다. 판관은 중앙에서 파견된 종5품의 관료로 관찰사를 보좌하며 행정 실무를 지휘했다. 창고감관인 이광성의 상관이기도 했다. 이철은 이 판관에게 욕설을 퍼부은 뒤 칼을 겨누며 위협했다. 아버지의 죽음을 책임지라며 난동을 부렸다. 황해도의 최고 권력기관이 일개 백성 한 명에게 유린당하는 셈이나 마찬가지였다.

뒤늦게 군졸들이 나서서 칼부림은 멈췄지만 이번엔 사체 검시를 요구하고 나섰다. 이미 검시를 통해 자살로 판명을 내렸지만 관찰사는 가족의 의사를 받아들여 재차 검시하도록 했다. 결과는 마찬가지였다. 그런데도 이철과 가족은 임금에게 격쟁까지 올렸다.

이제 '해주 창고감관 사망사건'은 조정에서 시급히 해결해야 할 중대 사안으로 부상했다. 조정에서는 이 사건을 비리에 연루된 하급관리의 사망사고로만 보지 않았다. 관료체계 내의 위계질서 문란을 먼저 우려했다.

임금이 우의정 김익에게 일렀다. "이철이 죄인의 목에 칼을 씌워 옥에 가둔 판관에게 아버지의 원수를 갚겠다고 한 말은 참으로 하나의 변괴임에 틀림없다. 도대체 관찰사는 어찌 앉아서 듣고만 있었단 말인가? 이제 황해도는 관찰사가 없는 곳이라 해도 무방할 것이다." 이어 임금은 황해도 관찰사 황승원의 관직을 삭탈하라고 명했다. 그러자 형조 판서 엄숙嚴璹이 아뢰었다. "이철의 변괴는 금천衿川의 옥사를 느슨하게 다스린 데서 말미암은 것이니 이 모두 엄중히 처리해야 할 것입니다." 임금이 엄숙의 이 말을 옳다고 여겼다.

－『정조실록』 15권, 정조 7년(1783) 1월 25일

이 사건으로 황해도 관찰사는, 벼슬을 빼앗고 관리 명부에서 이름을 지우는 삭탈관직을 당한다. 주동자는 잘린 머리를 장대에 매달아 내거는 효수형에 처해진다. 조정에서는 1년 9개월 전에 일어났지만 형벌에 신중함을 보이던 '금천 현감 살해미수사건'의 죄인까지 처형하는 조급함을 보였다. 관료의 권위와 위계질서가 흔들릴지도 모른다는 위기감이 반영된 처사였다.

금천 현감 살해미수사건

금천의 옥사는 1781년 봄에 한 향리의 아들이 현감을 살해하려다 미수에 그친 사건을 말한다.[2] 당시 경기도 금천 현감 신기申耆가 향리 한문욱을 문초하다 매질이 지나쳐 죽음에 이르게 한다. 한문욱이 어떤 죄로 문초를 받았는지는 분명하게 드러나지는 않는다. 『정조실록』에는 "어떤 일로 인해 곤장을 쳐서 죽였다"고 하고, 『심리록』에는 "괘서사건으로 곤장을 맞아 죽었다"고 기록돼 있다. 아마도 한문욱이 성문란 사건을 일으키고, 누군가 이를 현감에게 괘서로 알린 것으로 추정된다. 사건이 평민이 아닌 양반 부녀자의 음행에 관련된 일이라 죄명을 분명하게 기술하지 않은 것으로 보인다. 이는 이 무렵 임금과 승지가 금천의 변괴를 두고 나눈 대화를 통해 짐작할 수 있다.

내(임금)가 일렀다. "금천의 일은 전에 없던 변괴라 할 수 있다." 그러자 승지 채홍리가 아뢰었다. "외부에 들리는 소문이 매우 낭자하고, 부녀를 욕보인 일에 이르러서는 매우 외람되기 때문에 관찰사도 문서를 작성해 아뢰지는 못했다고 합니다."

-『일성록』 정조 5년(1781) 4월 21일

향리 한문욱이 매질로 죽었다는 사실이 알려지자 아들과 친족이 칼을 들고 관아에 난입해 현감 신기를 범하려 했다. 현감은 성곽 배수시설인 수문을 통해 달아나 가까스로 죽음을 면할 수 있었다. 이 사건이 알려지면서 현감은 함부로 관리를 죽였다는 죄명으로 파직당한다. 향리의 아들과 친족 일당에 대해서는 주범은 사형하고 종범은 유배형에 처하자는 논의가 오갔다. 그런데 주범 중 한 명이 신문 과정에서 죽고, 게다가 형벌을 피하는 시기까지 겹쳐 처벌을 차일피일하다가 지금에 이르게 됐다.

그러다 해주 백성이 관료를 해치는 사건이 다시 일어나자 조정에서는 지난 '금천의 옥사' 당사자까지 처벌하는 뒤늦은 결단을 내린 것이다. 조선 법전의 모태인『대명률』에는 지방관을 죽이려고 계획을 세운 자는 매질을 한 뒤 유배 보내고, 부상당하게 한 자는 교형에 처하며, 죽인 자는 목을 베는 참형에 처한다고 했다. 이에 비춰봐도 해주와 금천 사건에는 최고의 형벌을 과한 셈이었다.

우의정 김익이 임금에게 아뢰었다. "만약 이번 일을 느슨히 처리한다면 지방관을 앞다투어 살해하는 폐단이 곳곳에서 일어날 것이니 매우 우

려됩니다. 이런 흉악한 무리는 일반 사형수에게 행하는 형벌을 내려서는
안 됩니다. 속히 관찰사로 하여금 군사를 위엄 있게 도열해놓고 백성을
모이게 해서 효수해야 합니다. 그 목을 길거리에 걸어 두어, 조정에서 파
견한 관리는 침해할 수 없고 법은 어겨서는 안 된다는 점을 깊이 깨닫도
록 해야 합니다."

─『일성록』 정조 7년(1783) 1월 25일

그들은 왜 중앙에서 파견한 관료를 공격했나?

조선시대에는 백성이 관료를 해치는 사건을 강상죄로 규정해 일반 범
죄보다 더 엄격하게 처벌했다. 강상죄는 삼강오륜이라는 인륜을 저
버린 범죄를 일컫는데, 백성과 관료의 관계에도 사람이 마땅히 지켜
야 할 도리를 뜻하는 강상의 윤리를 적용했다. 가족 간의 윤리를 무너
뜨리는 범죄를 효孝의 기준에서 처벌했다면 하급 관원이나 일반 백성
이 상급 관료를 대상으로 저지르는 범죄는 충忠의 기준에서 처벌했다.[3]
충에 관련된 강상범죄는 시해 외에도 상처를 입히거나 모욕을 주는 행
위까지 포함했다. 사실을 조작해 고발하고 비리를 폭로하는 행위도 강
상을 훼손하는 범죄로 보았다.

관찰사와 수령은 국왕에게서 통치를 위임받은 대리자였다. 따라서
이들에게 겨눈 칼날은 국왕에게 칼을 들이댄 것이나 마찬가지였다. 이
러한 명분이 뒷받침돼, 조정에서는 해주와 금천 사건의 당사자에게 일

반 사형수보다 더 가혹한 형벌을 내릴 수 있었다. 이는 행정상의 상하 관계를 강상이라는 윤리적 가치로 규정지어 통치 질서를 확립하려는 지배전략의 하나였다.

또 하나, 조정에서 효수라는 극단의 형벌을 내린 데에는 군주로 대표되는 국가가 가진 강제적 힘의 위력을 과시하려는 의도도 다분히 있었다. 국가는 기존 질서나 체제를 파괴하는 행위는 철저히 막고자 한다. 그것을 체제 파괴적 힘이라 하든 사회 기강을 어지럽히는 폭력이라 하든 국가는 자신이 집행하는 강제력 외의 그 어떤 강제적 힘도 인정하지 않고 철저히 분쇄하고자 한다. 국가체제 하에서는 국가만이 백성을 강제할 수 있는 권위를 가져야 하며, 실상 또한 그러해야 하는 것이다.

국가의 이러한 집행력은 흔히 폭력이라 말하지는 않지만 강제하는 힘이란 점에선 다분히 폭력성을 지녔다고 할 수 있다. 백성이 행하는 폭력 행위는 국가의 강제력에 대한 도전이기도 했으니, 그에 대한 진압과 처벌은 가차 없어야 했다.

관료의 처벌에 폭력으로 대항한 두 사건 모두 매질이 발단이 돼 일어난 사건이었다. 조선은 몽둥이로 볼기를 때리는 태형笞刑과 장형杖刑을 형벌의 하나로 두었는데, 조선시대 내내 이 태형과 장형의 남용이 문제가 되었다. 작은 가시나무 가지로 만든 매로 때리는 태형은 죄의 등급에 따라 10대에서 50대까지 5등급으로 나누어 집행했다. 큰 몽둥이를 쓰는 장형은 60대에서 100대까지 5단계를 두었다. 죄의 경중에 따라 처벌을 달리했지만, 사람의 신체에 타격을 가하는 이러한 형벌은

김윤보의 『형정도첩』에 실린 장형과 태형 현장. 왼쪽 그림은 남자 죄인에게 장형을
가하는 장면을 담았고, 오른쪽 그림은 여자 죄인에게 회초리 같은 도구로 태형을
가하는 현장을 묘사했다.

때리는 강도에 차이가 날 수밖에 없었다. 특히 장형을 집행할 때에 집행관의 자의가 개재하면 목숨이 위태로울 수 있었다.

물론 자의적 형벌을 막고 엄정한 법 집행을 위해 남용 처벌조항을 따로 두고 있었다. 조선의 기본 법전인 『경국대전』에는 관료가 형벌을 남용할 때는 장형 100대, 도형 3년에 처한다고 명시돼 있다. 형벌 남용으로 사람을 죽인 관료는 영구히 관직에 등용하지 않는다는 규정까지 두었다.

하지만 현실에선 이러한 법조항이 제대로 지켜지지 않았다. 신체에 직접 해를 가하는 형벌 방식 자체에 처벌 남용의 여지가 내재돼 있었고, 이는 사법행정에서 관료와 백성이 갈등을 일으키는 요인이 됐다. 해주와 금천 사건의 당사자들도 당시 처벌을 이러한 시각에서 보았다. 형벌 집행에 자의가 개입된 것으로 보고 억울함을 호소했으며 결국 관아에 돌입해 난동을 부린 것이다.

해주와 금천 사건의 당사자들은 법 절차를 거쳐 자신들의 의사를 관철시킬 수는 없었던 것일까? 우선 백성이 지방관을 고소하는 부민고소部民告訴를 검토해볼 수 있다. 기본적으로 부민고소는 금지하는 것이 원칙이었지만 모반대역죄와 불법 살인죄는 예외적으로 허용했다. 예를 들면 부모의 억울한 죽음에 대해서는 그 실정을 아뢰도록 가닥이 잡혔다. 하지만 이 경우엔 부모가 지방관의 불법 행위로 죽었다는 사실을 입증해야 했다. 입증할 사안 자체가 토막 내듯이 분명하게 드러나지 않는 경우가 대부분이었고, 무엇보다 일반 백성이 권력자를 상대로 형벌 남용을 증명하기란 결코 쉬운 일이 아니었다.

게다가 부민고소를 판단하는 고위 관료의 입장은 대체로 억울한 백성의 처지보다 위계질서 준수라는 체제유지에 기울 때가 많았다. 백성이 지방관을 고소하는 행위 자체를 상하 존비의 명분을 어기는 강상죄로 먼저 규정하기 일쑤였다.

> 의정부의 차관인 찬성贊成 허조가 임금에게 아뢰었다. "부민과 수령 관계는 아들과 아버지, 신하와 임금의 관계와 같아서 절대로 범할 수 없습니다. 만약 그 허물과 악함을 고소하게 한다면 이는 신하와 아들이 임금과 아비의 허물을 들추는 것과 같습니다."
>
> ─『세종실록』 52권, 세종 13년(1431) 6월 20일

> 영의정 이기李芑가 임금에게 아뢰었다. "수령의 불법을 막기 위해 부민으로 하여금 고소하게 한다면 이는 명분과 도리를 범하는 행위로 예의를 무너뜨리는 짓입니다. 나라를 예로써 다스린다는 기본 원리에도 어긋나는 행위입니다."
>
> ─『명종실록』 11권, 명종 6년(1551) 7월 13일

이런 정황에서 합법적인 절차를 거쳐 억울함을 푼다는 것은 감당하기 힘든 지난한 일이었다. 법조항과 현실은 다른 경우가 많았으니, 해주와 금천 사건의 당사자들은 자신들의 처벌을 감수하면서까지 법에 앞서 폭력 대항을 선택했던 것이다.

지방관을 능욕하는 범죄는 주로 하급관리나 그 가족이 많이 저질렀다. 고을의 행정 실무를 맡은 향리와 이를 지휘하고 감독하는 지방관 사이에 불화가 생기면 대체로 명령체계에 따라 큰 무리 없이 해결되기 마련이었다. 하지만 결탁이 순조롭지 않거나 관습대로 해결이 되지 않을 때는 물리적 대응으로 치달았다. 칼부림을 하거나 모욕을 가했으며, 때로는 작당해 지방관을 모함했다.

경상도 함창에서는 횡령을 한 향리가 자살하자 가족이 동헌에 난입해 칼부림을 일으켰다. 평안도 위원군에서는 세금을 빼돌린 향임을 쫓아내자 그 아들이 동헌에 잠입해 수령을 살해하려 했다. 함경도에서는 병마절도사가 매질을 과하게 해 군영의 장교가 죽자 그 친족이 칼과 도끼를 들고 난입해 난동을 부린 사건이 발생했다. 이러한 하극상은 통치의 근간인 관료제도에 충격을 가하며 견고한 지배체제를 흔들었다.

힘으로 맞서는 백성들

평안도 아이진 칼부림 사건

일반 백성이 관료의 폭압적 처벌을 참지 못해 그 자리에서 맞대응한 사건도 있었다. 평안도 아이진阿耳鎭에 사는 최봉덕은 진영鎭營의 최고 책임자인 첨사를 때린 죄로 효수당했다.[4] 진鎭은 군사 요충지에 설치한 특별행정구역으로 여기에는 군영인 진영을 두었다. 이 진영을 지휘하는 책임자를 첨절제사, 혹은 첨사라 했다. 최봉덕은 아이진 진영의 관아 한복판에서 칼과 몽둥이를 휘두르며 첨사의 처벌에 대항하다 죽음을 맞았다.

1795년 여름에 일어난 이 아이진 난동 사건의 발단은 누이의 도망이었다. 최봉덕의 누이는 음행죄를 지어 진영의 여종이 된 신세였다. 죄인에 대한 형벌로 천역에 복무시키는 이른바 정속定屬을 당한 것이다. 그런데 최봉덕의 누이는 이번엔 관아의 사내종과 통간을 하다 적발돼 서로 떨어져 지내는 처지가 됐다. 그러자 최봉덕의 누이는 그 사내종과 함께 아예 도망을 쳐버린다.

진영에서는 최봉덕에게 누이를 찾아내라고 압박했지만 결과는 신통치 않았다. 그러자 첨사가 최봉덕을 진영으로 불러 곤장을 치고 옥에 가두려 했다. 최봉덕을 구금하면 그 누이가 제 발로 돌아올 수도 있었기 때문인데 일종의 연좌제를 적용한 도망 노비 추쇄였다. 하지만 계획은 여기까지만 순조로웠다. 최봉덕이 구속을 거부하고 느닷없이 난동을 부린 것이다.

> 평안도 관찰사 김재찬이 임금에게 문서로 보고했다. "최봉덕 그놈이 첨사를 비방하는 흉악한 욕을 마구 퍼부었습니다. 그러자 나졸이 분을 참지 못해 곤장으로 그 입을 틀어막으려 했는데 그놈이 곤장을 빼앗아 분질러버렸습니다. 그리곤 칼을 빼들고 몽둥이를 휘두르면서 곧장 첨사에게로 향했습니다. 첨사가 미처 피하지 못해 여러 차례 몽둥이질을 크게 당했습니다. 어깨 가죽이 벗겨지고 양쪽 뺨도 상처를 입었습니다. 첨사는 칼날을 무릅쓰고 맞서서 치고 때렸으나 좌우의 장교와 군졸은 그놈이 휘두르는 칼에 겁을 먹고 감히 손을 쓰지 못했습니다. 그놈은 도망친 뒤 종적을 감추었습니다."
>
> ─『일성록』 정조 19년(1795) 7월 8일

산에 몸을 숨겼던 최봉덕은 얼마 지나지 않아 체포돼 극형을 언도받았다. 최봉덕에게 얼떨결에 구타를 당한 세 명의 병사는 용서를 받았지만 지켜보기만 했던 병사들은 유배형에 처해졌다. 진영에서 벌어진 한여름 대낮의 난동은 그렇게 끝을 맺었다. 병사들이 과연 관찰사의 판단대로 최봉덕의 칼이 무서워서 지켜보기만 했는지는 끝내 의문이지만 말이다.

수령에게 생살여탈권을 부여하자는 상소

18세기 이후의 기록을 보면, 일반 백성이 관료에 힘으로 대항하는 사건이 심심찮게 일어난다. 평안도 양덕에서는 명을 따르지 않는다고 현감이 주민을 잡아들이자 수백 명의 주민이 난입해 구금된 이 동료를 구출했다. 역참을 관장하는 종6품의 찰방이 사사로운 일로 매질을 가해 평민을 죽이자 그 친족이 힘을 합쳐 찰방을 구타하는 사건이 일어났다. 부사에게 심한 꾸짖음을 당한 어느 평민의 가족이 부사가 행차할 때 가마를 부수며 난동을 부린 사건도 있었다. 관료의 부당한 행정 집행에 물리력으로 맞서려는 백성의 저항은 특정 지역에서만 일어나는 예외적인 사건이 아니었다.

사헌부의 집의 임형이 상소했다. "지방의 인심은 수습할 수 없는 지경에 이르렀습니다. 그중에서도 가장 참담한 사실은 석성(지금의 부여)을 지키는 신하가 돌팔매질로 낭패를 당한 사건과, 회인의 수령이 백성에게 움켜잡혀 질질 끌려 다니는 모욕을 당했다는 것입니다. 또한 태인에서는 관아의 문에 백성이 모여 통곡한 변고가 있었으며, 낙안에서는 지방관을 구타하는 사건이 일어났습니다."

－『경종실록』 3권, 경종 1년(1721) 4월 30일

심지어 일반 백성이 지방관을 살해하는 일까지 일어났다. 1802년 충청도 연산(지금의 논산)에 사는 전호길은 수령 이규침을 칼로 찔러 죽인다. 지방관을 국왕의 대리자로 여기는 세태에서 수령을 살해한다는 것은 국왕의 권위를 정면에서 무시하는 행위나 다름없었다. 법과 형벌로 상하 존귀의 강상윤리를 지켜나갔지만 백성 모두를 순치시킬 수는 없었다.

인륜을 어긴 강상죄인에 대한 처벌은 가혹했다. 본인은 사형에 처하고 가족은 종으로 삼았으며 집마저 허물었다. 해당 고을의 호칭을 낮추고 수령을 파직시켰다. 강상윤리에 관련되는 범죄 또한 엄하게 다스렸다. 예를 들면, 수령에게 악독하게 굴거나 관아 문밖에서 곡을 하는 자에게는 장 100대를 치고 오지로 유배 보냈다.

이 같은 엄한 형벌로도 관료에 대항하는 백성이 줄어들지 않고 그 저항이 폭력성을 더하자 지배층 일각에서는 특단의 대책을 내놓는다. 수령에게 백성을 사형에 처할 권한을 일부나마 부여하자는 의견이었다. 사형은 국왕만이 결정할 수 있는 군주 고유의 권한이며, 사형에 처하는 범죄는 세 차례의 재판을 거치는 게 법 집행의 원칙이었다. 이제 이 원칙마저 깨트리면서 수령에게 사형권을 주어 백성의 대항을 사전에 억누르자는 것이다.

사헌부의 장령 오익환이 상소했다. "오늘날 나라의 기강이 해이해지고 풍속이 점점 어그러져 아전과 백성이 지방관을 업신여깁니다. 사사로운 원한이 조금만 있어도 없는 사실을 꾸며 지방관을 어려운 지경에 빠지게 합니다. (…) 신의 생각에는 은혜를 내려 혹 태만해지거든 위엄으로 억제하고, 위엄을 보였으되 그치지 않거든 법으로 다스리고, 또한 하졸을 통제해 함부로 교활한 짓을 하는 근원을 끊어야 합니다. 나아가 지방관에게 생살生殺의 권한을 조금 위임하면 각 관아의 기율이 다시 진작되고 조정의 체통을 더욱 높일 수 있을 것입니다. 나라를 다스릴 수 있는 길이 여기에 있다고 생각합니다."

—『정조실록』25권, 정조 12년(1788) 1월 23일

물론 임금은 지방관에게 백성의 생살여탈권을 부여하지 않았다. 그렇지만 군주 고유의 권한 위임까지 논해야 할 정도로 양반관료의 지배력은 한계를 보이고 있었다. 관료의 비리와 부정부패로 법에 의한 통치력은 그 효력이 점차 약해졌으며, 유교이념의 경직으로 덕과 교화에 의한 예치도 실속을 제대로 차리지 못했다. 무엇보다 양반 통치의 정당성과 지배의 권위가 흔들리고 있었다. 비록 소수이긴 하지만 관료에 대항하는 백성은 이러한 사회 추이 속에서 저항의 위상을 찾아가고 있었다.

생존을 위해 관료에게 대항하다

강원도 화전민 난동사건

생존권 차원에서 지방관의 행정에 반기를 든 사건도 눈여겨볼 만하다. 지방관이 실시하는 행정업무 중 상당 부분이 조정에서 수립한 정책을 수행하는 일이란 점에서 이는 국가 차원의 기강 문제로 비화될 수 있는 사건이었다.

숙종 34년인 1708년, 강원도 원주에서 화전민 수백 명이 관찰사를 규탄하는 시위를 벌였다.⁵ 원주는 강원도의 감영이 있는 곳으로 관찰사가 평소 집무를 보며 머무는 곳이었다. 화전민들은 수십 명씩 무리를 지어 인근 산에 올라 총을 쏘며 관찰사의 농업행정 비리를 폭로했다. 토지 등급을 조사하고 실제 작황을 파악하는 양전을 제대로 수행해달라는 요구였다.

사간원의 헌납 이윤문이 임금에게 아뢰었다. "강원도의 가련한 이 백성은 무슨 죄가 있기에 궁핍해 도적이 된단 말입니까. 양전과 토지세 수취가 올바로 시행되지 않자 화전민들이 마침내 무리 지어 산에 올랐습니다. 10명, 100명씩 떼를 지어 여러 곳에서 총을 쏘며 관찰사의 불법 행위를 소리쳐 외쳤습니다. 그 부르짖는 소리가 지축을 흔들 정도였다고 합니다. 관찰사 송정규는 골방에 숨어서 밤을 보냈다고 하는데, 이런 일이 벌써 여러 차례입니다."

－『숙종실록』46권, 숙종 34년(1708) 12월 13일

관찰사가 골방에 숨은 게 여러 차례인 것으로 미루어, 화전민의 집단시위는 여러 날 반복된 것으로 보인다. 양전사업이 백성의 생활에 미치는 영향이 그만큼 컸던 것이다. 양전사업의 결과에 따라 토지세가 달라질 수 있고, 관아에 바치는 토지세가 얼마냐에 따라 살림살이 형편이 바뀔 수 있었다. 그러기에 빈민층은 이 양전사업에 더 민감할 수밖에 없었다.

양전은 토지세를 합리적으로 징수하기 위해 농지에 등급을 매기는 게 우선 작업이었다. 수확량이 많은 토지에는 높은 등급을 매겨 낮은 등급의 토지보다 더 많은 세금을 거두도록 했다. 토지대장에 기재돼 있지 않은 전답을 찾아내 세금을 내도록 하는 작업도 병행했다.

나라에서는 효율적으로 세금을 거두고 백성은 합리적인 원칙에 따라 세금을 내게 한다는 취지지만 문제는 이 원칙이 제대로 지켜지지 않는 데 있었다. 양반과 토호는 뇌물을 써서 토지대장에서 전답을 누

락시키거나 토지 등급을 낮게 매겼다. 반면 힘없는 백성은 척박한 토지인데도 높은 등급을 받기 일쑤였다.

이곳저곳 옮기며 밭을 일구는 화전은 일정하게 측량하기가 곤란하고 대개 척박한 토지라 따로 규정을 마련해 두고 있었다. 그런데 이 해에 실시된 양전에서는 이 규정을 어기고 이전보다 더 많은 세금을 내도록 했다. 양반의 토지를 누락시키고 질 좋은 논밭의 등급을 낮추었으니 이를 보충하기 위해선 척박한 토지에 세금을 많이 물릴 수밖에 없었다. 화전민의 난동은 바로 관찰사의 이러한 비리를 들춰내고 규탄하는 폭로 현장이었다. 생계를 가능하게 하는 토지에 대한 권리를 지키려는 싸움이기도 했다.

생계의 터전, 토지를 지켜라

농업사회인 조선에서 토지는 가장 중요한 생산수단이자 부의 원천이었다. 토지 규모가 부의 수준을 나타냈으며, 이 토지는 지배층의 권위와 지위를 유지시켜주는 물질 토대였다. 조선시대 내내 이러한 토지 소유를 둘러싸고 갈등과 반목이 끊이지 않았다. 일부 권세가는 무단으로 하층민의 토지를 침탈했으며, 위력으로 평민의 전답을 수용했다. 대부분의 백성은 권세에 눌려 참고 지냈지만 일부 백성은 부당한 침탈에 나름의 방식으로 대응하며 자신의 권리를 내세웠다. 현직 관료에 직접 대항한 사건은 아니지만 고위 관료 못지않은 힘을 가진 권력집단에 저항한 사건을 통해 이를 살펴보자.

현종 즉위년인 1659년, 황해도 안악에 사는 농민 10여 명은 궁가의 토지를 관리하는 차인差人을 구타한다.[6] 궁가에서 자신들의 토지를 부당하게 빼앗은 데 대한 항거의 표시였다.

그 이전 궁가에서는 토지에 제방을 쌓은 뒤 홍수 피해가 방지되면 토지를 농민과 절반으로 나누기로 했다. 그런데 제방을 쌓았는데도 혜택은 없고 오히려 물이 부족할 때가 많아 이전보다 농사짓기가 더 힘들어졌다. 그런데도 궁가에서는 절반의 땅을 억지로 가져가려 했다. 이에 농민들은 중앙 관청에 사정을 호소했지만 결과는 궁가의 손을 들어주었다. 합법적인 청원의 길마저 막히자 농민들은 결국 폭력으로 억울함을 알렸다. 농민들은 관아에 잡혀가 처벌을 받았지만 국왕과 조정 대신에게 실상을 알리고 지방관이 징계를 받게 하는 성과는 거둘 수 있었다.

사헌부에서 임금에게 아뢰었다. "궁가가 농장을 운영하면서 저지르는 폐단에 대해 거론한 지 이미 오래됐습니다. 최근엔 안악 등지에서 새로 농장을 만들면서 백성의 토지를 강제로 점거해 여러 고을에서 백성의 원성이 들끓고 있습니다. 지난 조사 때 관찰사와 조사관이 사실을 규명해 바로잡아서 백성의 원성이 일어나지 않도록 했어야 옳습니다."

-『현종실록』 1권, 현종 즉위년(1659) 7월 29일

황해도 평산의 농민들도 궁가의 토지 침탈에 맞서 싸웠다.[7] 1668년

에 궁가에서 평산 땅에 농장을 설치하면서 불법으로 민간의 토지를 수용했다. 이에 농민들은 불을 지르고 화살을 쏘며 농장 설치를 방해했다. 이 사건으로 농민 20여 명은 6개월이나 구금되는 고초를 겪었으며, 그중 일부는 고문까지 당했다. 폭력 저항이 가져올 처벌을 감수하면서도 자신의 의사를 굽히지 않았던 것이다. 권세가에겐 토지가 사치와 권위를 떠받치는 토대였지만 농민에게는 생존이 걸린 문제였다.

1764년 봄엔 황해도 장연의 농민들이 중앙 군영에서 파견된 관리를 살해했다.[8] 어영청에 속한 둔전을 경작하는 농부들이 어영청 장교를 흙으로 눌러 죽인 사건이었다. 둔전의 지대를 거두러 온 장교가 이를 빌미로 농부들의 전답까지 강탈하자 분을 참지 못하고 장교를 살해한 것이다. 살인은 지나친 보복 행위였지만, 관리의 횡포에 맞서 자신의 토지를 지킨다는 권리의식이 농민들 사이에서 자라고 있음을 확인할 수 있는 사건이었다.

산을 두고도 관아와 백성이 갈등을 겪었다. 1667년 겨울, 훈련도감에서는 강원도 낭천현(지금의 화천군)에 시장柴場을 설치하려 했다.[9] 시장은 관아에서 땔나무를 조달하도록 특별히 지정한 산판을 이른다. 그런데 훈련도감의 시장 설치는 조사 단계부터 예기치 못한 난관에 부딪쳤다. 낭천현에 사는 백성 10여 명이 담당 관리를 내쫓기 위해 무력시위를 벌인 것이다. 이들은 밤에 포를 쏘며 관리를 위협했다. 관리가 다른 곳으로 옮겨가면 따라가 다시 총포를 쏘며 시위를 벌였다.

백성에게 산림 이용은 절박했다. 관아의 땔나무 산판으로 지정되면 일반 백성은 이곳에서 나무를 할 수 없고 장지를 마련할 수도 없었다. 산에 기대어 사는 화전민은 아예 쫓겨나는 신세가 됐다. 연료와 목재에서 식재료와 묏자리에 이르기까지 지금보다 훨씬 더 많은 것을 산림에서 얻었던 당시 백성에게 산은 전답 다음으로 중요한 삶의 터전이었다. 그러기에 법을 어기면서까지 관료를 위협하는 저항 활동을 벌인 것이다.

위험을 무릅쓴 이런 대항에도 땔나무 산판은 지정된 것으로 보이지만 이들의 저항이 아무런 성과가 없었다고 잘라 말할 수는 없을 것이다. 시위와 난동은 백성이 순응만 하는 존재가 아니란 점을 위정자에게 일깨워 주고, 이러한 인식이 어떤 형태로든 이후의 대민정책에 반영되기 마련이다. 정책을 입안하고 실행할 때 이 '순응하지 않는 백성'이 있다는 사실을 감안할 수밖에 없기 때문이다. 포를 쏘며 벌인 한밤의 시위가 이후 다른 관청의 땔나무 산판을 지정할 때 그 요건을 매우 까다롭게 하는 요인이 될 수 있는 것이다.

배부른 관료, 굶주리는 백성

충원(지금의 충주) 주민의 분노가 마침내 터져 나왔다. 그동안 위력에 눌려 현감의 부정부패를 나서서 꺼내지 못했지만 이제 한목소리를 내며 행동에 나섰다. 영조 8년인 1732년 충원 현감이 이임하는 날, 주민들은 현감 일행을 향해 욕설을 퍼부었다.[10] 한쪽에서는 풀을 엮어 만든 인형을 세워두고 거침없이 화살을 쏘았다. 탐학한 현감을 향해 날리는 징치의 화살이었다. 욕설이 난무하는 가운데 그동안 현감이 저지른 비리가 울분의 목소리로 쏟아져 나왔다. 조세를 횡령하고, 돈을 받고 전답을 토지대장에서 누락시키고, 위급할 때 쓸 비축 식량과 환곡을 전용하고, 진휼을 핑계로 장을 담가 본가에 보내고…….

사헌부 지평을 지낸 이유신이 상소했다. "정익하(충원 현감)가 백성을 침학하고 부정을 저지른 사실이 낭자하게 퍼지고 있습니다. 어떤 이는 '궁방 소속 전답에서 강제로 토지세를 징수했다'고 하고, 어떤 이는 '진휼에 보탠다는 핑계로, 세금과 부역을 면제해주는 복호復戶를 거래했다'고 합니다. 어떤 이는 '돈을 받고 전답을 토지대장에서 누락시켰다'고 하고, '관아의 쌀 수백 석을 빼내 숨겨두었다'고 합니다. (…) 어떤 이는 '청풍 지역의 토지세를 본가에서 가로채고, 충원 지역의 것으로 충당했다'고 하고, 어떤 이는 '창고 건설로 기와를 굽는다는 핑계를 대고 무덤가 나무를 베어다 서울 한강변 시장에 팔았다'고 합니다."

–『영조실록』 32권, 영조 8년(1732) 11월 18일

충원 현감의 부정부패는 대부분 세금 수취 과정에서 일어난 비리였다. 현감이 부당하게 챙긴 재물은 결국 주민이 어떻게든 채워 넣어야 할 부담으로 돌아왔다. 관료의 욕심을 채우기 위해, 백성들은 의무와 책임이란 미명 하에 생산물을 빼앗기고 노동을 착취당하고 있었던 것이다. 부패한 관료에 맞서는 백성의 대항은 수령의 탐학을 까발리는 징치의 투쟁이자 생계를 이어가기 위한 생존투쟁이었다. 예나 지금

이나 세상사 유지의 기본은 의식주 생계였다. 살아야 한다는 절박함은 순응하던 백성을 시위와 난동의 주역인 난민亂民으로 만들었다.

1697년 늦은 봄, 경기도 광주에서 올라온 수백여 명의 백성이 대궐 인근에서 농성을 벌였다.[11] 굶주린 이들은 출퇴근하는 관료를 향해 곡식을 지급해달라고 호소했다. 기근으로 살아갈 길이 막막하니 생계 밑천을 마련해주길 원했다. 절박한 목소리에도 별다른 조치가 없자 시위 군중은 광주 지역을 관장하는 수어사의 집으로 향했다. 이들은 수어사에게 당장 관아에 비축된 곡식을 풀어달라고 요구했지만 쉽사리 타협점이 찾아지지 않았다. 그렇게 새벽까지 계속된 시위는 결국 피를 흘리며 끝을 맺었다. 수어사가 거느린 군관을 집단 구타했으며, 갖은 험담을 하며 수어사에게 모욕을 가했다. 관료가 사전에 민생을 파악하고 규정대로 곡식 창고를 열었다면 폭력 사태는 막을 수 있었을 것이다.

> 특진관 이세화가 임금에게 아뢰었다. "요즈음 광주의 백성은 끼니를 거르는 자가 대부분이며, 굶주림이 점점 심해지고 있습니다. 그럼에도 광주의 전前 부윤 허지는 파직을 핑계로 민생을 도외시했습니다. 창고를 폐쇄해 곡물을 방출할 생각조차 하지 않았습니다."
> ―『비변사등록』 48책, 숙종 20년(1694) 4월 28일

조선 후기엔 진휼곡인 환곡을 둘러싸고 백성과 관료 사이에 갈등이 일어날 때가 많았다. 춘궁기에 곡물을 대여하고 추수 뒤에 이자를 붙여 회수하는 환곡제도는 빈민을 구제하려는 민생정책으로 시작했다.

하지만 이자에 관심이 커지면서 환곡은 강제적인 영리사업으로 변질된다. 이는 관아에서 행하는 공공연한 고리대나 다름없었다.

환곡제도가 수탈의 방편이 돼 비리가 자행되자 일부 백성은 물리적 대응에 나섰다. 경상도 거창과 개령(지금의 김천 지역)의 백성은 관아 창고에 난입해 환곡의 출납을 기록하는 장부를 불태워버린다. 고령에서도 굶주린 수천 명의 백성이 창고를 부수고 환곡장부를 불태웠다. 청주에서는 아예 환곡을 훔쳐가는 사건이 일어났다. 함경도 북청에서는 환곡 문제로 백성들이 관아에 쳐들어가 난동을 부렸다. 수령이 환곡을 갚지 못한 주민을 잡아다 매질을 가하려 하자 수십 명의 주민이 관아에 난입해 곤장을 빼앗고 수령에게 욕설을 가했다.

이 시기엔 사족 양반의 향촌 지배력이 약화되면서 수령이 통치의 전면에 나서던 때였다. 사족을 통한 간접적인 대민 통치가 줄고 수령의 직접 지배가 본격화됨으로써 수령과 백성이 부딪치는 일이 잦아졌다. 조세 수취와 형벌 집행 등을 두고 수령과 주민 사이의 갈등이 첨예화될 수밖에 없었다.[12] 조세 수취 방식도 수령과 주민 사이의 갈등을 부추겼다. 이 시기엔 거두어들일 세금의 총액을 미리 정해놓고 군현 단위로 이를 부과했다. 자연히 조세 수취 과정에서 군현의 책임자인 수령의 권한이 커졌으며, 이는 부정부패를 자극하는 요인이 됐다.

한편으론 이 총액제는 백성을 성장시키는 디딤돌로 작용했다. 조세는 가호에 개별로 부과하지 않고 여러 집을 묶어 공동으로 부담을 지웠다. 이로써 세금 손실을 최소화하려 했는데, 이러한 공동납세 제도는 조세 운영에 평민의 참여를 높이는 배경이 됐다. 책임을 공동으로 저야 하는 상황이다보니 조세 수취 과정에서 발언권이 높아질 수밖에 없었다. 사족 지배체제 약화와 신분제 문란, 화폐경제와 생산력의 발전, 이에 따른 평민층의 의식 성장도 수령과의 갈등을 표면화시키는 요인이었다. 순응만 하는 백성이 그만큼 줄어들고 있었던 것이다.

무엇보다 백성들은 저항 행위를 통해 주체성을 자각해나갔다. 위정자가 행하는 정책에 대항하면서 자신이 어떤 처지에 놓인 신분층인지, 자신이 무엇을 할 수 있고 무엇을 할 수 없는 백성인지, 자신이 저들 양반 지배층과 무엇이 어떻게 다른 사람인지를 알게 모르게 알아갔다. 이러한 깨달음은 지금 당장은 아니더라도 세대가 거듭되면서 결국은 "나도 의사意思와 삶의 권리를 가진 이 땅의 사람이다"라는 백성 일반의 당당한 자각에 이르게 될 것이다. 이 시기 백성의 저항은 그런 큰 강줄기를 만들 작지만 마르지 않는 지류의 하나였다. 위정자가 휘두른 권력에 백성은 저항했고, 그 대항은 끝내 주체성을 가진 백성을 일깨울 터였다.

분노하고 절규하다 | 도시 하층민의 저항

서울 빈민과 하급 관리의 격돌
누가 왜 도시 폭동을 일으키는가?

서울 빈민과 하급 관리의 격돌

경희궁 목수들, 포도청을 습격하다

서울의 치안을 책임진 최고 관청이 대낮에 백성에게 난도질당하는 불상사가 일어났다. 철종 11년인 1860년 5월 16일, 장정 십 수 명이 우포도청에 난입해 닥치는 대로 시설을 때려 부쉈다.[1] 관원과 하졸에게 마구잡이로 몽둥이를 휘둘렀다. 떨어져나간 문짝으로 피가 튀고 신음이 난무했다. 순식간에 포도청 청사는 쑥대밭이 되었다. 포교와 포졸이 현장 근무를 나간 탓에 청사에 남은 관원으로는 갑자기 들이닥친 난입자들을 막기에는 역부족이었다. 난동을 부린 자들은 경희궁과 인근 관청에서 보수 작업을 하는 목수들이었다. 이들은 동료 목수가 건축자재를 훔쳤다는 죄목으로 체포되자 그를 구출하기 위해 포도청에 뛰어들었다.

포도대장이 임금에게 아뢰었다. "각 처소에서 일하는 목수들이 동료를
구출해내겠다고 앞서거니 뒤서거니 작당을 해 좌우 포도청과 군관청에
난입했습니다. 이들은 몽둥이를 들고 소리를 크게 지르면서 청사를 때려
부수었습니다. 교졸을 포박해 때리고 포도대장을 보좌하는 종사관의 멱
살을 잡고 끌어내 몽둥이로 내려쳤습니다. 화로를 집어던져 피가 낭자했
으며, 오랏줄을 빼앗아 포교를 묶고는 마구 때렸습니다. 이렇게 중상을
입은 자가 자못 많았습니다. 또한 신(포도대장)의 집에 쳐들어와 불손하
고 도리에 어긋나는 패악을 저질렀습니다."

-『비변사등록』 247책, 철종 11년(1860) 5월 21일

흥분한 목수들은 인근 좌포도청과 군관청까지 난입해 폭력을 휘둘
렀다. 분노를 가라앉히지 못한 이들은 결국 포도대장의 집까지 쳐들어
갔다. 군관 네 명을 오랏줄로 묶은 뒤 포도대장의 집 앞까지 끌고 가서
대문 안으로 떠밀었다. 정작 포박해 처벌을 받아야 할 자들은 자신들
보다 이들 관리가 먼저라는 의사표시였다.

당시 궁궐과 관청에 차출돼 일하는 목수들은 품삯을 제대로 받지 못
하고 있었다. 게다가 포졸에게 돈을 뜯기기 일쑤였으며, 일정한 몫을
포도청에 상납해야 일을 제대로 할 수 있었다. 이런 실정에서 목수들
은 공사 현장의 목재와 철물 일부를 몰래 내다 팔아 낮은 수입을 보충
했다. 목수들은 대체로 이런 잠매를 처벌받아야 할 도적질로 여기지
않았다. 일을 해나가는데 있어서 피할 수 없는 관행 정도로 치부했다.
대놓고 말할 수는 없어도 포교와 포졸도 이런 관행을 어느 정도 묵인

조선시대 사용된 포도청 인장, 국립고궁박물관 소장.　　사진은 1890년 무렵 포졸의 모습이다.

하는 분위기였다. 이렇게 해서 상납과 탈취에서 공공물자 횡령에 이르는 부패의 고리가 단단하게 형성돼 있었다. 물론 이 악순환의 고리에서 억압과 수탈을 당하는 쪽은 언제나 목수들이었다.

초여름 한낮의 포도청 난동은 이런 불만과 분노가 누적돼 오다 동료 처벌을 계기로 한꺼번에 폭발한 사건이었다. 난동자 중 5명은 도주하고 11명은 체포돼 엄한 처벌을 받았다. 주동자는 효수당하고 나머지는 곤장을 맞거나 유배형에 처해졌다.

이날의 난동이 확대된 데는 동업조합인 목방木房의 조직력이 한몫을 했다고 본다. 조선 후기에 수공업 종사자들은 직군별로 조직을 만들어 생산에서 판로에 이르기까지 이익을 도모했다. 목수들 또한 동업조합을 구성해 목제품을 생산하거나 토목공사에 고용 일꾼으로 함께 참여했다. 이러한 집단체제가 동료의식을 강화하고 난동 참여를 이끌었던 것으로 여겨진다. 그렇지만 이날의 난동은 동업조합에서 처음부터 계획해서 일으킨 조직적 대항은 아니었다. 잡혀간 목수의 인척이 사정을 호소하자 평소 포졸에게 악감정을 품고 있던 자들이 들고일어났다고 하는 게 더 적절해 보인다. 이 무렵 조선 사회는 건드리기만 하면 폭동이 발생할 수 있을 정도로 지배층에 대한 하층민의 불만과 적대의식이 극에 달해 있었다.

뚝섬 주민들, 포교를 죽이다

치밀한 계획 아래 관권에 조직적으로 대항한 경우도 있었다. 1851년 봄, 서울 외곽 지역인 뚝섬의 주민 수백 명이 포도청 막사를 부수고 포교와 포졸을 폭행했다.[2] 누명을 쓰고 도둑 혐의로 체포된 동료 주민을 구하기 위해 벌인 집단행동이었다. 이들 주민은 청계천 인근에 있는 포도청 막사에 난입해 몽둥이로 포졸을 난타했다. 포교를 땅에 쓰러뜨리고 발로 마구 짓밟았다. 관복을 칼로 찢고, 야간통행증이자 신분증인 통부通符를 빼앗았다. 이는 관리로서의 자격을 박탈하겠다는 의도가 담긴 행위였다. 이날의 집단 난동은 포교 한 명이 죽고서야 겨우 끝이 났다. 주민들은 잡혀갔던 동료를 데리고 일제히 달아났다.

> 영의정 권돈인이 임금에게 아뢰었다. "지난번 독도纛島(뚝섬)의 주민이 일으킨 사건은 실로 큰 변괴입니다. 대낮에 몇 백 명의 동민을 불러 모아 몽둥이와 칼을 들게 하고서 감히 도성 내에서 난동을 일으켰습니다. 더구나 죄인을 빼앗아가고 포교를 죽인 행위는 전례가 없는 변고입니다. 강도에게 적용하는 형률로 주범과 종범 모두를 참수한다 해도 흉악한 짓거리를 징계하고 무너진 기강을 바로잡을 수 없을 정도입니다."
> ─『비변사등록』 238책, 철종 2년(1851) 3월 4일

조정에서는 이 사건이 우발적인 난동이 아니라는 데에 더 큰 우려를 나타냈다. 같은 지역에 사는 주민들이 마을 책임자인 존위와 그 아래

실무자인 중임의 지휘 아래 일사불란하게 움직이며 관아 시설을 파괴하고 관료를 능욕했다.[3] 존위와 중임이 노인계의 자문을 받아 계획을 짜고 마을 연락망을 통해 주민을 동원했다. 특히 임금노동자를 중심으로 돌격대를 만들어 난동을 이끌도록 했다. 집단 폭력으로 사회질서를 어지럽히는 폭동과 다름없는 변괴였다. 이날 사태는 주민 한 명의 체포가 발단이 됐지만 그 근본 요인은 포도청 관리들에 대한 뚝섬 주민의 오래된 불만과 누적된 분노였다.

뚝섬 나루는 한강 수운의 요충지이자 충청도와 강원도의 내륙 지방과 통하는 길목이었다. 거기다 인근 지역은 겨울철을 제외하고는 도성의 중상류층이 즐겨 찾는 유원지이기도 했다. 이런 입지 조건 때문에 이곳 마을에는 물품 하역과 운반으로 생계를 잇는 막일꾼과 영세한 상인이 많이 살았다. 자연히 짐꾼과 나무꾼, 사공, 술장수, 음식장수 등이 집단으로 거주하는 하층민 마을이 형성됐다. 권세를 가진 양반과 부호가 없어 하급 관리가 손쉽게 수탈을 행할 수 있는 지역이기도 했다. 실제로 포교와 포졸이 행정 집행을 구실로 수시로 돈을 뜯어냈으며, 법 규정을 과도하게 적용하고 처벌을 남용해 수탈을 일삼았다.

하지만 조정에서는 난동이 일어나게 된 근본 요인에 대해서는 큰 관심이 없었다. 사회질서가 흔들리고 기강이 훼손되는 데만 우려를 나타낼 뿐이었다. 난동사건의 처리 또한 그 같은 선상에서 진행됐다. 누명을 씌운 포교에 대해서는 아무런 조치를 취하지 않은 채 뚝섬 주민 10명이 참수형에 처해졌다. 나머지 수십 명은 장형을 받거나 유배를 언도받았다.

하층민은 왜 포교와 포졸을 공격했나?

조선 전기 서울의 치안은 형조와 한성부, 사헌부 등에서 맡고 있었다. 이들 기관에서는 도둑을 잡는 포도捕盜 활동을 본래의 업무 외에 부수적으로 행했다. 그러다 16세기 전반에 서울 치안을 전담하는 포도청이 설치된다. 중인 이하 일반 백성의 범죄는 대체로 이 포도청에서 담당했는데 양반에 대한 수사와 체포는 함부로 할 수 없게 했다. 예를 들어, 포교가 양반 집안을 수색하려면 국왕의 허락을 받아야 하는 게 원칙이었다. 치안 분야에서도 신분제에 따른 차별화 정책이 어김없이 실시됐던 것이다.

포도청은 점차 그 업무가 확대돼 치안은 물론 경제활동을 규제하고 나라에서 금지하는 여러 금제禁制 업무까지 담당했다. 쌀과 인삼 등 물자 유통을 둘러싼 불법행위를 단속하고 위조화폐와 문서위조 행위를 규찰했다. 굿이나 승려의 활동 같은 민간의 신앙 활동까지 통제의 대상이었다. 사회 풍속을 바로잡는다는 구실로 도박과 밀도살, 밀주를 단속했다. 포도청의 이러한 업무는 백성 대부분의 일상생활과 관련된 단속과 감시 활동이었다. 자연히 포도청의 하급 관리와 백성의 마찰이 잦아질 수밖에 없었다.

19세기에는 천주교를 믿는 백성과 반역 음모자를 색출하는 임무까지 주어진다. 포도청에서는 정치범에 대한 탐문과 수색은 물론 체포와 조사까지 할 수 있었다. 지방의 죄인을 압송해 의금부와 형조 등 중앙 상급기관에 넘기는 중간 기구 역할까지 맡았다.

조선 후기 들어 업무가 확대되면서 포도청 관리의 권한은 점차 커져 갔다. 말단인 포졸이 지방 관아에 속한 아전이나 한성부 소속의 형방 아전보다 더 큰 힘을 행사했을 정도다. 포교가 나타나면 울던 아이도 골목으로 숨어버린다는 말이 나돌았다고 한다. 권한이 커지면서 이들이 저지르는 횡포도 심해졌다. 한 포교는 말을 듣지 않고 불손하다는 이유로 사내아이를 때려 숨지게 했다.

형조에서 임금에게 아뢰었다. "포교가 출장이라는 공무를 내세워 사내 아이에게 자기 집안의 사사로운 일까지 시키려했습니다. 말을 듣지 않자 손에 소뼈를 쥐고 닥치는 대로 두들겨 팼으니 이는 태산으로 계란을 누르는 꼴이었을 것입니다. 어깨를 때리고 가슴을 짓밟으며 어디랄 것 없이 마구 때렸습니다. 주변에 있던 사람이 말려 그 자리에서 죽지 않았지만 이미 상처를 깊이 입어서 얼마 지나지 않아 사망했습니다."

–『일성록』 정조 19년(1795) 5월 12일

포도청의 힘을 등에 업고 권세가 약한 양반을 능욕하는 포교도 있었다. 1841년에 한 포교는 사사로운 감정으로 양반가에 난입해 폭행을 휘둘렀다. 양반 부녀자의 머리채를 휘어잡고 큰길까지 끌고 나오는 행패를 부려 세간을 놀라게 했다. 또한 이 무렵엔 포교 10여 명이 어명을 사칭해 양반을 구금하는 사건까지 일어났다. 양반에게도 이러 했는데 하물며 평민이나 천민에게는 그 위세와 횡포가 어떠했겠는가?

관권을 동원한 부정부패도 다반사였다. 포교가 채무자와 짜고 채권

자를 도적으로 몰아 죽이려 했으며, 도적 체포를 구실로 곡물거래에 간섭하기도 했다. 이 과정에서 당연히 토색질이 뒤따랐다. 또한 누명을 씌우고 사건을 부풀려 돈을 갈취했다. 도박과 도살 등 금제 행위를 눈감아주고 뒷돈을 챙겼다. 포도청은 하층민의 고혈을 짜는 수탈기관으로 변해갔다.

포도청 하급관리의 폭압과 수탈은 정부에서 조장한 측면이 강했다. 이들은 극히 적은 급료로 고역에 시달렸는데, 한 달 급료가 쌀 6두 로 대략 60되 정도였다고 한다. 그나마 급료를 받는 관리는 한정돼 있었다. 상당수는 보수 없이 일하고 있어서 다른 일로 돈벌이를 하거나 업무 과정에서 부정을 저지를 수밖에 없는 형편이었다. 좋게 보면 생계형 부정부패라 할 수 있지만 이를 핑계로 극악한 부정을 저지르는 포교와 포졸도 없지 않았을 것이다. 조정의 방조와 묵인 아래 일어난 수탈 행위는 종종 도를 넘었고, 때론 힘으로 맞서는 하층민의 저항을 불러왔다.

저항은 남녀노소를 가리지 않았다. 1860년에 이주례라는 여성은 포도대장을 살해하려다 체포됐다. 아들이 죄명도 모른 채 포도청에 끌려가 죽자, 칼을 들고 포도대장의 집에 난입한 사건이었다. 그 1년 전에는 용의자로 지목돼 체포된 오성조라는 하층민을 구출하기 위해 동료 무리가 포도대장의 집에 몰려가 항의 시위를 벌였다.

공공기관에서 잡일이나 하인으로 일하는 하층민들이 집단으로 포도청에 맞서기도 했다. 1882년 가을, 궁궐에서 쓰는 말과 수레, 목축에 관한 일을 하는 사복시司僕寺 마부들이 포도청에 붙잡힌 동료를 빼냈다. 이들은 동료가 억울하게 도둑 누명을 쓰고 수감됐다며 포도청에 난입해 옥문을 부수었다. 그 1년 뒤에는 성균관 소속 하인인 반인들이 포도청 관리를 상대로 집단 난동을 부렸다. 철물을 매매하려던 반촌 주민이 도둑으로 몰려 포도청에 수감되자 반촌 사람들이 떼로 몰려가 빼내간 사건이었다.

> 형조에서 포도청의 보고를 문서로 작성해 임금에게 올렸다. "반인 수백 명이 몽둥이를 가지고 포도청에 뛰어들어 옥문을 부수고 절도 용의자 를 풀어주었습니다. 이때 도망친 다른 도적이 10명이나 됩니다. 반인이 휘두른 몽둥이에 근무하던 포교 한 명이 맞아 죽었습니다. 반인들은 절 도 용의자를 체포했던 포교의 집까지 심하게 부수었습니다."
>
> ─『승정원일기』 2917책, 고종 20년(1883) 10월 29일

포교 살해로까지 이어진 반인들의 포도청 난동은 신분질서와 사회 기강에 관계되는 문제로 인식돼 지배층에 충격을 주었다. 오랜 신분 차별과 관리의 수탈로 누적된 반인들의 불만이 동료 체포를 계기로 폭 발한 사건이었다.

이 시기에 하층민의 저항이 이전보다 극렬했던 데는 당시 정치판의 난맥과 부패도 일정한 역할을 했다. 국가 정책의 혼선과 대민정책의 미비, 매관매직과 관리의 부정부패, 이로 인한 사회 전반의 기강 문란 은 하급관리에게도 영향을 미쳐 폭압과 수탈을 당연시하게 만들었다. 명분으로나마 유지돼오던 예와 덕에 의한 유교정치의 틀마저 무너지

면서 말단 관리에서 국왕에 이르는 권력의 정점까지 부패의 고리가 단단하게 형성됐다. 그로 인한 폐해는 고스란히 일반 백성을 몫으로 돌아갔다. 부정부패를 저지르면서 지배층이 취하는 이익은 결국 백성이 일해서 만들어낸 생산물에서 나올 수밖에 없었다. 그런 이전투구의 현실 속에서 포도청의 하급관리와 하층민은 자신들의 생존을 위해 수탈과 저항이라는 격렬한 다툼을 벌였다.

✤ 누가 왜 도시 폭동을 일으키는가?

물가조작과 서울 빈민의 폭동

굶주린 백성들의 분노가 마침내 폭발했다. 거리로 뛰쳐나온 서울 빈민들이 종로의 미곡전에 난입해 닥치는 대로 시설을 부수었다.[4] 싸전과 잡곡전의 장부를 찢고 상인에게 마구잡이 폭력을 휘둘렀다. 흥분한 일부 주민이 상점에 불을 질렀다. 울분에 찬 빈민의 아우성과 상인의 참담한 곡성이 불길에 뒤섞이며 거리를 매웠다. 봄볕이 따사롭던 계사년(1833) 3월 초순, 서울 최대의 상가 거리인 종로 일대가 삽시간에 아비규환의 수라장으로 변했다.

빈민들의 요구는 간단했다. 곡식을 평소대로 판매해 달라는 것이었다. 20여 일 전부터 시중에 곡식이 줄어들면서 가격이 치솟았다. 날이 지나면서 사태는 더 심각해졌다. 웃돈을 얹어도 곡식 구하기가 힘들었으며, 식량을 못 구해 굶어 죽은 사람이 한둘이 아니라는 흉흉한 소문까지 나돌았다. 하루 벌어 하루 사는 빈민층은 가족 모두가 당장 굶어 죽을 지경이었다. 먹을 식량이 없어서가 아니었다. 유통 상인들이 벌이는 물가조작이 불러온 참담한 결과였다. 곡물 도매를 독점하다시피 하는 한강변의 객주와 미곡 상인이 결탁해 물량을 줄이는 바람에 가격이 폭등하는데도 시중에는 곡식이 바닥났다.

형조에서 임금에게 아뢰었다. "이달 8일에는 서울의 미곡전을 닫아버리는 극한 상황에 이르렀습니다. 그러니 끼니를 끊다시피 했던 도성의 가난한 백성들은 모두 빈 자루를 가지고 집으로 돌아가야 했습니다. 울부짖는 사람이 길가에 가득차고 잘못을 규탄하는 사람이 거리를 메웠습니다. 굴뚝에서는 연기가 나오지 않아 마을 전체가 음산해 보였으니, 이는 예전에 없던 변고입니다. 무지한 백성이 굶주림을 참고 분한 마음을 머금었으니 무슨 변고인들 생기지 않겠습니까."

— 『순조실록』 33권, 순조 33년(1833) 3월 12일

폭동은 쉽게 가라앉지 않았다. 성난 무리는 한강변으로 달려가 객주가 운영하는 상업시설까지 파괴했다. 물량 조절을 위해 곡식을 쌓아둔 10여 채의 창고를 불태웠다. 포도청에서 진압에 나섰지만 이미 늦어 있었다. 밤까지 계속된 빈민들의 시위는 군영의 병사까지 동원되고서야 겨우 가라앉았다.

난동자들에 대한 처리는 재빠르게 진행됐다. 폭동 사흘 뒤, 체포된 52명 중 주동자 7명이 저잣거리에서 효수됐다. 11명은 유배되고 27명

조선시대 그려진 「태평성시도」 중 도시 풍경. 상상된 도시는 이렇게
화려하고 평화로웠으나 도시는 곧잘 폭동의 무대로 돌변하기도 했
다. 국립중앙박물관 소장.

은 태형을 받았다. 나머지 7명은 처벌 없이 석방됐다. 반면 물가 조작으로 폭동을 야기한 상인들에 대한 처벌은 차일피일 미뤄졌다. 극형을 요구하는 민심이 들끓었다. 그제야 조정에서는 2명을 사형에 처하고 2명은 유배를 보내는 선에서 사태를 봉합했다. 물가 조작 때부터 상인의 뒷배를 봐주던 고위 관료의 힘이 작용했음은 물론이다.

당시 부유한 상인들은 민생을 살펴야 하는 비변사의 고위 관료나 사헌부의 감찰과 손을 잡고 곡물 판매를 독점하고 가격 조절을 꾀했다. 매점매석은 관권의 부당한 개입 없이는 불가능한 실정이었다. 이러한 폐단은 이전부터 계속 지적됐지만 결탁과 담합은 갈수록 심해지는 추세였다.

교리校理 김희와 부수찬副修撰 남학문 등이 임금에게 아뢰었다. "이즈음 도성의 쌀값이 뛰어 백성이 살기 어려워져 앞날이 심히 염려됩니다. (…) 도성 안팎과 한강변의 부유한 상인들이 많은 미곡을 쌓아두고 깊이 감춘 채 내놓지 않습니다. 그러다 곡식이 귀한 때를 기다려서 10배의 이득을 보고 팔려고 하므로 곡식 값이 오르는 것입니다."

―『비변사등록』 160책, 정조 3년(1779) 1월 10일

관료와 상인이 결탁해 배를 불리는 만큼 하층민은 굶주림에 시달려야 했다. 물가 상승에 가장 큰 타격을 받는 계층은 생계가 취약한 빈민층일 수밖에 없었다.

서울의 도시 빈민

18세기 이후 서울은 인구가 크게 늘었다. 서울은 조선 초에 10만 명을 거주인구로 보고 건설된 도시였는데, 이 무렵엔 30만 명 이상이 거주하는 도시가 된다.[5] 이 시기에 광범위하게 형성된 빈민층이 인구 증가의 한 요인이었다. 지배층의 수탈과 농정 실패로 농촌에서 축출된 유민이 대거 유입되면서 서울의 빈민층은 갈수록 늘어나는 추세였다.

이들 일부는 주로 도성 내의 상업 지역 주변에 거주했다. 청계천변이나 야산 지역에서 허름한 집을 마련해 생계를 꾸려나갔다. 사정이 더 열악한 자들은 거지가 되어 천변이나 다리 밑에서 움막을 치고 살았다. 도성 밖으로는, 새로운 상업 중심지로 성장하던 한강변이나 동대문 밖의 왕십리, 남대문 밖의 이태원 지역이 빈민의 집단 거주지였다.

선전관宣傳官 신의현이 임금에게 민생을 시찰한 뒤에 보고서를 올렸다. "왕십리 말촌末村에 있는 한 칸 안팎의 작은 오두막집에 발길이 닿았습니다. 바람과 서리도 가리지 못해 추위에 떠는 소리가 그 오두막집 밖까지 들려왔습니다. 이웃을 불러다 물어보니 '저 집 여인은 강씨姜氏 성을 가진 과부로 마흔두 살입니다. 중간에 눈병을 얻어 실명하고 의지할 데가 없는데 열세 살짜리 아이가 강촌에서 땔나무를 져다 팔아 그걸로 입에 풀칠이나 하고 있습니다'라고 했습니다. 입성을 보니 홑옷뿐인데 그것마저 기워 입어 누더기와 같았습니다. 방을 보니, 짚으로 엮은 자리를 깔았고 이불 또한 짚으로 엮은 게 전부였습니다."

~『일성록』 정조 22년(1798) 10월 20일

빈민들은 임금노동자에서 영세상인, 하급 군병에 이르기까지 보수와 작업환경이 열악한 최하층 직업에 종사했다. 한강변에는 하역운반을 하는 노동자들이 많이 살았다. 이들은 말이나 지게 하나만을 가지고 생계를 이어가야 하는 품팔이 노동자였다. 한강이 얼어붙는 겨울에는 얼음을 채취하고 운반하는 일로 벌이를 했다.

나라에서 주관하는 토목공사나 일반 건축현장에서 임금노동자로 일하는 부류도 있었다. 허가 없이 행하는 소규모 난전이나 행상에 종사하는 빈민도 있었다. 이마저 여의치 않으면 물건 값을 흥정해 판매를 주선하는 여리꾼이나 가게의 점원으로 일했다. 일부 빈민은 군영의 하급 군병이 되어 생계를 도모했다. 이들은 급료가 적어 다른 일을 갖는 경우가 대부분이었다. 수공업 일을 하거나 근교에서 야채를 재배해 팔았으며, 하역과 토목공사 등 임금노동자로 밥벌이를 했다.

서울의 빈민층은 사회가 필요로 하는 노동력을 제공하고 물품을 만드는 생산자였지만 생활필수품을 시장에서 구입해야 하는 소비자이기도 했다. 직업마저 불안정해 하루 벌어 하루 사는 형편인 이들은 특히 물가 변동에 큰 영향을 받았다. 곡물가격이 오르면 이들은 당장 며칠의 생활이 곤란해졌다.

또한 노동 현장과 시장 등 생산과 유통 현장에서 일하는 빈민들은 하급 관리와 자주 부딪칠 수밖에 없었다. 살아가기 위해서는 관료의 수탈을 감수해야 하는 처지에 놓여 있었던 것이다. 거기다 빈민 대부분은 위급할 때 뒤를 봐줄 상전도 없는 형편이었다. 이렇게 서울의 빈민은 여러 고충에 처해 있었다. 불안정한 직업에 생계는 늘 힘들었고, 관료의 수탈은 일상이 된지 오래였다. 거기다 양반층의 억압과 침학까지 뒤따랐다.

도시 빈민과 도시 폭동

이렇게 보면, 조선 후기 서울에서 하층민이 일으킨 관료에 대한 대항이나 폭동은 어쩌면 당연한 일이었는지도 모른다. "일어날 게 일어났다"는 말이다. 뚝섬 주민과 목수의 포도청 습격, 빈민층의 저잣거리 난동은 그 폭력 행위가 모두 한꺼번에 급격하게 폭발했다는 공통점을 갖는다. 다른 하층민 집단의 동조를 얻지 못하고 비교적 짧은 시간 내에 끝났다는 점도 유사하다. 또한 특정 이념을 내세우지 않았으며, 정치 변란을 꾀하는 지도자도 없었다. 개인의 의지로 쉽게 변경할 수 없는 직업적 유대 관계나 거주 공동체라는 조건이 저항 행위를 가능하게 하는 요인으로 작용했다. 난동에 참가한 자들은 거처가 불명확한 부랑자들이 아니라 외형상 특정 지역에 거주하는 정상적인 도시 빈민이었다.

조선 후기 서울에서 일어난 이러한 폭동은 17~19세기 유럽에서 발생한 도시 폭동과 주체와 공격 대상, 지향점 등에서 그 성격이 유사하다.[6] 역사학자인 에릭 홉스봄은 이 시기 유럽에서 일어난 여러 도시 폭동을 분석했다. 특히 1793년 빈 사람들이 프랑스 왕의 박해에 대항해 일으킨 폭동, 18세기 말 영국에서 발생한 고든gordon 폭동, 비슷한 시기에 나폴리 하층민이 일으킨 폭동에 주목했다.

홉스봄의 연구에 따르면, 이 시기 폭동의 주체는 빈민층이며, 주된 세력은 응집력이 강한 주민이었다. 예를 들면 짐꾼, 부두노역자, 대장장이, 놋그릇 제조공, 양철공, 제화공, 제봉사 등이 폭동에 참가한 대표적인 부류였다.[7] 동업자 조합인 장인 길드가 폭동에 가담하거나 협력하기도 했다.

홉스봄은 당시의 도시 폭동을 특정 이데올로기의 영향을 받지 않은 전前 정치적 집단행위로 보았다. 폭동은 구체적인 이념 없이 대개 실업 문제나 물가 등귀에 대한 반발로 발생했으며, 공격 대상은 부자와 권세가였다. 빈민층은 부당함에 대한 항의뿐 아니라 특정한 요구를 성취하기 위한 기대감을 가지고 폭동을 일으켰다. 홉스봄은 이런 분석에 기초해, 불공평하고 그릇된 사회제도와 빈민에 대한 차별이 폭동을 발생시키는 기본 요인이라 보았다.

폭도들은 가난했고, 그들은 부유했다. 빈민들은 근본적으로 불공정한 삶을 강요당하고 있었다. 이러한 조건이 바로 빈민들의 태도를 결정지은 기초 조건이었다. 그것은 수없이 떠도는 거리의 노래에서 확인된다.

이 세상 어디나 마찬가지

비난받는 것은 가난한 이들 _런던

나는 감옥에 갇힌 죄수
단지 충분한 돈이 없기에
황금의 열쇠만 있으면
열리지 않는 문 없네 _세비야

-에릭 홉스봄, 『의적과 원초적 반란』

이 시기 유럽의 도시 폭동은 지금과는 완전히 다른 사회를 건설한다
는 목표와는 거리가 멀었다. 기존 사회질서 내에서 부정과 비리를 줄
이거나 없앤다는 데 희망을 걸었다. 홉스봄은 이를 "도시 폭동은 개량
주의적 특성을 지닌다"는 말로 표현했다.

조선 후기 서울에서 일어난 소요나 폭동도 마찬가지였다. 난동을 주
도한 빈민들의 기대는 권세를 앞세운 폭압을 중단하고 행정과 법을 빙
자한 수탈을 멈춰달라는 것이었다. 이들은 기존 사회체제를 타파하기
보다 지금의 사회질서 내에서 정부의 보호를 받으며 일을 하는 게 훨
씬 유리하다고 판단했다. 이런 면에서 보면 도시 빈민은 체제 유지의
우직한 지지자였다. 더구나 일부 하층민은 군병이나 관아의 하졸 등
통치기구의 말단에 편입돼 지배세력의 수족 노릇을 하며 자신의 이익
을 꾀하기도 했다. 비록 생존을 위한 수단이기는 했지만 말이다.

이처럼 도시 빈민은 양면적인 존재였다. 한곳에는 지배기구의 관리
를 대상으로 폭력을 휘두르는 저항의 얼굴이 있었다. 그리 멀지 않은

다른 한쪽에는 지배층에 기대어 착취의 결과물을 나누어 갖는 기생寄生의 얼굴이 있었다.

작은 도둑 대 큰 도둑 | 일탈

도적이 통치의 도리를 논하다

도적을 만드는 사회

도적과 의적 사이

도적이 통치의 도리를 논하다

화적들, 의적의 기치를 올리다

그들은 진정 의로운 도적이었을까? 아니면 의적이란 이름을 빌린 영리한 도둑떼에 지나지 않았던 것일까? 대한제국 시기인 1903년 봄, 충청도 서천과 부여 지역의 지주와 양반 부자는 화적이라 불리는 이들 무리의 출몰로 공포에 떨어야 했다. 이들은 부잣집을 털며 자신들은 도적이 아니라 의적임을 자처했다. 당시 신문에 실린 이들의 목소리는 오히려 관료를 도적으로 몰아붙이며 자신들의 약탈 행위를 정당화한다.

> 너희는 어찌하여 우리를 화적이라 부르는가? 관찰사와 수령, 시찰, 대대
> 장, 집포관, 위원이라는 관직을 가진 자들이 진짜 화적이다. 너희 부자
> 들은 재산을 아무리 쌓아두어도 결국은 보존하지 못할 것이다. 저 진짜
> 화적의 배만 불려주는 것이라면 차라리 우리 활빈당에게 주어 굶주림과

추위에 시달리는 사람을 구제하는 것이 상책이다.[1]

-『황성신문』 1903년 3월 19일

활빈당은 『홍길동전』에 나오는 의적단의 이름이다. 수백 년 동안 전설로 회자돼오던 그 의적이 실제로 조선 땅에 나타난 것이다. 이들은 총과 칼로 무장하고 수십 명씩 무리를 지어 부잣집과 관아를 습격해 재물을 약탈했다. 그중 일부를 빈민에게 나누어주는 의적 활동을 펼쳤다.

충청남도와 충청북도에 도적이 일어나 스스로 활빈당이라 칭하며 대낮에도 약탈했다. 내포 지역에서 관동 고을까지 만연하니 진압을 요청하는 전보가 잇따랐다.

-황현, 『매천야록』 3권, 1900년 2월

문경 괴산 등지에 소위 활빈당 무리 1000여 명이 둔취하고 있다. 각기 총과 창을 가지고 활빈당이란 큰 기를 가지고 다닌다.

-『제국신문』 1900년 4월 9일

활빈당은 일부 지역에서 일어난 몇몇의 도적이 아니었다. 충청도와 경기도, 전라도, 경상도 등 넓은 지역에 걸쳐 여러 무리가 활동했다. 부자에게 빼앗은 재물 일부를 나누어 주는 분급 활동 또한 즉흥적이거나 한두 번에 그친 요식 행위가 아니었던 것으로 보인다. 이들의 활동은 하층민에게 상당한 호응을 얻었는데, 고위 관료를 지낸 개화파 인사조차 이를 기록으로 남겼을 정도다.

> 부자가 쌓아둔 곡식을 빼앗아 빈민에게 나누어줄 때는 젊고 일할 수 있는 사람에게는 주지 않았다. 가난하고 병든 사람에게 나누어주니 빈민이 그 덕을 기려 나무로 비를 세웠다. 그 비들이 숲과 같을 정도다.
> —김윤식, 『속음청사』 11권, 1904년 3월 15일

활빈당은 분명 일반적인 도적 무리와는 다른 성격을 가진 집단이었다. 재산을 나누어 가난한 사람을 구제하고 사회평등을 실현하려 했다는 점에서 이들을 소박한 공상적 사회주의사상을 가진 자들로 보기도 한다. 활빈당이 활동하던 시기에 일본 영사를 지낸 시노부 준페이信夫淳平가 남긴 글은 이러한 면모를 보여준다. 활빈당이 빈민에게 재물을 나누어주면서 했다는 말이다.

> 우리가 여러분을 위해 이익을 평등하게 나눠주려 한다. 또한 사회 빈부의 현격한 차이를 없애 모두가 좋은 자리를 얻게 할 것이다. 지금 여러분에게 주는 이 금과 곡식은 나라와 가정을 혁신하기 위한 것인데, 이는 활빈의 참모습을 보여주는 것이기도 하다.
> —시노부 준페이, 『한반도』(1901)

도적이 말하는 통치의 도리, 지배의 의리

활빈당 구성원 대부분은 최하층 빈민 출신이었다. 농토에서 쫓겨난 농부나 머슴이었으며 공사판에서 일하던 임금노동자였다. 소규모 상인이나 영세한 행상이었고 가난한 수공업자였다. 목숨을 연명하기 위해 사찰에 들어간 승려도 있었고 이전부터 도둑이었던 자도 섞여 있었다. 1894년 동학농민항쟁 시기에 농민군에 참여한 전력을 가진 백성도 속해 있었다. 전쟁에 패한 뒤 토벌을 피해 산으로 몸을 숨겼다가 도적이 된 자들이었다. 이렇게 보면 이들의 도적질은 생계가 막막했던 자들이 살아남기 위해 벌인 자구행위에 가까웠다.

이들도 여느 도둑과 마찬가지로 우선은 자신을 위해 도적질을 했다.[2] 처음부터 빈민을 위한 도적으로서 뜻을 세운 것은 아니었다. 분급은 이들과 공생을 도모하는데 필요한 너그러움에 가까운 행위였다. 하층민을 적으로 만들어봤자 자신들의 도적 행위에 유리할 게 없었다. 약탈할 부잣집의 이모저모를 파악하고 관리의 동태를 파악하기 위해서는 주민의 협조나 묵인이 필요했다. 재물을 나누는 행위는 주민과의 공생 고리를 만드는 가장 효과적인 방법이었다. 이처럼 활빈당은 애초에 빈민 구제라는 숭고한 목적을 두고 오로지 이 대의에 헌신한 무리는 아니었다. 그들이 활빈이라 자처하는 분급 행위가 약탈 없이는 불가능하다는 점에서 도적이라는 꼬리표를 지울 수는 없었다.

물론 활빈당이라는 이름만 내세운 채 약탈을 일삼은 도적 무리가 없지는 않았을 것이다. 활빈당의 모든 행위가 의적 명칭에 적합한 것도

대한제국 시기의 활빈당 문서. 국립중앙박물관 소장.

아니었다. 빼앗은 재물을 나누지 않을 때도 있었고, 작전을 수행하면서 민가에 불을 지르기도 했다. 신고나 뒤탈을 막기 위해 협박을 서슴지 않을 때도 있었다. 폭력이 수반되는 약탈을 버리지 않는 한 백성들의 피해를 없앨 수는 없었다.

그러면서도 이들은 위기에 빠진 나라와 수탈에 시달리는 백성을 위해 싸운다는 명분을 내걸었고 실제로 어느 정도 그에 합당한 행위를 했다. 부패한 지방관을 가차없이 징치했다. 관료가 부당하게 빼앗아간 재물과, 권세로 불린 부자의 재산을 빼앗아 그 일부를 빈민과 나눔으로써 활빈의 명분을 충족시켰다. 이런 점에서 보면 이들은 분명 의적이었다.

활빈당의 활동은 여기서 그치지 않았다. 활빈당 선언서와 행동강령을 발표해 조정에 민생정책을 실시하라고 촉구했다.³ 곡물가격을 안정시키고, 조세와 토지 제도를 바로잡고, 잔인한 형벌을 완화해 어진 정치를 펼치라고 요구했다. 외세 침투를 우려하며 반침략 기치까지 내걸었다.

생각하옵건대, 전란 시에는 장수가 되고 평소에는 절개를 지켜 충성을 다하며, 임금에게 직언을 올려 선함을 권하고 어긋남을 물리치게 하는 것이 신하의 대의大義라. 어진 사람을 공경하고 예를 높이며 기강을 바로 서게 하고, 생업을 지켜 안주하며 산물을 바치는 것이 사민士民의 대의라. (…) 요사스런 저 왜놈들이 들어와 개화를 읊조리고 조정의 간신과 함께 대궐을 범하고 난동을 일으키는데도 사직을 지키는 사람이 없다. 이 어찌 통탄할 일이 아니랴. 사방의 오랑캐들과 국교를 맺은 이래로 도시와 항구의 주요 이권은 거의 다 저들이 약탈하는 바가 되었다. 이로 인해 백 가지 폐단이 일어나 삼천리강산의 수많은 백성이 흩어지고 원성이 잇따르니 이보다 더 큰 원한이 없도다.

-「활빈당 선언서」 중에서(『한성신보』 1900년 10월 8일)

활빈당은 외국 상인의 출입을 제한하고, 곡물 수출을 금하며, 다른 나라에 철도 부설권을 넘기지 말라며 정부가 지켜야 할 구체적인 조항까지 하나하나 내세웠다. 이를 실천하는 행동을 보이며 국권 수호의 의지까지 내보였다. 이들은 외국 상인과 외국인이 경영하는 광산을 습격했으며, 철도 부설과 운행을 방해하는 활동을 벌였다. 특히 미곡 운반선과 미곡 상인을 자주 급습했으며 일본인에게는 더 큰 위해를 가했다. 일본의 침략이 노골화되면서 일본인에 대한 적개심도 커져갔던 것이다.

이처럼 활빈당은 군주 아래 모든 백성이 행해야 할 도리인 대의를 언급하며 이를 행동으로 보여주고 있었다. 조선이 개국한 지 500년, 나라의 존립이 흔들리던 백척간두의 그때, 도적이 흥국안민興國安民이라는 통치의 도리와 지배의 의리義理를 요구하고 나선 것이다. 지배층 입장에서 보면, 한낱 도적의 무리가 예와 덕에 의한 왕도정치의 이상을 실현하라고 압박하는 것이나 마찬가지였다. 게다가 지금의 관료를 올바른 정치를 망치는 악의 세력이라 치부하며 자신들은 가난한 백성을 구제하는 도道와 의義의 집행자임을 공공연히 내세웠다. 정치의 이상을 논하고 통치의 도리를 밝히며 백성을 교화하고 구제하는 주체는 나라가 열린 이래 늘 사대부와 양반관료의 몫이었다. 그런데 이제 도적이 그 이상과 도리와 교화를 논하는 시대가 온 것이다. 의적 활동을 통해 지배층의 통치 이념까지 차지하려는 전복의 시대가 도래한 것이다.

하지만 조선 지배층 다수는 이들의 언행을 의로운 행위로 받아들이지 않았다. 분급 행위를 하는 도적이든 약탈만을 일삼는 도적이든 모두 도적에 지나지 않는다는 입장을 취했다. 도적들이 경기도 양주에 둔취한 의병부대를 찾아와 참여 의사를 밝혔지만 이를 무력으로 거부한 사건이 그 한 사례다.

> 유명한 화적 괴수 권준이라는 자가 수십 명을 이끌고 와서는 의병에 들어가고 싶다고 간청했다. 그런데 의병대장이라는 사람이 말하기를 "지금 사람들이 의병 지목하기를 무장강도니 폭도니 하는데 유명한 화적 괴수 권준이가 의병을 따른다고 하면 비루하다는 얘기를 더욱 면하기 어려울 것이다"라고 말한 뒤 권준을 즉시 총살했다.
>
> -『황성신문』 1907년 10월 22일

이 유생 의병장은 단 한 명의 의병이 아쉬운 상황에도 화적 집단과 분명하게 선을 그었다. 나라가 멸망할 수 있는 풍전등화의 위기에 직면해서도 자신들만이 참된 의병이 될 수 있다고 선언한 셈이다. 도리를 말하고 대의와 의리를 행하는 주체는 끝내 양반층이어야 했던 것이다. 굳이 죽이지 않고도 의병 참여를 거절할 수 있었을 텐데도 주저 없이 살해한 것으로 미루어 이들에 대한 뿌리 깊은 적개심까지 엿볼 수 있다.

도적은 조선시대 내내 양반 중심의 정책을 입안하고 실행하는 조정 대신과 지방관의 심기를 불편하게 했다. 양반과 부자의 곳간을 위협하는 것 못지않게 그들의 가슴 한곳을 불안하게 했다. 사회질서에 대한 혼란과 위기의식을 조장하고 양반 지배의 정당성에 끊임없이 의문을 제기했다. 이제 그 조선 도적의 세계로 들어가보자. 활빈당이라 자처한 충청도의 화적이 그랬듯이 누가 진짜 도적인지 다시 한 번 곰곰이 살펴보도록 하자.

도적을 만드는 사회

임꺽정 무리를 체포하라

서울에 비상령이 내려졌다. 1561년 10월 하순, 국왕 명종明宗은 도성
출입을 엄격히 통제하고 서울 곳곳을 빠짐없이 수색하라는 명을 내렸
다.4 평소와 달리 날이 완전히 밝은 뒤에 성문을 열고 해가 지면 즉시
성문을 닫아야 했다. 해가 진 뒤에는 아무도 통행할 수 없었다. 대궐
문은 더 철저하게 지키도록 했다. 성곽에는 겹겹으로 군병을 매복시켰
다. 군병를 늘려 도성 안팎 으슥한 곳과 가옥을 대대적으로 수색하고
주민을 조사했다. 마구잡이로 규찰하는 바람에 결박돼 끌려가는 주민
이 줄을 이었고 가족이 울부짖었다. 서울 곳곳이 전시나 다름없는 상
태였다.

이 모두 임꺽정 때문에 벌어진 일이었다. 황해도 지역에서 도적질
을 일삼던 임꺽정 무리가 서울에도 은닉해 있다는 소문이 돌자 벌어진

사태였다. 조정에서는 임꺽정 무리를 잡기 위해 시장의 상점까지 문을 닫도록 했으며 군역 행정까지 일시 중지하는 다급함을 보였다.

> 임금이 명을 내렸다. "바야흐로 도적을 잡느라 지방과 서울이 소란한 이 때 군역 명부를 새로 작성해 군사를 뽑으려 하면 군역을 피하려는 백성이 도적의 소굴로 들어갈 것이다. 군사를 차출하려다 도리어 잃게 될 터이니 도적이 잠잠해질 때까지 업무를 중지하도록 하라."
>
> ─『명종실록』 27권, 명종 16년(1561) 10월 29일

임꺽정 일당은 1559년 무렵에 대거 준동한다. 이들의 도적 행위는 갈수록 거세져 부잣집 약탈은 물론 관아까지 습격해 무기와 재물을 취했다. 관료를 사칭해 지배층을 능욕했으며, 감옥에 쳐들어가 동료를 구출했다. 왕이 파견한 관료까지 살해하며 공권력에 정면으로 도전하는 대범함을 보였다. 황해도의 구월산과 서흥, 신계 등 험한 산간지대를 거점으로 활동하던 이들은 점차 활동 반경을 넓혀나갔다. 경기 북부와 강원도, 평안도까지 진출했으며 개성과 평양, 서울에 비밀 거처를 두고 약탈한 물품을 매매하는 상업 활동을 펴기도 했다.

이들 도적 무리에는 백정 출신인 임꺽정을 중심으로 여러 하층민이 속해 있었다. 영세한 상인과 수공업자 출신이 있었고, 하급 군사와 역졸을 지낸 자도 있었다. 착취에 시달리다 농사지을 땅을 잃은 빈농과 차별받던 천인도 합류했다. 임꺽정 무리는 관료의 조세 수탈과 양반 토호의 침학으로 생계 터전을 잃은 하층민들이 살아가기 위해 뭉친 집

단이었다.

그동안 조정에서는 이들을 잡기 위해 많은 군병을 동원했지만 번번이 실패했다. 지방관을 무관 출신으로 교체하고 황해도 전체의 군병을 투입하기도 했다. 다른 지역으로 이동할 경우를 대비해 황해도와 인접한 경기도와 평안도, 함경도, 강원도의 군병까지 함께 체포 작전을 수행하도록 했다. 큰 포상까지 내걸고 자수하면 죄를 면해주겠다고 했지만 오히려 관군이 크게 해를 입을 때가 많았다.

대신들이 의논해 임금에게 아뢰었다. "이들을 평범한 좀도둑 취급해서는 안 됩니다. 이들은 반역을 행하는 극악한 도적입니다. 부장을 활로 쏘고 칼로 찌르는 일이 계속해서 일어나니, 나라를 욕보이고 위엄을 손상시키는 일이 이보다 심할 수 없습니다."

–『명종실록』 26권, 명종 15년(1560) 12월 1일

이준경 등이 임금에게 아뢰었다. "하찮은 도적들이 오래도록 법망을 피해 다니며 살인과 약탈을 자행하니, 이들 무리가 마치 일종의 적국敵國 주민과 같게 되었습니다. 그런데도 수령은 위축돼 멀리서 보기만 하고 어찌하지 못합니다. 그러니 그 도의 백성은 도적이 있는 줄만 알고 나라가 있는 줄은 모르는 실정입니다." (…) 임금이 명을 내렸다. "지금 도적의 세력이 성하여 적국과 같으니 만약 힘을 다해 엄히 다스리지 않으면 이는 몇 도의 백성을 모두 도적의 손에 쥐여주는 것이나 마찬가지다. 후환이 이루 말할 수 없을 것이니 특별히 조치해 기필코 모두 잡아들이도

록 하라."

-『명종실록』 27권, 명종 16년(1561) 10월 6일

무엇이 순박한 백성을 도적 무리로 만들었나?

국왕과 조정 대신들의 눈에는 임꺽정 무리가 반역을 행하는 무리나 다름없었다. 전쟁을 치르는 상대국이나 적대관계에 있는 적국의 백성과도 같았다. 최고 권력층이 내뱉는 이러한 목소리에는 하층민의 물리적 저항에 대한 분노가 서려 있다. 하지만 두려움 또한 숨기지 못한다. 임꺽정 무리를 체제를 위협하는 대항 세력으로 받아들이는 이들의 목소리에는 지배의 권위와 통치자로서의 존엄을 잃을지도 모른다는 불안감이 담겨 있다.

때론 불안이나 두려움이 분노보다 더 무모하고 잔혹한 선택을 내리게 한다. 국왕과 대신은 도적이 무리지어 발생하는 근본 원인을 찾아 이를 없애기보다 당장 도적을 섬멸하는 데 더 많은 힘을 기울였다. 그렇게 해서 1562년에 임꺽정을 잡아들이는 개가를 올리지만 통치전략 측면에서 보면 잃은 게 더 많은 체포 작전이었다. 토벌을 빙자해 관료와 군사가 백성을 마구잡이로 체포하고 재산까지 약탈해 이전보다 민심은 더 흉흉해졌다.

사신史臣은 논한다. 경기도와 평안도, 함경도, 강원도 등 네 도의 병력을

> 합해 일시에 서로 도움을 주려 하지만 어디서부터 무엇으로 착수하겠는가. 지금은 흉년과 세금 수취로 백성들이 지쳐 살기가 매우 어렵다. 이런 실정에 군대를 동원해 지방에 오래 머무르게 하면 공사公私의 재정이 고갈된다. 거기에 고위 관료의 횡포와 군졸의 침탈까지 더한다면 백성이 어떻게 살겠는가. 이는 네 도의 백성을 모두 도적으로 만드는 일이다. 임꺽정을 잡더라도 종기가 안에서 곪는 것과 같은 이치이니 오히려 혼란이 더할 것이다.
>
> –『명종실록』 27권, 명종 16년(1561) 10월 6일

이 무렵 조정에서는 황해도뿐 아니라 전국에 준동하는 도적을 잡기 위해 논공행상을 하며 지방관을 독려하고 있었다. 그렇지만 도적 체포보다 수탈에 관심을 가진 관료가 적지 않았다. 임금의 외척으로 전주 부윤을 지낸 심전沈銓이 그 대표적인 인물이다.

> 사신은 논한다. 심전은 세력을 등에 업고 남의 노비와 토지를 많이 약탈해 이루 다 기록할 수 없을 정도다. (…) 근래 들어서는 도적을 잡을 때, 죄 없는 백성까지 형벌을 주어 한 마을을 텅 비게 했다. 그러고는 백성의 토지를 점거해 자기 소유로 만들었으니 그 탐혹한 죄는 죽음을 면할 수 없다. 도道의 모든 사람이 그를 가리켜 대낮의 강도라고 한다.
>
> –『명종실록』 27권, 명종 16년(1561) 7월 11일

백성들은 '한밤의 도적'뿐 아니라 '대낮의 강도'까지 감당해야 했다.

한밤의 도적은 아량을 베풀 때라도 있지만 이 대낮의 강도는 침학과 수탈이 심해질 뿐이었다. 토지 침탈을 막고 세금 수취를 균등하게 해 도적이 발생하는 근본 요인을 없애는 민생 정책은 먼 나라의 일이었다. 대낮의 강도를 피해 한밤의 도적이 되는 빈민이 늘어날 수밖에 없는 실정이었다.

> 사신은 논한다. 근래 들어 지방관을 임명하면서 상(임금)이 행하는 말씀은 으레 도적 체포에 관한 것이 대부분이다. 이는 몸이 병난 것만 알고 병이 생기는 근본은 생각하지 않는 것과 같다. 저 도적 무리가 생긴 까닭은 도적질하기를 좋아해서가 아니다. 굶주림과 헐벗음을 견디지 못해 부득이 도적이 되어 하루라도 연명하려는 자가 많기 때문이다. 그렇다면 백성을 도적으로 만든 자는 누구인가. 권세가가 마치 시장에서 물건을 매매하듯이 공공연히 벼슬을 팔고, 이렇게 벼슬을 산 무뢰한 자들이 지방관이 되어 백성을 약탈하니 백성이 어디 간들 도적이 되지 않겠는가.
> –『명종실록』27권, 명종 16년(1561) 10월 17일

역사학자 에릭 홉스봄은 산적이나 무장한 도적을 정치적 반란자라기보다 지배 권력에 굴복하기를 거부한 농민이라 보았다.[5] 이들은 기존 지배질서에서 배제돼 어쩔 수 없이 범죄를 저지르게 됐으며, 도적 활동은 사회적 억압에 처한 농민이 그 상황에서 벗어나고자 강구한 자구책이라 했다.

임꺽정 무리 또한 이와 동일한 부류라 할 수 있다. 이들은 남이 가진

1980년대에 나온 방학기의 만화 『임꺽정』 제1권의 표지. 한
국만화박물관 소장. 임꺽정은 20세기에 문학작품과 만화의
소재로 등장한다.

것을 빼앗고 폭력을 휘둘렀지만 그 행위가 일어난 배경에는 부당하게 토지를 집적하며 하층민을 수탈한 지배층의 폭정이 놓여 있었다. 이런 까닭으로, 지배층의 억압과 수탈을 거부한 임꺽정 무리의 행위는 비록 약탈이라는 형태로 드러났지만 체제에 대항하는 저항의 상징으로 자리 잡을 수 있었다. 이런 면에서 보면 임꺽정은 조선 중기의 문신인 허균許筠(1569~1618)이 말한 호민豪民에 해당하는 인물이기도 하다. 세상사에 불만을 품고 세상을 뒤엎을 마음을 기르다 기회가 오면 그 소원을 풀어보려는 저항의 인물 말이다.

임꺽정 무리의 도적 활동은 당시 집권세력으로 수탈을 일삼던 훈구파 정권이 붕괴되는데 영향을 미쳤다고 한다. 하지만 훈구 세력의 자리를 대신한 사림파 정권 또한 빈민 문제를 근본적으로 해결하려는 지배집단은 아니었으니, 『명종실록』을 쓴 사신의 지적처럼 도적은 어디에서든 계속 나올 수밖에 없었다.

도적과 의적 사이

횃불을 든 도적 무리

조정 대신들의 바람과는 달리 임꺽정 이후 도적의 준동은 더 극성을 부렸다. 무리의 규모가 커지고 무장이 강화됐다. 도적 행위가 대담해지면서 대낮에 관군을 공격하고 조세로 거둔 재화를 빼앗았다. 감옥을 부수고 동료를 구출했다. 수십 명이 떼 지어 도성 지역에 나타나 관료를 사칭하며 마을을 약탈했다.

> 권진이 임금에게 아뢰었다. "어젯밤 청파 동네 민가에 검은 복장 차림의 명화明火 강도 30여 명이 무기를 들고 들이닥쳤습니다. 이들은 금부도사와 포도청 군관을 칭하면서 사람을 죽이고 집을 불태운 뒤 종적을 감추었습니다."
>
> ─『광해군일기』 66권, 광해 5년(1613) 5월 1일

사헌부에서 임금에게 아뢰었다. "명화적明火賊 수십 명이 기를 세우고 포를 쏘며 철원읍의 민가를 습격했습니다. 그런데 부사府使 황진문은 겁을 먹고서 체포하지 못했습니다."

―『숙종실록』 29권, 숙종 21년(1695) 10월 3일

명화적은 횃불을 들고 떼를 지어 습격하는 도적 무리를 이른다. 조직력과 전투력을 갖춘 무장한 도둑집단으로 보면 된다. 조선 전기에는 주로 백정과 재인 등 천민이 중심이었지만 후기에는 농토를 잃은 농민과 신공을 벗어나려는 노비가 대부분이었다. 무장력도 강화돼 칼과 활, 몽둥이에서 후기에는 총포와 기마가 더해진다.

17세기 말 장길산 무리는 황해도를 중심으로 인근 경기도와 평안도, 함경도 등 넓은 지역에 걸쳐 활동한 도적집단이었다. 특이하게 인삼을 매매하는 상업 활동을 펴기도 했다. 이들은 10년 이상 준동했지만 끝내 잡히지 않았다.

비밀결사조직도 나타났다. 하층민이 검계劍契라는 폭력조직을 결성해 양반가의 재물을 빼앗고 인명을 해쳤다. 노비들이 상전을 해칠 목적으로 살주계라는 비밀 조직을 만들었다. 이들은 극히 폭력성이 강한 반사회적 무리지만 포악하고 탐욕스런 양반 상전을 징치한다는 구실로 나름의 저항 성격을 드러냈다.

18세기에는 집단의 특성에 따라 명칭을 내세운 도적 무리가 등장한다. 서울에 있는 도적 무리는 후서강단後西江團이라 했으며, 평양에 있는 무리는 폐사군단廢四郡團이라 불렀다. 천민인 재인才人 출신이 조직

한 채단彩團이 있었으며, 떠돌이 거지 출신이 모여 유단流團을 만들었다. 이들 집단은 많을 때는 400명에 달했다고 한다.

> 비변사에서 아뢰었다. "김포에서 명화적 수백 명이 말을 타고 깃발을 세우고서 포를 쏘고 고함을 지르며 곳곳에서 도둑질을 해 다친 사람이 많습니다."
>
> —『영조실록』 77권, 영조 28년(1752) 8월 3일

> 영흥에서 심문 중이던 명화적 24명이 외부 무리와 결탁해 옥을 부수고 달아났다.
>
> —『영조실록』 27권, 영조 6년(1730) 9월 22일

명화적에서 활빈당으로

19세기에도 도적 무리는 끊이지 않았다. 이 무렵엔 향촌사회에서 이탈해 도적이 된 집단을 "숲에서 재물을 겁탈하는 도적"이나 "떠돌이 무뢰한 도적" 등으로 불렀다. 한편으론 거점을 정해두고 도적 활동을 벌인 명화적이 눈에 띈다. 경기도 용인에 철제품을 만드는 수공업장을 차려놓은 명화적이 있었고, 충청도 영동의 한 산간 마을은 전체가 도적의 소굴이기도 했다.

정치 변란을 꾀하는 세력과 연결돼 활동한 도적 무리도 있었다. 충

청도에 근거지를 둔 명화적인 장응인과 권훈은 모반사건에 연루돼 사형에 처해졌다. 순조 17년인 1817년, 채수영은 동조자와 반란군을 규합해 지금의 국왕을 몰아내고 새로운 왕을 추대하려는 역모를 꾀했다. 전라감영과 충청감영을 습격한 뒤 서울로 진격한다는 계획을 세웠지만 사전에 발각돼 실패로 끝난 사건이었다. 장응인과 권훈은 자신들이 이끄는 명화적 무리를 동원해 이 반란군에 가담할 예정이었다.

19세기 후반에는 도적 활동이 더욱 활발해진다. 정치권의 부정부패가 심해지면서 그 폐해가 백성에게 전가됐고, 이를 감당하지 못한 빈민은 유리걸식하거나 도적 무리에 가담할 수밖에 없었다.

> 의정부에서 임금에게 아뢰었다. "가을과 겨울 사이에 도적들이 횃불을 밝히고 병장기를 휘두르며 경기 지역의 마을을 노략질했습니다. 그 여파가 삼도에까지 미칩니다. 이 도적들 중 7명은 양근의 점막에서 붙잡았습니다. 그런데 도적들이 죽음을 무릅쓰고 덤벼 칼과 창으로 마구 찌르는 바람에 포교 조운순 등이 중상을 입었습니다. 사방으로 뒤쫓아 체포했으나 5명은 끝내 잡지 못했습니다."
>
> ―『승정원일기』 2683책, 고종 1년(1864) 11월 9일

1876년 개항 이후 외국 상인과 자본이 침투하고 상품유통경제가 확대되면서 하층민의 삶은 더욱 어려워졌다. 농토에서 쫓겨나는 농민이 증가했고, 영세한 상인과 수공업자는 자립 기반을 잃었다. 유민과 도시 빈민층이 늘어났고, 이들 중 일부는 총칼을 든 무장도적 집단을 찾

아 생존을 꾀했다. 19세기 말에 이르면 활빈당이란 의적 이름을 내건 도적이 처음으로 등장한다.

> 부호군副護軍 김교환이 상소했다. "요즘 화적의 폐해가 갈수록 심해 그 피해가 없는 곳이 없습니다. 호남이 더욱 심합니다. 이들은 사람을 불러 모아 무리를 이루는데 그 규모가 만 명에 이릅니다. 활빈당이라 하면서 거리와 저자에 함부로 방문榜文을 내겁니다."
>
> ─『고종실록』 22권, 고종 22년(1885) 3월 6일

이 시기의 도적은 활빈당이란 이름만 칭했지 약탈한 재물을 나누는 의적 행위는 하지 않았던 것으로 보인다. 이후 1890년대를 거치면서 실제 활빈당을 조직화하려는 움직임이 나타났고 1900년 무렵에는 본격적인 활동을 보인다. 국가 존립이 위태롭던 대혼란의 시기, 도적 무리 일부가 마침내 활빈당이라는 이름에 걸맞은 의적으로 전화한 것이다.

의적을 기다리는 백성들

역사 기록으로 볼 때 1900년대에 활동한 활빈당 집단이 규모를 갖추고 뚜렷한 활동을 보인 최초의 의적이다. 흔히 조선의 3대 도적으로 꼽는 홍길동과 임꺽정, 장길산을 의적으로 보는 경향이 있는데 이들 무리가

의적 활동을 했다는 증거는 찾을 수 없다.

1500년 무렵에 활동한 실재 홍길동은 대담함을 보인 도적 우두머리에 지나지 않았다. 그는 정3품 무관직인 첨지 행세를 하며 대낮에 관청을 드나들며 관료를 능욕했고, 지방관을 지낸 당상관과 결탁해 재물을 취한 도적이었다. 의적단인 활빈당을 이끌었다는 기록도 찾을 수 없다. 죽은 뒤 한동안의 기록을 보아도 홍길동은 의적과는 거리가 먼 도적이었다. 오히려 멸시의 대상으로 여겨질 정도였다. 문신인 조헌 (1544~1592)이 올린 상소에는 홍길동에 대한 당시 사람들의 이러한 태도를 알려주는 글이 전한다.

> 선대先代 임금 시기에는 자질을 갖춘 재상을 뽑아 다스린 덕분에 풍속이 온순하고 인정이 두터웠습니다. 그래서 강상綱常의 변이 없고 다만 홍길동과 이연수 두 사람이 있었을 뿐입니다. 항간에서 사람을 비난할 때는 으레 이 두 사람을 들어 욕을 해댔습니다.
>
> ─『선조실록』 22권, 선조 21년(1588) 1월 5일

이연수는 1531년에 아버지를 죽인 살인자였다. 최고의 비난 대상인 친족살해자와 같은 취급을 받았으니, 사후 한동안 홍길동은 흉악한 도적으로 받아들여질 뿐이었다. 그런데 18세기에 활동한 실학자 이익 (1681~1763)의 기록을 보면 사정은 크게 달라진다. 홍길동은 욕에서 맹세의 대상으로 그 격이 승격돼 있다.

예부터 서도에는 큰 도둑이 많았다. 그중에 홍길동이란 자가 있었다. 그로부터 세월이 많이 흘러서 어떻게 되었는지는 알 수 없으나 지금에 이르기까지 저잣거리 사람들이 맹세하는 구호에 그의 이름이 들어 있다.

-이익, 『성호사설』

이처럼 홍길동이란 존재는 이 시기 백성들 사이에서는 긍정적인 인물로 전해지고 있었다. 조헌에서 이익에 이르는 약 150년 사이에 홍길동이란 역사 인물을 두고 대체 무슨 일이 일어났던 것일까?

이익이 "맹세하는 구호"가 무엇인지를 구체적으로 일러주지 않아 이 시기 홍길동이란 존재의 정확한 위상을 곧바로 파악하기는 쉽지 않다. 하지만 맹세가 '무엇을 반드시 하겠다는 다짐'이란 뜻이니, 이 시기에 홍길동은 최소한 신의信義의 대명사나 어떤 일을 이루겠다는 의욕을 고취시키는 본보기 인물이었다고 볼 수 있다. 흉악한 범죄자에서 영웅적인 인물로 탈바꿈한 것이다. 이와 함께 홍길동의 위상은 단순한 도적에서 부패한 관료와 탐욕스런 양반을 징치하고, 빼앗은 재물을 나누어주는 의적으로 변모한다. 고소설 『홍길동전』에 나오는 그 의적 홍길동이 어느덧 탄생한 것이다.[6]

엄밀하게 말한다면 탄생했다기보다 만들어졌다고 해야 좋을 것이다. 백성들은 홍길동을 의적으로 만들어 대리만족을 얻으려 했다. 탐학한 양반관료를 직접 징치하진 못하지만 "어느 의적이 그러했다"는 이야기를 가슴에 품으면서 고통스런 현실을 그나마 이겨내고자 했다. 만들어진 이미지가 실재를 대신한 것이다. 시기는 다르지만 임꺽정과

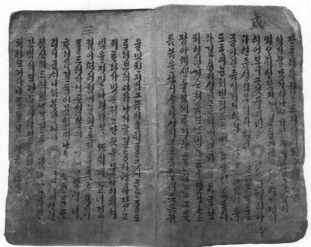

고소설 『홍길동전』 필사본. 허난설헌박물관 소장.

장길산도 유사한 계기와 과정을 거쳐 의적 이미지를 가지게 됐다고 할
수 있다. 결국 조선의 의적은 차별과 배제의 신분제도와 착취와 억압
의 정책이 만들어낸 시대 모순의 산물이었다. 의적은 약한 자를 대신
해 강하고 악한 자를 응징하는 용기와 의로움을 가진 자였다. 그는 백
성의 고통에 찬 현실에서 태어나 백성의 염원을 딛고 자라났으며, 마
침내 그 염원을 위해 싸우는 영웅이 되었다.

유럽을 비롯해 세계 여러 곳의 도적 활동을 연구한 에릭 홉스봄은
의적, 소요를 일으킨 농민, 폭동을 야기한 시민 등을 원초적 반란자로
보았다. 이들이 이데올로기나 체계화된 조직체를 갖지 않았다는 점에
서 원초적이란 성격을 부여했다. 또한 이런 원초적 반란의 최종 단계
를 의적이라 했다.

보편적이고 불변의 현상인 의적 행위는 억압과 가난에 항거하는 국지적
농민 소요다. 그것은 부자와 억압자에 대한 복수의 함정이고, 억압자를
짓누르고 싶어하는 막연한 바람이며, 개인적 탈법 행위의 정당화다. 그
러나 그 희망은 매우 온건하다. 그것은 전혀 새롭고 완전한 세계를 꿈
꾸는 것이 아니라 사람들이 정당하게 취급받는 전통사회를 꿈꾸는 것
이다.

　　　　　　　　　　　　　　-에릭 홉스봄, 『의적과 원초적 반란』

조선시대 내내 끊임없이 나타났던 도적 무리와 20세기 초에 활약한
활빈당의 소망도 이와 다르지 않았다. 정당한 대우면 족했다. 그런데

이치에 맞아 올바르고 마땅함을 뜻하는 이 '정당正當'을 구현하는 게 세
상 어디에나 모두 어려웠나보다. 우주만물의 이치와 사람의 도리를 그
토록 외쳤던 조선 지배층에게도 그 정당함의 이치와 도리는 현실에서
실현된 적이 없었다. 예나 지금이나 도적은 사회의 부정의와 부당함을
재는 척도임이 분명하다.

2부
불온한 자 거스르는 이

반항은 인간과 그 자신의 어둠과의 끊임없는 대면이다.
반항은 어떤 불가능한 투명透明에의 요구다.
반항은 한 순간 한 순간마다 세계를 재고할 대상으로 문제 삼는다.

_ 알베르 카뮈, 「시지프 신화」

정치권력을 뒤엎어라 | 전쟁 뒤의 변란

믿음이 세상을 바꾼다 | 민간신앙 반란

새 세상을 약속하다 | 정감록 모반

풍문 설전風聞舌戰 | 커뮤니케이션 저항

정치권력을 뒤엎어라 | 전쟁 뒤의 변란

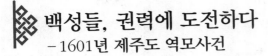

백성들, 권력에 도전하다
- 1601년 제주도 역모사건

동문 밖 비밀회합

제주읍성 동문 밖의 사당으로 사람들이 속속 모여들었다. 권력다툼에서 밀린 사림파의 고위 관료가 귀양살이를 했던 이곳은 평소에도 인적이 드문 편이었다. 사당과 인접한 후미진 방에 어느새 10명의 남자들이 둘러앉았다. 때는 선조 34년인 1601년 6월 초하루, 이날 모임은 여름 들어 갖는 두 번째 비밀 회합이었다.[1] 30대 초반의 건장한 사내가 다소 비장한 표정으로 입을 열었다.

"제주 목사의 침학이 심해 백성들이 목숨을 감당할 수 없을 정돕니다. 최절에게 장검을 얻었으니 목사를 없앤 뒤에 곧바로 육지로 나갈 것입니다. 거기서 수군절도사와 모의해 얻은 300명의 병사가 일어나면 세상을 휘저을 수 있습니다. 김덕령은 때를 얻지 못하고 죽었지만 나는 때를 만났으니 일을 이루는 데 무슨 어려움이 있겠습니까. 오늘

밤에 거사를 일으킵시다."

역모 논의였다. 그것도 당장 거사를 치르자는 제안이었다. 사내는 이 모임의 주도자 격인 30대 초반의 길운절이었다. 그는 임진전쟁 때 역모에 연루돼 옥사한 의병장과 비교하며 자신감을 내보였지만 참석자들은 다소 놀라는 눈치였다. 오늘 밤이라니…… 그런 속내를 살피듯 서로의 얼굴만 쳐다볼 뿐 좌중에는 침묵이 흘렀다. 말문을 다시 연 사람은 향교 교관을 지낸 홍경원이었다.

"오늘은 너무 촉박합니다. 이번 달 엿새로 날을 미루는 게 좋을 듯합니다."

"엿샛날 거사하면 향교에 적을 둔 교생 스무 명도 참가한다고 했습니다."

양인 신분의 이지가 거들고 나서자 거사일은 미뤄지는 분위기였다. 사실 이날 거사를 일으키기에는 물리적으로 거의 불가능했다. 이날 밤에 규모를 갖춘 군사를 동원하기에는 시간이 너무 촉박했던 것이다. 다수의 의사를 확인했는지 길운절은 더 이상 이의를 제기하지 않았다. 그러면서 좀 전의 달변과 달리 이제는 말을 아끼는 듯 했다. 참석자들을 살피며 한발 물러서 관망하는 자세를 보였다. 결국 홍경원의 제안이 받아들여졌다.

6월 6일은 관아 앞에서 제주 목사가 참관하는 야간 행사가 있을 예정이었다. 그날 밤 활쏘기 시범이 끝나고 술자리가 무르익을 때 공격을 개시하기로 했다. 먼저 화살을 난사해 목사를 죽이고, 휘하의 판관과 별감 등 핵심 관료까지 단번에 제압하기로 했다. 군량과 무기를 확보한 뒤 곧바로 육지로 나가 서울로 진격할 계획이었다. 목표는 정권 탈취였다. 거사에는 다양한 계층의 사람이 참가할 예정이었다. 이날 회합에 참석한 토호와 양인 외에도 봉수군과 수군, 보병 등의 직역을 가진 하층민과 노비까지 아우르고 있었다.

역모 주동자들

동문 밖 비밀 회합에 모인 사람들만 보더라도 그 면면이 다양했다. 40대 초반의 문충기는 제주 토호의 위상을 가진 자였다. 실제 관직은 아니지만 정3품 무신 품계를 받을 정도로 조정과 제주 관아에서도 인정하는 인물이었다. 문충기는 향촌 사회에서의 영향력을 배경으로 거사에 투입할 병사를 모으고 이들을 통솔하는 책임을 맡았다. 거사가 일어나면 봉기군을 지휘하는 장군을 맡을 예정이었다.

　향교 교관인 훈도訓導를 역임한 전직 하급 관리도 비밀 회합에 참석했으며, 향교에 등록된 유생 신분인 교생校生도 2명이었다. 교생은 유학을 익히고 문묘의 제사를 받들면서 군역이나 부역 일부를 면제받는 계층이었다. 정병正兵 직역을 가진 일반 평민 3명도 거사 지도부에 명단을 내밀었다.

　이들 외의 참가자는 제주 사람이 아니라 육지에서 건너온 자들이었다. 경상도 개령(지금의 김천 지역) 출신인 길운절은 양반 집안의 후손이었다. 아버지가 정4품 사헌부 장령을 지냈으며, 자신은 임진전쟁 때

나라에서 조직한 의병부대인 복수군復讐軍에서 활동했다. 이 무렵 길운절은 임금과 왕실을 위해 충성을 다하는 근왕勤王 활동에 충실한 면모를 보였다.

그렇지만 전쟁의 소용돌이는 그를 불효자로 만들었으니, 부모 공경에 소홀했다는 지탄을 받아 고향 마을에서 퇴출당하는 수모를 겪는다. 외지에서 사망한 아버지를 고향으로 모셔가 장례를 치르지 않았으며, 어머니를 보살피지 않아 일본군에 죽임을 당하게 했다는 게 추방 이유였다. 길운절은 나랏일을 우선하다 부모를 제대로 돌볼 틈이 없었다며 변명했지만 도리를 어긴 패륜아 낙인을 면할 수는 없었다. 대체로 충보다 효를 우선했던 당시 풍조와 달리 충에 힘쓰다 효를 저버려 사회적 비난을 당하게 된 것이다. 전쟁은 길운절과 그의 집안을 거의 몰락가문과 다름없는 처지로 전락시켰다.

68세로 최연장자인 소덕유는 이미 10여 년 전에 역모에 연루된 경험을 가진 자였다. 그는 전라도 익산 출신의 서얼로 12살에 승려가 되어 이곳저곳을 떠돌았다. 그러다 1589년에 일어난 정여립 반역사건에 관계한다. 정여립은 천하에는 일정한 주인이 없으며, 누구라도 임금으로 섬길 수 있다는 혁신적인 사상을 가진 인물이었다. 노비와 승려 등의 천민까지 포함한 사회 여러 계층의 세력을 모아 대동계를 조직하고 왜구를 물리치기도 했다. 정여립은 대동계를 전국 조직으로 확대했는데, 이 대동계를 근간으로 반란을 일으키려 한다는 고변이 이어지면서 역모 주동자로 죽음을 맞았다. 정여립과 대동계에 관계된 사람들도 역모 참가자로 지목돼 처형을 당했다.

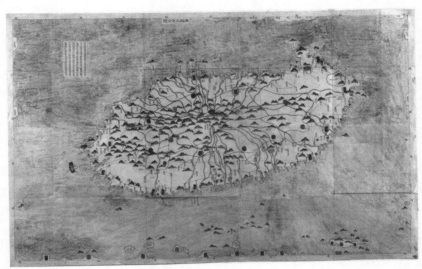

조선 후기에 제작된「제주삼읍전도」

정여립 첩의 사촌이기도 했던 소덕유는 역모사건의 여파를 피해 다시 승려가 되어 산속으로 들어갔다. 이후 임진전쟁 시기에는 승려들로 조직된 승병부대를 이끄는 승장僧將이 되어 활동했다. 그러다 경상도 선산 지역에 있는 금오산성 축성을 하면서 길운절을 만나게 되고, 곧 의기투합한 두 사람은 반란을 계획한다. 소덕유는 지난 역모사건의 경험을 교훈으로 반란의 근거지를 제주도로 정하자고 제안한다.

> 길운절이 계책을 묻자 소덕유가 이렇게 말했다. "기축년(1589)에 정여립의 거사가 이뤄지지 않았던 까닭은 그가 있던 곳이 넓고 트인 곳이어서 그 일이 미리 발각되었기 때문이다. 그러니 외딴곳이나 중앙에서 멀리 떨어진 지역에서 도모한다면 어찌 거사를 성공시키지 못하겠는가. 내가 그대를 위해 제주도에 가서 몰래 이 일을 꾀할 터이니 일이 성공하면 사람을 보내 부르겠다. 그곳 사람들은 억세고 사나우니 어렵지 않게 끌어들일 수 있을 것이다."
>
> –『선조실록』139권, 선조 34년(1601) 7월 18일

거사 동조자 포섭 작전

1599년 늦가을, 소덕유는 제주도에 들어갔다. 풍수지리와 그림에 능했던 소덕유는 이를 동조자 포섭에 활용했다. 부친의 묏자리를 평가해 주면서 토호인 문충기와 친목을 쌓았다. 상당한 영향력을 가진 문

충기를 통해 주변 사람들을 소개받으며 인맥을 넓혀나갔다. 화가로 관아에 드나들며 아전들과도 얼굴을 익혔다. 이렇게 해서 하급 양반 층에서 중인과 평민, 천민에 이르는 여러 계층의 사람을 거사 모의에 끌어들였다.

동조자 포섭에는 제주 목사의 탐학이 큰 영향을 미쳤다.[2] 목사는 짐 승가죽과 전복 등 공물이나 진상품을 과도하게 징수했으며, 관아 장인 이 만든 납공 물품을 억지로 물리쳐 벌금을 내도록 했다. 성곽 보수 공 사를 무리하게 진행시켜 다치거나 죽는 주민이 한둘이 아니었다. 군역 이 면제되는 향교 교생들에게 군역을 부과해 양인 계층에게도 인심을 잃고 있었다. 무엇보다, 형벌을 과하게 내려 민심이 돌아선 상태였다.

당시 제주 목사 성윤문이 마침 형벌을 엄혹하게 해 크게 민심을 잃었다. 이때를 틈타 선동해 제주도의 번성한 가문을 유인한 뒤 이들과 결탁했 다. 납마첨지納馬僉知 문충기, 훈도 홍경원, 교생 김정걸·김대정·김종·이 지 등이 모두 동조했다.

―『선조실록』 139권, 선조 34년(1601) 7월 18일

당시 목사가 3년 동안 제주도를 다스리면서 매질로 죽은 사람이 26명이나 되었다 한다. 여기에는 일반 백성뿐 아니라 과거시험에 합격 하고 아직 벼슬을 갖지 못한 출신出身 5명도 포함돼 있었다. 가혹한 형 정刑政이 하층민에게만 행해진 게 아니었던 것이다. 뿐만 아니라 매질 이 두려워 자살한 백성이 100여 명에 달했고, 육지로 달아난 자가 배

로 5, 6척이나 되었다고 한다.

추문까지 일어 민심이 더욱 등을 돌렸다. 기생과 간통한 뒤, 이 기생을 두고 판관과 다투어 물의를 일으켰는데 사헌부에서 이들의 파직을 요청할 정도였다. 목사와 보좌관들은 제주도 거의 모든 계층의 원성을 사고 있었다.

사헌부에서 임금에게 아뢰었다. "목사 성윤문은 비루하고 탐욕스러워 인심을 잃었습니다. 온 고을에 원망이 가득합니다. 게다가 목사를 보좌하는 판관 안극효는 식솔을 데리고 가 온갖 잘못을 저질렀습니다. 반역자 길운절이 우매한 백성을 유혹해 역모를 이루게 된 것은 이 자들로 인해 빚어진 비리와 폐단 때문입니다."

–『선조실록』 141권, 선조 34년(1601) 9월 22일

소덕유는 한편으론 주민들에게 길운절이 거사를 제대로 추진할 수 있는 뛰어난 인물임을 여러모로 주지시켰다. 길운절의 능력을 과장하고 행적을 조작했다. 그는 힘이 남보다 뛰어나며 그 재주가 믿을 수 없을 정도로 색다르고 놀라워 감히 헤아리기조차 힘든 인물이 되었다. 호랑이 걸음걸이를 가졌으며 머리에는 뿔 같은 혹이 있는 이인異人으로 부풀려졌다. 그런 길운절이 정여립 역모사건에 책사로 가담한 길삼봉이라 했다. 노비 출신인 길삼봉은 무리를 조직해 관군에 대항했는데, 집요한 추적에도 끝내 잡히지 않아 백성들에게 큰 명성을 얻은 인물이다. 이처럼 길운절을 신비화시켜 거사 무리에 주민을 끌어들이고

자 했다.

1600년 12월 길운절이 제주도에 들어오면서 거사 준비가 본격화된다. 핵심 인물들이 비밀리에 모여 역할을 분담하고 거사 일정과 방식을 논의했다. 거사 동조자를 단속하고 동원할 군병을 챙기도록 했다. 그렇게 해서 성문 밖 사당 모임에서 거사 일자까지 확정했으니 이제 닷새 뒤면 제주는 다른 세상을 맞게 될 터였다.

허무한 결말, 그러나……

그러나 그 꿈은 내부에서 먼저 무너져 내렸다. 거사 이틀을 앞두고 길운절이 관아를 찾아가 스스로 역모 사실을 알린 것이다.[3] 기대와 두려움 속에서도 거사 성공을 다짐하던 주동자들은 모두 체포됐다. 제주 목사는 거사모의 관련자 18명을 형틀에 묶어 의금부로 올려 보냈다. 길운절이 육지의 공모자라고 털어놓은 가담자 2명도 체포해 서울로 압송했다. 동문 밖 회합에서 길운절이 "수군절도사와 모의해 얻은 300명의 병사"라는 발언은 조사 결과 허위로 밝혀졌다. 신속한 거사를 위한 술책이었던 셈이다.

소덕유와 문충기를 비롯한 9명은 모반대역죄로 능지처사를 당했다. 재산이 몰수됐으며, 연좌제를 적용해 가족에게도 신분강등과 유배 등의 가혹한 처벌이 내려졌다. 길운절은 사형만은 면하기 위해 거사 모의를 알렸겠지만 죽음을 면할 수는 없었다. 그나마 고변자임을 인정받아 다른 동조자 1명과 함께 일반 사형을 받았고 재산 몰수와 연좌제는 피할 수 있었다.

그런데, 반란의 주동자인 길운절은 왜 마지막 순간에 가서 고변이라는 또 다른 극단의 선택을 한 것일까? 어떻게 재산과 열정을 바쳐 다져온 수년 동안의 결과물을 스스로 부정해버린 것일까?

길운절은 거사 실행과 고변이라는 두 가지 방안을 놓고 이를 오랫동안 저울질했던 것으로 보인다. 그는 제주도에 입성할 때 이미 고변서를 작성해두었다. 이후 일의 진행에 따라 최종 결정을 내린다는 다짐만 한 채, 양극단을 오가며 갈등했던 것으로 여겨진다.

동문 밖 모임에서 "당장 거사를 일으키자"고 한 그의 말은 거사 실행에 결정을 둔 발언이었다. 그런데 거사 일정이 토호 문충기와 홍경원을 중심으로 한 제주 토박이 중심으로 잡혀가는 것을 계기로 길운절은 거사 추진의 주도권을 빼앗기고 있었다는 사실을 새삼 깨달았다.[4] 이런 상태라면 병권兵權은 문충기가 쥘 게 뻔했다. 거사가 성공했을 때 자신이 차지할 지분에 대해서도 장담할 수 없었다. 그러면서 군사 동원과 물자 확보 등 거사 준비도 마지못해 돌아가고 있다고 새로이 판단했던 것이다. 거사에 대한 확신을 갖지 못했던 그의 마지막 선택은 결국 동료와 추종자들에 대한 배신으로 결말이 났다.

주동자들이 처형되면서 역모사건이 일단락되는 듯했지만 논공행상을 두고 한바탕 큰 논란이 일었다. 역모사건 처리를 했다며 300여 명에게 포상을 내리는 처사는 너무 과하다는 비판이 일었다. 논공 명단에 허위가 많고 공로도 대부분 과장됐다는 지적이었다. 특히 사헌부에서는 역모 기도의 원인을 제공하고 역모사건에 대한 책임을 져야 할 목사가 포상을 받을 수는 없다며 국왕에게 이의를 제기했다. 하지만 국왕의 의지는 완강했다.

> 임금이 일렀다. "제주 목사 성윤문 등은 이미 여러 사안을 참작해서 논의했다. 그 아랫사람의 경우는 과다한 것 같기는 하지만 이를 입증할 만한 근거가 없다. 이런 점을 감안해 이 사안 역시 의논해 결정했다. 파견한 어사에게 위임해 숫자를 줄이게 할 수는 없다. 결코 안 될 일이니 모두 윤허하지 않는다."
>
> ─『선조실록』 141권, 선조 34년(1601) 9월 22일

국왕의 의도는 단순하고 명쾌했다. 수탈이든 뭐든 따질 것 없이 역적을 잡았으면 상을 내려야 한다는 것이다. 국왕의 그 명쾌함에는 백성에 대한 배려와 백성과 함께 나라를 일구어나가겠다는 의지는 찾아볼 수 없다. 어여쁜 백성은 없었고, 역모의 꾐에 동원될 수 있는 어리석고 의심스러운 잠재적 반역 무리만이 있을 뿐이었다. 국왕 선조는 역모사건의 사후 처리를 통해 다시 한 번 흔들림 없고 끝간 데 없는 권력욕을 보여주었다.

제주 목사는 처벌이 아니라 은전을 입었다. 4개월 뒤에는 수원 부사로 자리를 옮겼으며, 이후에도 수군절도사와 병마절도사를 역임하며 전과 같이 관직이 주는 위세를 마음껏 휘둘렀다.

제주 백성은 여전히 관료의 수탈과 억압으로 힘들고 지친 하루하루

를 보내야 했다. 역모사건 뒤 조정에서 백성을 위한다며 어사를 파견해 주민을 위무했다지만 그 얄팍하고 속보이는 배려가 얼마나 오래 갔겠는가. 민생 정책에 대한 근본적인 변화가 없었고 위정자들의 과도한 권력욕도 여전했으니 말이다.

1601년 제주도 역모 기도는 다소 어설픈 면이 없지 않았다. 군사력 확보와 동원 방안이 분명하지 않았다. 육지 진출 후의 구체적인 계획도 보이지 않으며, 서울 입성 이후 무엇을 어떻게 할 것인지에 대한 청사진도 발견되지 않는다. 제주 주민과 육지인이라는 양 세력의 실질적인 결합도 끝내 이뤄내지 못했다. 그게 결국은 거사 실행의 발목을 잡는 한 요인이 되면서 수년 동안의 거사 준비는 한순간에 물거품이 되었다.

허망한 결과지만 긴 안목에서 보면 남긴 게 없지는 않았다. 제주도 역모사건은 정치권 내부가 아니더라도 백성이 뭉쳐서 정치권력에 대항할 수 있다는 본보기를 보임으로써 지배층에게 알게 모르게 충격을 주었다.

또한 앞으로 조금씩 진전될, 자기주장과 의사표시라는 백성의식 성장의 밑거름으로 작용했다고 볼 수 있다. 실제로 임진전쟁 이후인 17세기부터 몰락 양반과 중간 계층을 중심으로 하층민이 동원된 정치 변란 풍조가 조성되기 시작했다. 이후 18세기에 이르면 이들이 정치변란의 주도층으로 완전히 자리 잡는다. 서얼 출신으로 글을 익히고 풍수지리에 능했던 소덕유, 추방당해 양반층 관계망에서 밀려날 수밖에 없었던 길운절, 사회적 발언권 없이 착취당하는 신세였던 제주의 하층민들. 이들은 뒤이어 나타날 조선 후기 변란 주도층의 한 전형을 이루었다.

조선을 고쳐라 - 개국대전改國大典 역모

그들의 행군 - 서울로 진격하라

　스무 명의 사내들이 함경도와 강원도 접경지대의 산길을 힘차게 걷
고 있었다. 인조 7년인 1629년 2월 중순, 봄기운이 들기 시작한 야산
과 들을 지나는 발걸음이 가벼웠고, 초라한 옷차림과 달리 얼굴에는
간간이 웃음이 돌았다.[5] 20대에서 50대에 이르는 이들 무리는 명화적
같기도 했고, 여섯 필의 말까지 거느린 이동 행렬은 마치 병사들의 행
군처럼 보이기도 했다. 무리를 이끄는 한두 사람만이 양반처럼 보였고
나머지는 모두 노비나 상민 신분의 하층민임이 분명했다.

　목적지는 도성이었다. 함경도 남단인 안변에서 출발한 이들은 강원
도 서북부에 위치한 평강과 철원을 거쳐 서울에 들어갈 예정이었다.
노숙을 하거나 산간마을 주민의 집을 빌려 하룻밤을 묵었다. 말에 싣
고 다니는 식량으로 밥을 직접 지어 먹었고, 때로는 주민에게 부탁해

끼니를 때웠다.

평강 지역 산간마을에서는 추쇄 사건을 벌이기도 했다. 이들 무리의 지도자가 마을에 흘러들어와 사는 도망 노비인 끗복의 주인이라고 주장하고 나섰다. 그러고는 지금까지 끗복을 숨긴 채 자신의 노비처럼 부려먹었다며 최언룡이란 주민에게서 황소 한 마리를 빼앗았다. 그동안 끗복이 일한 품삯을 챙긴 셈이었는데, 물론 가짜 주인 행세는 끗복과 몰래 약속한 일이었다.

> 최언룡이 여러 해 동안 끗복을 숨겨주어 살게 했다는 구실을 들어 소를 빼앗았는데, 그는 이미 달아나 몸을 피했습니다. 그러자 저희 무리의 우두머리가 최언룡의 아내에게 이렇게 말했습니다. '우리는 오늘 뒷산의 집에서 묵을 것이다. 네가 품삯을 마련해 와서 바친다면 당연히 소를 돌려줄 것이다.'
>
> ─『추안급국안』 4권, 기사년(1629) 역적 이충경 문서

대장간이 있는 마을에 이르러서는 병장기를 만들어 무장을 강화했다. 미리 준비한 쇠붙이로 도리깨 모양의 편곤을 여러 개 만들고, 서울에 가서도 무기를 만든다며 여분의 쇠붙이를 챙겼다.

그렇게 서울을 향해 길을 잡은 지 닷새째 되는 날, 이들 무리는 평강읍내 인근에서 예기치 못한 사건에 휘말리면서 일대 위기에 처한다. 황소를 빼앗긴 최언룡이 신고를 해 관아에서 조사를 나온 것이다. 무리의 지도자는 일행 중 몇몇을 관아에 들여보내 사태를 수습하도록 했

다. 사건이 확대되는 걸 우려해 빼앗긴 소를 돌려주도록 하고 자신들은 남쪽으로 발길을 재촉했다. 문제는 관아의 벼슬아치가 아니라 믿었던 인물의 배신이었다. 관아에 동행한 이들 중 한 명이 무리의 정체를 실토한 것이다.

> 이 사람들이 저지른 짓이 매우 흉악합니다. 조만간 틀림없이 난리를 일으키는 사건을 저지를 테니 즉시 붙잡는 것이 좋습니다. 이들 패거리는 철원을 향해 갈 터인데, 도중에 하루를 머물 것입니다. 형방님들께서 곧바로 현감께 아뢰어 패거리가 달아나 흩어지지 못하도록 하십시오.
>
> ─『추안급국안』 4권, 기사년(1629) 역적 이충경 문서

역모 기도였다. 평강 현감은 즉시 철원 부사에게 사실을 알렸다. 철원 관아에서는 들판에서 밥을 지어 먹으며 동료를 기다리던 우두머리와 그 무리를 체포했다. 짚으로 덮은 수레에서 장검 10자루와 다수의 편곤이 나왔다. 담을 넘을 수 있는 군사용 사다리와 무관복인 전복戰服 10벌도 발견됐다. 가마니에는 나무 몽둥이로 만든 능장이 담겨 있었다. 반란군이라기엔 무리의 규모와 무기가 다소 보잘것없어 보였다.

하지만 소지한 문서와 서책은 이들이 반란을 꾀하는 역적 무리임을 증명하고도 남았다. 우두머리에게서 반란이 성공한 뒤 꾸릴 삼정승과 육조 대신의 명단이 나왔다. 군사 모집책에게 주는 임명장도 들어 있었다.

조선시대 무기 중 하나인 쇠도리깨. 편곤이라 부르기도 한다.
가회민화박물관 소장.

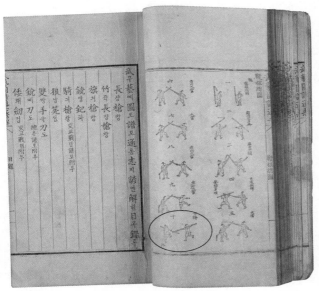

『무예도보통지언해』(목판본, 1790, 국립한글박물관 소장)에 실린 편곤 대결 모습.

이들은 추구하는 이상사회에 대한 염원을 담은 개혁안도 준비해 두고 있었다. 나라를 고치는 큰 법전이라는 뜻의 『개국대전改國大典』을 만들었는데, 이는 조선 지배층이 나라 경영과 통치의 방침을 밝힌 『경국대전經國大典』에 비견되는 책자였다. 개국대전에는 양반관료의 침해와 착취가 없는 정의로운 사회를 지향하는 이들 무리의 희망이 담겨 있었다. 군역과 조세가 고르게 부과되는 공정한 사회를 만들고, 노비제도를 고치는 신분제 개혁안도 포함돼 있었다.

무엇보다 반란 무리의 우두머리는 역모에 대한 확고한 의지를 가진 인물로 보였다. 그는 기존 왕조를 몰아내고 자신이 왕이 돼 세상을 바꾼다는 신념에 찬 인물이었다. 우두머리가 거처한 산속의 집을 수색했는데, 초가집 기둥에 다음과 같은 글귀가 붙어 있었다.

대대로 임금이 나올 땅이니 하루아침에 천만년의 복이 오리라.
임금의 자리를 다섯 용의 힘으로 돕고 지킨다.
올해에 임금이 나오니 하루아침에 천만년의 복이 오리라.
하루아침에 임금이 나오니 올해부터 천만년 장수를 누리리라.

빈민이 되고 반란군이 된 사연

서울로 이송된 반역 무리는 왕명에 따라 의금부에서 신문을 받았다. 무리를 이끈 우두머리는 이제 서른 살이 된 이충경이었다. 호적에는 양반 신분으로 기재돼 있지만 실제 양반 행세는 하지 못하는 인물이었다. 하는 일이 불분명했고, 정착하지 않고 황해도와 함경도 지역을 떠돈 유랑 이력도 양반의 생활 방식과 맞지 않았다. 한때 포도청 군관을 지냈다고 하지만 1627년 정묘전쟁(정묘호란) 시기에 가세가 급격하게 기운 것으로 보인다. 게다가 아버지가 범죄 혐의로 신문을 받다 매를 맞고 사망하는 불행까지 겹친다. 양반이라고 해도 사회적 지위나 경제력은 하층민과 크게 다를 것 없는 처지였다. 반란 무리를 평강 관아에 고발했던 동료는 당시 이충경의 어려운 살림살이 형편을 이렇게 전한다.

> 2월 10일에 안변 익곡리에 도착했습니다. 그곳 인적 없는 산골짜기 외진 곳에 새로 지은 초가집이 한 채 있었습니다. 이충경은 이렇게 말했습니다. '지난해 7월쯤 명당자리를 찾아 풀로 집을 만들었다.' 그곳에는 그의 아우와 처자식도 함께 머물고 있었습니다.
>
> ─『추안급국안』 4권, 기사년(1629) 역적 이충경 문서

반란군 무리에 가담한 자들은 대부분 이충경보다 생계가 더 막막한 최하층 빈민이었다. 대여섯 사람은 정묘전쟁 때 재산을 잃고 가족마저 포로로 잡혀가 생계가 곤란한 처지였다. 포로가 되었다 겨우 탈출한 자도 둘이나 됐다. 이들은 의지할 데가 없고 자립 기반이 없어 구걸과 유랑으로 목숨을 연명하고 있었다.

저는 평양 사람입니다. 호란(정묘전쟁) 때에 처자식과 형제가 모두 오랑캐에게 붙잡혀가고 저만 겨우 도망쳤습니다. 수안 등 여러 지역을 떠돌며 동냥질하다 평강까지 들어갔습니다.

-『추안급국안』 4권, 기사년(1629) 역적 이충경 문서

부모와 처자식이 모두 호란 때 오랑캐에게 붙들려갔습니다. 사노私奴로 신역을 바쳐야 하는데 살아갈 방법이 없습니다.

-『추안급국안』 4권, 기사년(1629) 역적 이충경 문서

반란군 무리에 참가한 자들의 출신 지역은 모두 황해도와 평안도였다. 이 지역은 정묘전쟁 당시 후금 군대의 약탈에 무방비로 노출된 곳이었다. 후금군은 점령 지역 백성을 포로로 끌고 갔는데 평양에서만 약 2200명에 달했다고 한다.[6] 평안도 지역 전체로는 거의 5000명에 이르며, 도망쳐 돌아온 자는 620여 명에 불과했다. 이충경이 반란을 기도한 때는 전쟁 뒤 2년이 지난 시기로 황해도와 평안도에는 여전히 전쟁의 후유증이 심각하게 남아 있었다.

조선시대에는 사대부와 양반관료만이 국가 정책과 정치행위에 대한 권리를 가졌다. 일반 백성은 권리 없이 조세와 양역의 의무만 수행했다. 그런 만큼 국가 경영 최대의 위기인 전쟁에 대한 책임은 당연히 지배층에게 있었고, 나라에서는 전쟁으로 피해를 입은 피지배층 백성에게 응분의 보상을 할 의무가 있었다. 그게 도리였다. 하지만 지배층의 태도와 수습대책은 이와는 거리가 한참 멀었다. 전쟁을 막지 못한 조

정 대신들은 전쟁이 끝난 뒤에도 제 역할을 다하지 못했다. 민생은 뒷전인 채 책임 떠넘기기에 급급했다. 관료와 양반지주들은 수탈을 멈추지 않았다. 빈민층과 유랑민이 늘어나고 거지와 도적이 들끓었다.

당시의 사회 혼란과 하층민의 빈곤화는 이충경이 반란 무리를 어렵지 않게 조직할 수 있는 큰 요인이었다. 이충경은 하루 끼니가 급한 이들에게 중앙 군영의 병사가 될 수 있는 길이 있다며 접근했다. 적지만 일정한 급료가 나오는 일자리는 물리치기 힘든 현실적인 제안이었다. 노비에게는 천인 신분에서 벗어날 수 있는 기회라며 동참을 권유했다.

> 이충경이 이렇게 말했습니다. '네가 만약 다른 사람의 노비라면 서울 각 군영에 속한 포수砲手가 될 수 있다. 그러면 양인 신분을 획득하고 아울러 급료까지 받게 될 것이다. 양인 백성이라면 마땅히 중앙 군영의 마병 부대에 들어갈 수 있다. 나를 따른다면 내가 너와 함께 갈 것이다.'
>
> ─『추안급국안』 4권. 기사년(1629) 역적 이충경 문서

이렇게 해서 한 달이 채 되지 않는 기간에 스무 명의 백성이 이충경의 수하에 들어왔다. 이충경은 이들을 함경도 안변에 있는 자신의 산속 거처로 데려갔다. 이제 반란 계획을 알리고 실행에 옮길 차례만 남아 있었다.

새로운 『경국대전』을 만들다-『개국대전』

이충경과 그 무리는 거사를 일으키려 서울로 가기 전에 의례를 행했다. 우선 새로 만든 전복으로 옷을 갈아입었다. 숭배하는 인물의 초상화를 마련하고 군대의 행렬 앞에 세우는 대장기를 갖추었다. 말을 잡아 신령에게 제사를 지낸 뒤 피를 나누어 마시며 신의를 맹세했다. 이러한 행위는 전쟁의 승리를 기원하는 군대의 출정식과 다름없었다. 일종의 반란 의례였다.

> 2월 14일에 종이를 잘라 깃발을 만들었습니다. 최영과 남이, 송대宋大 등 세 장군의 초상화를 그리고 거기에 이름을 썼습니다. 나무를 엮어 제단을 만들고 거기에 깃발을 꽂았습니다. 말을 잡아 신령에게 제사지내고 말의 피를 나누어 마셨습니다. 이어 군사들의 배례를 받은 뒤 이충경이 소리 높여 외쳤습니다. '이렇게 해야 큰일을 이룰 수 있다. 오는 3월 2일 전에 서울에 입성해 거사할 것이다.'
>
> ―『추안급국안』4권, 기사년(1629) 역적 이충경 문서

최영과 남이는 비범한 능력을 갖추고 충정을 가졌음에도 권력다툼에 억울하게 희생된 영웅이었다. 송대는 탁월한 힘을 가진 장군으로 호국신사에 안치된 전설상의 인물이었다. 송대 장군은 나라를 대신해 백성을 구휼한 의적이자 정의의 인물로도 회자되고 있었다. 그는 과중하게 세곡을 거두는 조정에 반기를 들고 세곡선을 습격해 곡식을 나눠

주었다고 한다. 이처럼 기존 권력의 폭압에 맞서고 정의를 수행한 인물을 의례에 내세움으로써 이충경은 거사의 정당성을 알리고자 했다.

이어 이충경은 작성해놓은 『개국대전』을 펼쳐들고 반란의 명분을 밝혔다. 이번 거사가 백성을 위한 행위임을 선포한 것이다. 모두 20개 조항으로 된 『개국대전』은 크게 보면 네 분야로 나뉜다.[7]

이충경은 무엇보다 군역 문제를 개혁하려 했다. 60세까지인 기존의 연한을 낮추어 50세에 군역을 마치도록 하고, 양반층에게도 군역을 부과하자고 했다. 조정에서는 임진전쟁 이후 군사력 강화를 위해 그동안 군역 의무가 없던 노비에게도 군역을 부과했다. 그러면서도 양반에게는 군역을 면제해 군역은 상민과 천민에게 전가되었다. 이충경은 이런 불균등한 군역제도를 바로잡고, 훈련도감과 통제사, 별장別將 등을 없애 군사제도까지 정비하고자 했다. 군역 부과에 대한 하층민의 입장이 반영된 개혁안이었다.

신분제도를 보면, 천민을 양인으로 풀어주자고 하면서도 노비의 존재를 전면 부정하지는 않았다. 내수사 노비를 군역으로 충당하고 승려의 자식은 관노비나 역노비로 소속시키자는 주장을 펼친다. 이런 모순된 제안은 단계적인 신분제 개혁을 위한 일종의 타협책으로 보인다. 한편으론 누구나 고용 노동자 성격을 가진 고공雇工을 둘 수 있되 인원에 제한을 두자고 했다. 이는 노비노동을 고용노동으로 대신하자는 실학자 유형원(1622~1673)의 신분제 개혁안보다 앞선 주장이었다. 이충경은 고용노동제도 정비를 통해 기존 노비제도의 폐단을 줄이려 했던 것으로 보인다.

토지제도와 조세 수취제도에 대한 개혁안도 제시했다. 잡역과 진상물을 줄이고, 수공업자에게 과도하게 부과되는 조세를 감소시키고 불법 수취를 없애자고 했다. 궁가와 관청에서 소유한 토지를 백성에게 되돌리고 권세가의 농장을 없애자는 제안도 들어 있었다.

행정에 대해서도 비판했다. 관아에서 재물을 불려 이익을 취하는 상업행위를 금지해야 한다고 주장했다. 형벌제도를 개선해 범죄자에 대한 처벌을 완화하자고 했다. 특히, 범죄 사건에 억울하게 엮여 죽음에 이르는 일은 없어야 한다고 목소리를 높였는데, 이는 관아에서 매를 맞고 죽은 아버지를 두었던 이충경 자신의 경험에서 나온 제안이었다.

이충경과 그 무리의 반역 기도는 주도 계층과 인원, 무장력, 전략과 전술 등 여러 측면에서 크게 부족한 게 사실이다. 심지어 "이게 반역 행위가 맞느냐"고 의문을 가질 정도로 그 규모가 작았고 결과 또한 외형상 보잘것없었다. 그래서였을까. 국왕 인조는 이 반란 사건을 심각하게 취급하지 않았다. 6년 전 인조 자신이 정치변란을 통해 왕위에 올랐던 만큼 비판 세력의 움직임과 권력층의 동향에 그토록 민감한 반응을 보였지만 말이다.

임금이 일렀다. "이번에 이충경 등이 저지른 짓은 나무꾼들의 실없는 말과 같으니 한번 웃어넘기기에도 부족하다. (…) 대체로 이번 범죄 사건은 매우 어리석고 옳지 못하다. 우두머리는 죽이도록 하라. 나머지는 형벌을 달리해, 잘못이 없는 사람에게 재앙이 미치는 일은 없도록 한다는 방침에 따라 처벌하는 것이 어떠하겠는가."

국왕은 반란 가담자 대부분을 주동자의 꾐에 빠진 어리석은 백성으로 판단해 역모사건인데도 비교적 관대한 처벌을 내렸다. 참여자들이 세력을 전혀 갖지 못한 하층민이란 점도 판결에 영향을 미쳤을 것이다. 이충경을 비롯한 4명은 공개 처형당하고 14명은 유배형에 처해지면서 사건은 신속하게 종결됐다.

이후, 허황되고 실상마저 뚜렷하지 않은 허무맹랑한 사건으로 치부되면서 이충경 역모사건은 쉽게 잊혀져갔던 것으로 보인다. 그러면서 당시 지배세력은 이충경 무리가 목숨을 걸고 제기한 통치의 도리마저 챙기지 않는 실수를 저질렀다. 실수가 아니라면 실행하기를 꺼려 애써 모른 척했거나 알고도 무시했을 것이다.

이충경이 제시한 『개국대전』은 개인적인 바람이나 사적인 불만을 요구하는 수준을 넘어서 있었다. 고통받는 백성의 의사를 대변하는 절실한 목소리였고 굶주린 하층민이 제기한 생존을 위한 의사표시였다. 당시 지배세력이 예와 인(仁)에 따른 왕도정치와 유학이념을 실천할 의지가 진정 있었다면 그 개혁안을 조금이나마 받아들였을 것이다. 비록 초라한 반란자들의 목소리였지만 그 속내는 크고 깊은 울림을 지니고 있었다. 하지만 이들의 목소리는 이내 묻히고 말았고, 하층민의 삶은 더욱 고통스러울 뿐이었다. 지금의 우리에게 그나마 이들의 행적과 목소리 일부라도 기록으로 남겼으니 그것에 만족해야 하는 것일까?

믿음이 세상을 바꾼다 | 민간신앙 반란

미륵의 세상이 오리라
─ 1688년 여환의 반란

대홍수를 고대하는 반란자들

숙종 14년인 1688년 7월 16일, 여환 일행은 북한산 능선을 따라 도성이 있는 남쪽으로 길을 잡았다. 북한산은 서울 근교의 산 중에서 가장 높고 산세가 웅장했다. 오악五嶽으로 꼽히는 명산이자 수도 서울을 호위하는 진산鎭山이기도 했다. 일행은 북한산 지역 남단에 자리한 문수사에 이르러 계획을 일부 변경하기로 했다. 서울 궁궐 뒤쪽에 자리한 백악산(북악산)까지 가는 대신 이곳에서 비를 내려달라는 망제를 지내기로 했다.[1]

일행은 모두 4명이었다. 무리를 이끄는 여환은 20대 중반의 승려로, 살아 있는 부처라는 뜻의 생불로 추앙받고 있었다. 정호명은 장군신이 내린 무당이었다. 신통력이 뛰어나 최영 장군의 현신이라는 소문이 자자했다. 황회는 풍수지리에 일가견을 가진 지사地師였다. 여기에 어영청에 속한 군병인 김시동이 동행했다. 이들은 불경을 읽은 뒤 남쪽에 위치한 백악산을 향해 네 번 절했다. 그러고는 곧 큰 비가 내려 도성이 물에 휩쓸리기를 간절히 빌었다. 이들은 지금의 왕조를 뒤엎고 다른 세상을 이루려는 반란 무리였다.

> 김시동이 여환에게 말했다. "당신은 6월 13일에 황회와 같이 우리 집에 와 하룻밤을 지냈습니다. 그때 나에게 이렇게 말했습니다. '나는 산중에 들어가 10년을 공부했다. 이제 곧 지금의 세상은 물에 쓸려갈 것이다. 조선만이 아니라 세상 모든 나라가 내려앉을 것이다. 이때 말을 몰아 도성을 점령할 수 있을 것이다. 나는 지금 황해도로 가니, 군사 장비와 복장을 미리 준비하고 기다려라.'"
>
> ─『추안급국안』10권, 무진년(1688) 여환 등 신문 기록

대홍수 뒤의 궁궐 점령이라는 여환의 예언을 믿고 따르는 백성이 하루가 다르게 늘어났다. 추종자들은 여환의 말에 따라 소를 팔고 십시일반 돈을 거두어 칼과 복장을 마련하며 반란을 준비했다.

하지만 반란의 주요 수단은 물리력이 아닌 하늘이 내리는 재난이었다. 이들은 한편으론 무기를 준비하면서도 무력보다 신통력에 기대어 반란을 꾀하고자 했다. 날이 무르익으면 하늘이 새로운 세상을 열고자 홍수를 일으킬 것이며, 그때 무기와 복장을 갖추고 도성을 점령한다는 복안이었다. 하늘이 점지한 그날은 7월 16일을 전후한 시기라 보았다. 이들은 대홍수가 일어나 지금의 세상이 운명을 다하고 풍요롭고 억압

없는 새로운 세상이 펼쳐질 것이라 굳게 믿고 있었다.

그들의 반란 의례

여환 무리는 북한산에 오르기 전날 경기도 양주에 집결했다. 무당과 지사를 중심으로 아전과 군병, 농부, 천민 등 상민층과 하층민 백성이 속속 모여들었다. 여환을 따르는 신도는 양주와 연천, 포천 등 경기도 북부를 중심으로 강원도와 황해도 일부에 이르기까지 상당히 넓은 지역에 퍼져 있었다. 도성 내에도 대홍수 뒤에 올 새로운 세상을 믿는 하층민이 다수 있었다. 여환을 추종하는 이들 전체 신도 중에서 이날 양주에 모인 인원이 어느 정도인지는 분명하지 않지만 최소한 수백 명은 됐을 것으로 추정된다.

그렇지만 서울을 향해 출발한 인원은 13명이었다. 대규모 인원을 동원한 무력이 아니라 하늘의 힘과 종교 의례를 통해 변란을 꾀하기에 소수의 정예 인원이 더 적합하다고 판단했다. 여기에는 여환과 정호명, 황회 외에도 무당인 원향이 참가했다. 원향은 여환의 아내로 용녀부인이라 불리고 있었다. 추종자들에겐 용왕의 딸로 구름을 일으키고 비를 내리게 할 수 있는 신묘한 능력을 가진 존재로 받아들여지고 있었다. 도포에 갓을 쓰고 말을 탄 여환과 원향을 필두로 일행은 동쪽 길을 따라 내려가 도성에 진입했다. 흥인문(동대문)을 지난 이들은 도성 내에 숙소를 정하고 비가 내리기를 기다렸다.

하지만 이튿날 아침이 되어도 고대하던 큰 비는 내리지 않았다. 그래도 여환 일행은 염원을 접지 않았다. 하늘의 뜻이 잘못되었을 리는 없다. 도성으로 들어가는 의례 행진에 문제가 있었을 수도 있다. 그렇게 판단한 일행은 이번엔 양주에서 직진해 북한산 지역 산길을 걸어 도성에 입성하는 경로를 밟아보고자 했다. 그렇게 해서 문수사에 이르렀고, 기우제를 지내게 됐다. 하늘의 뜻이 이뤄지는 때를 기다리는 수동적 자세를 버리고 그것을 적극적으로 재촉하는 감응 의례를 행한 것이다. 그렇게 이틀을 보냈지만 끝내 비는 내리지 않았다. 여환 일행은 이번엔 길일 지정에 문제가 있다고 여겼다. 지사 황회가 하늘의 뜻이 열릴 다른 날을 제시했다.

이번 일은 비록 이뤄지지 않았지만 10월 5일이 가장 길하네. 이날 다시 거사를 해야 할 것이네. 그렇지 않으면 경오년(1690)이 크게 길하네.
　　　　　　　－『추안급국안』 10권, 무진년(1688) 여환 등 신문 기록

궁궐 점령은 수포로 돌아갔지만 성과가 전혀 없지는 않았다. 여환이 예언한 대홍수 사태를 믿는 백성이 점차 늘어나고 있었던 것이다. 일행이 도성에 입성한 그날, 큰비가 내릴 것이라며 피란을 떠난 도성 주민들이 있었다.

훈련도감에서 임금에게 보고했다. "포수 오순언, 오순일, 오순희, 김수형, 김진해 등은 이웃에 사는 어영청 군관 박명순 등과 함께 7월 15일

새벽에 집을 버리고 도성을 떠났습니다. (…) 이들은 이렇게 진술했습니다. '성인聖人과 신령스런 승려가 양주에서 나온다고 합니다. 이들은 이번 달 15일에 큰 비가 쏟아져 도성이 기울고 무너질 것이니 도망치면 살 수 있다고 했습니다. 그래서 여러 사람과 함께 동대문 밖 적유령으로 피했습니다.'"

−『승정원일기』330책, 숙종 14년(1688) 8월 13일

하지만 여환은 끝내 길일을 만나지 못할 운명이었다. 도성에서 귀환한 여환 무리는 며칠 지나지 않아 양주 관아에 잡혀갔다. 추종자를 모으는 움직임이 포착되면서 수사에 들어간 것이다. 도성 점령을 계획했다는 증언이 나오고, 장검과 무관복 등 군사장비가 발각되면서 사태는 역모사건으로 옮아갔다. 여환과 황회를 비롯한 14명이 의금부로 이송되고 추국이 시작됐다. 이후 혐의자가 늘어나 모두 38명이 의금부에서 조사를 받았다. 결국 여환과 원향, 황회, 정호명 등 주모자 11명은 모반대역죄가 적용돼 능지처사 당했다. 다른 사람들은 단순 추종자로 보아 역모죄를 적용하지 않고 형조로 이송해 처리하도록 했다.

여환은 죽음을 맞으면서도 기존 지배체제에 굴복하지 않는 자세를 보였다. 그는 자신이 사욕이 아니라 하늘의 계시에 따라 행동했다고 주장했다. 강원도 김화에 있는 천불산에서 미륵과 칠성七星, 선인仙人의 계시를 받아 무당과 지사를 모으고 새 세상이 열린다는 예언을 전파했다고 말했다. 하늘의 계시는 곧 하늘의 뜻이며, 이 하늘의 뜻에 따른 행위이니 자신의 거사가 옳다는 주장이었다. 조선 지배세력이 지금의

왕조 개창이 하늘의 뜻에 따른 것이라 설파하며 이를 정당화했듯이 여환 또한 동일한 논리로 자신의 행위를 정당화하고 있었다. 조사과정에서 나온 문서 또한 지배층의 심기를 불편하게 했는데, 그중 한 문서는 여환을 추종한 하층민들이 무엇을 바라고 있었는지를 알려준다. 여환 무리를 체포해 1차 신문을 한 양주 목사의 회고록에 전하는 문서의 내용이다.

압수한 문서 중에 요사한 글 한 장이 있었는데 이런 말이 적혀 있었다. "내년에는 양반이 상놈되고 상놈은 양반된다." 이는 어리석은 백성을 유혹할 속셈으로 한 말이겠지만, 이듬해에 명릉폐처明陵廢處의 변이 있었으니 일이 우연히도 들어맞았다. 매우 기이한 일이다.

-최규서, 「병후만록病後漫錄」『간재집艮齋集』

명릉폐처란 1689년에 숙종의 첫째 계비인 인현왕후가 폐위돼 평민이 되고 희빈 장씨張氏가 중전에 오른 사실을 두고 이른 말이다.[2] 장희빈은 중인 출신으로 궁녀를 거쳐 왕비의 자리에 오른 여인이었다. 양주 목사는 양반 출신이 아닌 여성이 왕비가 된 사실과 문서 내용을 연관지우며 놀라워했지만 사실 그 문서는 양반 중심의 지배체제에 의문을 던지는 백성들의 울분에 찬 목소리였다. 여환 무리는 조선의 신분질서를 근본에서부터 뒤엎으려는 반란자들이었다.

석가에서 미륵으로, 상놈에서 양반으로

여환은 강원도 통천에서 태어났다. 아버지가 무쇠를 다루는 대장장이여서 여환 또한 승려가 되기 전에는 대장간에서 일했던 것으로 보인다. 천민뿐 아니라 상민도 대장장이 일에 종사했지만 조선시대 내내 천대를 면하지 못하는 직업이었다.

여환이 언제 승려가 됐는지는 분명하지 않다. 다만 천불산에 들어가 승려가 되었다고만 알려져 있다. 천불산은 여환의 출생과 관련이 깊었다. 여환의 부모가 천불산에서 제사를 세 번 올린 뒤 여환을 낳았다고 한다.

여환은 자신이 점지된 그곳에서 공부와 영적 체험을 통해 초월적 존재로부터 계시를 받았다고 주장했다.[3] 신선인 선인이 나타나 지금의 나라는 오래 갈 수 없고 새로운 나라가 열릴 것이라 했다. 또한 인간의 길흉화복과 수명을 좌우하는 칠성이 누룩 세 덩어리를 자신에게 주었다고 했다. 여환은 이를, 누룩 국麴과 나라 국國의 음이 같기 때문에 자신에게 삼국三國을 준 것이라고 받아들였다. 국가의 운명이 자신의 손에 맡겨졌다는 것이다. 무엇보다 여환에게 있어 주된 신은 미륵이었다. 미륵은 석가모니 부처가 열반에 든 뒤 오랜 세월이 지나면 이 세상에 출현할 새로운 부처로, 많은 백성에게서 숭배를 받고 있었다. 그는 미륵에게서 말세의 혼돈에 대한 가르침을 받았다고 했다.

오늘날 중들은 부처를 공경하지 않고 세속 사람들이 부처를 공경한다.

너는(여환은) 과연 그것을 아는가? 이와 같은 때에는 용이 자식을 낳아 나라를 차지할 것이다. 바람과 비가 고르지 않고 오곡이 여물지 않아 많은 사람이 굶어 죽을 것이다.

　　　　　　　　　　　　－『추안급국안』 10권, 무진년(1688) 여환 등 신문 기록

　　말세의 재앙에 대한 언급은 당시의 사회상을 반영하고 있었다. 17세기 후반에는 심각한 자연재해가 발생해 많은 하층민이 생존 위기에 처해 있었다. 이상기후와 흉년에 지배층의 수탈이 겹치면서 굶주림을 가중시켰다. 먹지 못해 죽어가는 백성이 한둘이 아니었다.

　　여환은 말세의 혼돈을 파국으로 몰고 갈 대홍수에 대한 예언을 들었다고도 했다. 큰 물이 세상을 휩쓸고 군사가 일어나 새로운 세상이 열릴 것이라 했다. 여환의 이러한 주장은 속인이 공경하는 부처인 미륵의 시대가 곧 도래할 것이란 믿음과 일맥상통했다. 지금까지의 시대는 석가모니 부처가 주재하는 세상으로 부패와 차별, 가난과 혼돈에 휩싸인 세계였다. 그런데 이제 그런 석가의 시대가 가고 미륵이 주관하는 새로운 시대가 펼쳐질 것이다. 그 세상은 지혜와 덕이 갖추어진 풍요로운 세계가 될 터였다. 양반에게 억압당해온 이들은 그러한 세상을 "양반이 상놈되고 상놈이 양반된다"는 말로 다소 과격하게 표현하기도 했다.

　　미륵은 부조리하고 모순에 찬 기존의 세상을 고치는 변혁의 존재였다. 그러한 미륵의 시대가 오면 정치권력 또한 교체될 것이라고 믿었다. 성인聖人이라 부르는 무당은 미륵을 맞이하고 새로운 시대를 준비

통일신라시대에 만들어진 감산사 석조미륵보살
입상. 국립중앙박물관 소장.

해야 한다. 미륵이 세상에 와서 서울이 휩쓸려갈 정도의 홍수가 나면 궁궐을 차지하고 이 땅에 새로운 질서를 구현하는데 앞장서야 한다. 여환이 무당인 원향과 결혼한 것도 미륵의 이러한 계시를 실천하는 행위 중 하나였다. 지역의 여러 무당을 규합해 이들로 하여금 신도를 끌어들이게 하고 교의를 문서로 작성하게 한 까닭 또한 마찬가지였다.

미륵을 기다리는 시대, 미륵을 찾는 사람들

여환과 그 무리의 반란 의례는 기존 질서를 전복하는 파괴적 행위이자 새로운 질서를 창출하는 창조적 작업이었다. 그것은 반란의 지도자인 승려와 무당의 통솔 아래 하층민이 일으킨 정치변란이었다. 미륵신앙과 도교, 무속, 풍수 등 다양한 민간신앙이 결합돼 기존 세상의 파국과 새로운 시대의 도래를 주장한 급진적인 종교운동이기도 했다.

이는 서구의 천년왕국운동과도 유사한 측면이 있다. 천년왕국은 세계의 종말 시에 그리스도가 재림해 최후의 심판이 이뤄지고 이후 지상낙원의 왕국이 시작된다는 일부 기독교 교파가 내세우는 믿음이다. 19세기 중반에 청나라를 타도하고 새 왕조를 세우기 위해 일어난 중국의 태평천국운동도 이러한 천년왕국 성격을 가졌다. 태평천국운동 지도부에서는 봉기군의 전투의식을 높이기 위해 기독교적 천년왕국이 현세에 구현된다는 믿음을 확산시켰다.

미륵신앙은 중국 역사의 고비마다 끊임없이 나타났다. 수나라 때인 7세기 초에 송자현은 자신을 미륵이라 칭하며 반역을 일으켰으며, 11세기에 왕칙은 미륵불의 세상을 펼친다며 반란을 도모했다. 이들은 미륵의 도래를 반란의 명분으로 삼았다.

무엇보다 여환 변란은 1621년 중국에서 한 유생이 주도한 반역사건과 전개과정이 매우 유사하다.[4] 유생 유명선은 영적 체험을 거치면서 자신이 세상을 구제할 운명을 타고났다고 믿었다. 그는 추종자 150여 명과 함께 도성 앞에서 주문을 외우며 번개가 치고 성문이 저절로 열리기를 기다렸다. 천둥과 번개라는 하늘의 힘으로 성 안으로 들어가 정권을 인계받는다는 계획이었다. 그러나 예견과 달리 천둥은 없었고, 결국 이들 무리는 반역 혐의로 체포된다.

유명선과 여환의 변란 기도는 어찌 보면 어리석기도 하고, 마치 광인이 저지르는 무모한 행위처럼 보이기도 한다. 하지만 당사자에게는 목숨을 건 진지한 행위임에 틀림없다.

종교운동 성격을 가진 저항 행위는 대체로 신적 존재의 개입과 신비적인 체험이 강조된다. 비일상적인 영적 체험을 한 자는 초월적 실재에 대해 확신을 가지며, 이 초월적 존재가 자신의 저항 행위를 도울 것이란 믿음을 견고하게 쌓는다. 이들은 이런 확신과 믿음에 기대어 제3자 입장에서는 예상하기조차 힘든 사회적 저항을 감행한다. 결국 이들의 행위는 대부분 처참한 실패로 끝나지만 대항 과정에서 그 사회가 숨긴 모순이 하나둘 드러난다. 바로 여기에 여환 역모를 비롯한 종교 성격의 변란이 갖는 역사적 가치가 있을 것이다.

조선 후기 내내 미륵과 관련된 사건이나 미륵신앙에 바탕을 둔 변란이 끊이지 않았다. 1737년에 황해도에서 미륵의 도래를 주장하고 민심을 현혹한 사건이 일어나 강원도와 경기도 지역까지 영향을 미쳤다. 18세기 중반엔 황해도의 한 시골 아낙이 자신에게 미륵불이 강림했다며 많은 추종자를 모았는데 관아에서도 이들을 쉽게 제지하지 못할 정도였다.

정조 9년인 1785년엔 미륵신도 집단이 연계된 역모 사건이 적발됐다. 함경도 삼수 지역에서 귀양살이를 하던 전직 관료와 지역 유력자가 힘을 합쳐 고위관료를 제거하려다 중간에 발각된 사건이었다. 이들은 조정 대신 10여 명을 죽이고, 거사 무리와 미륵신도 집단을 동원해 군사를 일으킨다는 논의까지 했다. 양반층에서 천민에 이르는 여러 계층이 결탁한 역모사건이었다. 실각한 정치세력은 정치권 재진입을 노렸으며, 미륵신도 집단은 변란을 자신들의 처지를 개선할 기회로 삼았다.

미륵신앙은 19세기에 일어난 민란에도 영향을 미쳤다. 홍경래의 난으로 알려진 평안도 백성의 항쟁에서 봉기군의 사상적 지주 중 하나가 미륵신앙이었다.

미륵신앙은 1894년 동학농민전쟁에 백성이 적극 참여하게 된 정신적 원동력으로 작용했다. 농민전쟁에 참가한 백성이 미륵신앙에 친숙했다는 사실은 선운사의 미륵불 비결 이야기를 통해서도 어렵지 않게 짐작할 수 있다. 고창 선운사에 있는 미륵불 배꼽에는 신비한 비결이 숨겨져 있는데 그것이 세상에 나오는 날 조선이 망한다는 설화가 전해왔다. 동학 지도자인 손화중이 그 비결을 꺼내 가져갔다는 소문이 퍼지자 수만 명에 이르는 백성이 손화중 휘하로 찾아들었다고 한다. 이는 굶주림과 차별 없는 세상을 실현시켜준다는 미륵신앙이 동학과 합일을 이루어 가는 과정이라 해석할 수 있을 것이다.

한반도 남쪽 지역에서 발견된 미륵상만 하더라도 370여 기에 이른다. 이들 미륵이 자리 잡고 있는 곳은 종교 공간인 사찰만이 아니다. 백성의 삶이 이뤄지는 마을과 논밭, 산기슭에서도 쉽게 미륵을 찾아볼 수 있다. 백성들은 그렇게 미륵을 곁에 두고 싶어했던 것이다. 혼탁하고 부조리한 세상 뒤에 올 풍요와 도리가 넘치는 세상, 가슴속에라도 그런 세상을 펼쳐야 백성들은 폭압과 차별의 현실을 견딜 수 있었던 것이다.

억압과 배제의 지배체제가 없어지지 않는 한, 이 지상의 미륵불 또한 사라지지 않을 것이다. 비록 지금은 오지 않는다 해도 그런 세상을 꿈꾼다는 사실은 그릇된 세상의 힘에 최소한의 저항은 하고 있다는 증거 또한 될 것이다. 그래서 여환과 그 무리가 애써 마음에 두었던 미륵에 대한 열망은 지금도 여전히 유효한 것인지도 모른다.

석가가 다하면 미륵이 마땅히 세상을 다스릴 것이다. 비록 양반이라도 미륵이 세상을 고친다는 말을 들으면 반드시 마음을 돌릴 것이다.
　　　　　　　　　－『추안급국안』 10권, 무진년(1688) 여환 등 신문 기록

생불을 찾는 백성들
– 1691년 무당의 반란

정씨鄭氏 성을 가진 생불

여환 사건이 일어난 지 3년 뒤, 무당이 중심이 된 변란 사건이 다시 발생했다.[5] 황해도 재령에 거주하는 무당이 추종자들과 함께 조선이 망하고 새로운 나라가 열릴 것이라며 제천 의례를 행하다 발각됐다. 주동자 중 한 명인 차충걸이 새 나라를 이끌 생불의 출생 과정을 확인하다 정체가 탄로 나면서 일당이 체포된 사건이었다. 숙종 17년인 1691년 11월 중순, 가담자 6명이 의금부로 이송돼 추국을 받았다. 국왕과 조정 대신들은 여환 사건을 떠올리며 신문에 박차를 가했다.

추국청의 보고를 듣고 임금이 답했다. "이번 사건은 그 실마리가 꽤 드러났다. 또한 8장의 문서가 한글도 아니고 한문도 아니어서 전날 여환의 요사스런 글과 비슷하다. 이는 매우 흉악하고 참혹하다. 차충걸은 각별히 엄하게 매질하고 캐묻도록 하라."

-『추안급국안』10권, 신미년(1691) 11월 차충걸 신문 기록

20대에서 60대에 이르는 이들은 모두 양인 신분의 백성이었다. 향촌 자치규약인 향약 조직의 임원과 군대의 말단 행정 실무자까지 포함돼 있어 당장 생계가 곤란한 하층민은 아니었던 것으로 보인다.

추국이 진행되면서 이들의 그간 행적과 예언의 실상이 하나둘 드러났다. 조정에서는 이들이 믿고 공유한 예언을 민심을 혼란하게 만드는 요사스러운 말이라는 뜻의 요언妖言이라 규정했다. 이들은 장차 조선의 도읍인 한양(서울)이 수명을 다하고 새로운 도읍이 일어날 것이라 믿고 있었다. 정씨 성을 가진 생불이 그 도읍을 차지해 새로운 나라의 주인이 될 것이라고 내다보았다. 이러한 예언을 주도한 이는 40대 후반의 무당 애진이었다. 이들 집단은 애진의 주관 하에 생불을 맞이하기 위해 깊은 산속을 찾아 제천 의례를 행했다. 애진의 남편인 조이달은 그 생불에 대해 이렇게 진술했다.

수양산 높은 봉우리에 있는 폐사廢寺에 정필석이라고 하는 생불이 한 분 계시다고 여겼습니다. 그분은 일곱 살 때 산에 들어가 공부했으며 마침내 생불이 되어 그곳에 거처하게 됐습니다. 제 아내와 한만주, 신정희, 신정업 등이 천지조화의 기밀을 탐색하면 그 천기天機에 늘 나타나십니다. 그래서 제물을 정성껏 마련해 생불에게 제사를 지냈습니다.

-『추안급국안』10권, 신미년(1691) 11월 차충걸 신문 기록

그러던 차에 차충걸이 자신들이 추앙하는 생불이 명문가인 정익 집안의 자손일지 모른다는 의견을 내놓았다. 형조 판서를 지낸 정익이 오래전에 일곱 살 난 아들을 잃어버렸다는 소문이 있는데 그 아이가 수양산 생불과 같은 인물일 것이라는 추측이었다. 애진은 즉시 이를 확인해보도록 했다. 차충걸은 정익 집안을 찾아가 잃어버린 아이에 대해 물어보았다. 그 과정에서 자신들이 하는 일을 언급하게 되었고, 이를 수상하게 여긴 정익의 손자가 해주 감영에 고변함으로써 사건이 표면화되었다.

추국 결과 차충걸과 조이달은 난폭한 말로 임금을 범했다는 죄명이 적용돼 참형을 당했다. 이들보다 열흘 뒤에 체포된 애진 역시 같은 죄로 사형을 받았다. 추국을 받은 나머지 4명은 유배에 처하도록 했다. 생불로 불리던 정필석은 끝내 그 정체를 확인하지 못했다. 특별 관리까지 임명하며 여러 차례 수색을 펼쳤지만 정필석의 종적조차 찾지 못했다. 조정에서는 정필석을 가공인물로 판단하고 수색을 중지한 뒤 사건을 마무리 지었다.

정익 집안에서는 "일곱 살 때 잃어버린 아이"는 뜬소문이라고 분명하게 밝혔다. 이로써 정씨 생불의 가계와 출생의 비밀도 한동안 묻혀버리게 됐다. 애진을 비롯한 주동자들은 가계와 출생의 비밀을 확보함으로써 생불의 존재 근거를 마련하려 했다. 그것으로 지금의 왕조가 망하고 새로운 왕조가 펼쳐질 것이라는 자신들의 믿음과 예언에 견고함을 더하고자 했다. 하지만 그 작업으로 인해 결국은 모든 게 좌절되는 비운을 자초하고 말았다.

무당과 생불과 미륵

이 생불 사건에는 당시 백성들에게 퍼져 있던 여러 민간신앙 요소가 혼재해 있었다. 무속신앙과 민중불교에 도참설과 풍수지리설이 섞여들었다. 무속신앙의 사제인 무당이 불교의 부처를 숭상했다. "한양이 망하고 새로운 도읍이 일어날 것"이라는 무당 애진의 말은 세상의 성쇠득실에 대한 예언을 믿는 도참설을 따르는 발언이었다. 산세와 지세, 물길로 길흉화복과 성쇠득실을 판단하니 풍수지리설을 따르고 있음도 주지의 사실이다.

여기에 정씨 성을 가진 생불이 새 도읍의 주인이 된다고 했으니, 이는 조선 후기 민간에 퍼진 정감록 사상과도 유사했다. 정감록은 조선의 도읍이 그 지기가 다했다며 새로운 왕조의 도래를 예언했다. 새 도읍지인 계룡산에서 정씨 성을 가진 진인眞人이 나라를 세워 수백 년 영화를 누린다고 했다.

수양산 높은 곳에 거한다는 생불은 정감록에서 말하는 진인과 다름없었다.[6] 그는 하늘의 뜻을 받아 새로운 나라를 열어갈 통치자였다. 백성의 아픔을 어루만지고 오랜 염원을 실현시켜줄 구세주였다. 신분 차별과 빈부 격차가 없어지고 억압과 착취가 사라져 고통이 없는 세상. 생불은 그런 백성의 뜻을 대변하는 대리자이자 꿈을 실현시켜줄 메시아적 존재였다.

한편으론 점술과 풍수지리를 행하고 질병을 치유하는 생불이 있었다. 백성들은 자신들의 곁에서 병을 고쳐주고 마음의 짐을 덜어줄 신통력을 가진 생불 또한 찾고 있었다. 조선 후기 들어 생불을 고대하는 백성의 염원은 더욱 커져갔다. 숙종 13년인 1687년, 해주의 한 무당이 생불로 추앙받던 승려를 사당에 모셨다가 처벌받는 사건이 일어났다.

특진관 이선이 임금에게 아뢰었다. "해주의 요망한 무당이 역적 이남을 위해 사당을 세웠습니다. 또한 역적 허견과 죄를 지어 죽은 중 처경을 배향하고서 영험하다 했습니다. 이에 어리석은 백성이 마구 몰려들었다고 하니, 매우 괴이하고 놀랍습니다."

–『숙종실록』 18권, 숙종 13년(1687) 4월 30일

처경(1651~1676)은 병을 치유하는 영험함을 가진 불승으로 주목받다 생불로까지 우러름을 받았던 인물이다. 걸출한 외모에 신통력까지 갖추었다는 말이 돌면서 많은 추종자를 거느렸다. 그런데 욕심이 지나쳤던 것일까. 그는 인조의 맏아들로 의문의 죽음을 맞았다는 소현세자 (1612~1645)의 막내아들을 자처하다 사형에 처해진다. 요언으로 백성을 미혹시키고 왕조의 권위를 해쳤다는 죄였다. 이남과 허견은 당시 국왕인 숙종을 몰아내려는 역모 당사자로 지목된 반역자였다. 이들 세 사람은 모두 국왕의 존엄을 훼손한 반왕조적 성격의 인물이었다. 위정자의 통치에 불만을 가진 백성에게는 영웅적 존재로 받아들여질 가능성이 높았다.

실제로 국왕과 집권세력에 대한 적대감이 반역자로 남아야 할 이들을 신적이 대상으로 그 성격을 바꾸어놓았다. 해주 무당은 처경과

이남, 허견을 국왕과 집권세력의 권위에 도전하는 저항적 인물로 보고 사당에 함께 배향했다. 이들은 지배층에게는 영원히 역적으로 기억돼야 하지만 해주 무당과 사당에 몰린 백성은 이들을 억압과 수탈에서 벗어나게 해주고 아픔을 치유하고 염원을 풀어줄 구세주로 받아들였다.

또한 해주 무당은 처경을 반역자인 이남, 허견과 같은 위상에 놓음으로써 치유의 권능을 가진 영험한 승려에 족했을지도 모를 생불을 왕조에 대항해 백성의 염원을 풀어줄 메시아적 생불로 보고자 했던 게 아닐까? 어찌 보면, 질병을 고쳐주는 영험한 생불과 정치권력을 대체할 메시아적 생불은 백성의 삶 속에서 결국 하나로 만날 인연이었다. 몸의 질병과 마음의 짐이 모두 지배세력이 이끄는 사회제도나 국가 정책과 무관하지 않았으니 말이다.

18세기에도 생불을 찾는 백성의 발길은 멈추지 않았다. 영조 34년인 1758년, 황해도 금천과 평산, 신계 지역에 생불을 자칭하는 4명의 여인이 나타났다. 백성의 추앙은 가히 폭발적이었다. 인근 주민이 다투어 몰려들었고, 황해도와 평안도의 무당들까지 본업을 폐하고 생불 여인에게 의탁했다. 민간신앙의 공간인 성황당마저 헐어 없어질 정도였다고 한다. 생불 여인들이 백성의 이목을 끌었던 것은 우선은 치병과 술법이었지만 백성의 가슴 깊은 곳에서는 그 이상의 존재로 받아들여지고 있었다.

임금이 말했다. "그 여인네는 아들이 많다고 한다. 모두가 그 여인네를

미륵이라는 이름으로 부른다는데, 이 또한 백성을 심하게 미혹하는 건
아닌가?"

-『승정원일기』 1157책, 영조 34년(1758) 6월 3일

생불을 칭하는 여인이 미륵으로도 불리고 있었다. 백성들은 생불 여
인에게 혼탁한 지금의 세상을 뒤엎고 새로운 세상을 열어갈 미륵의 이
미지를 투사하고 있었던 것이다. 그것은 대홍수 뒤에 올 변혁의 세상
을 갈망했던 여환의 마음이기도 했다. 정씨 성을 가진 생불을 찾던 차
충걸과 애진의 기도이기도 했다. 질곡과 수탈의 지배 고리에서, 가식
없는 백성들의 삶의 욕구 속에서 그렇게 생불과 미륵은 쉬지 않고 자
라고 있었다.

그것은 저 하늘에서 어느 날 뚝 떨어지는 것이 아니라 다수의 백성
이 만들어가는 자신들의 또 다른 형상이었다. 새 세상을 향한 의지와
이를 구현하려는 실천에 따라 형성될 결과물이었다. 이런 생불과 미륵
이 어느 날 백성 앞에 모습을 드러내 세상을 바꾸는 변혁의 동력이 될
수 있을 것이다. 아니면 단지 현실을 잊게 만드는 미래의 허상으로 남
을 수도 있을 것이다.

조선 사회에서 무당은 극과 극의 대척점에 서있는 존재였다. 때로
는 국가 제례에 참가해 지배체제 유지에 일조했으며, 때로는 양반 집
안의 만수무강을 빌어주었다. 종종 지배세력의 권력 암투에 끼어들어
영달을 꾀하기도 했다. 때로는 요사스러운 말과 약속으로 백성을 현혹
했다.

236 ▪ 조선에 반反하다

다른 한편으론 그들은 사회 변혁의 사도였다. 성리학이라는 지배이념에 반기를 들게 하는 시대의 이단아였으며, 양반 중심의 통치에 저항하는 힘을 불러일으키는 왕조의 반란자였다. 그렇게 해서 무당은 민중의 정치인이 되었다.[7] 그는 백성 낱낱의 뜻을 모으고, 한 사람 한 사람의 힘을 합쳐 이를 극대화하는 생불과 미륵이라는 상징적 본보기에 숨결을 불어넣는 자였다. 사제였고 예언자였으며 실천하는 저항인이었다.

새 세상을 약속하다 | 정감록 모반

1782년 정감록 역모사건
그들은 어떻게 반란을 준비했나?

1782년 정감록 역모사건

유배지에서의 역모 모의

외딴섬 유배지에서 이들을 만나다니, 이는 필시 하늘이 내린 뜻이리라. 문인방은 박서집과 신형하와의 만남을 그렇게 천기天機의 하나로 해석했다. 그러고는 일군의 세력이 조만간 군사를 일으켜 서울로 진격할 것이라는 변란 계획을 털어놓고 이들에게 동참 의사를 타진했다. 정조 6년인 1782년 가을, 이들이 전라도 진도 지역에서 귀양살이를 하던 때였다.[1]

20대 후반의 문인방은 이 해 봄 진도 남쪽의 작은 섬 금갑도에 유배됐다. 동료 3명과 함께 점술과 풍수지리로 백성을 현혹하고 유언비어를 퍼뜨렸다는 죄목이었다. 문인방은 황해도 곡산 태생으로 여러 지역을 전전하던 술사術士였다. 유학 공부에도 발을 들여놓아 이 무렵 크게 늘어난 이른바 평민 지식인에 속하는 인물이었다.[2]

50대의 박서집과 신형하 또한 평민 지식인이었다. 신형하는 정조 즉위 초에 이조 판서를 지낸 송덕상의 언행을 옹호하고 국왕과 조정 대신을 비판하다 유배를 당했다. 박서집은 이런 신형하를 절의의 인물이라며 시를 지어 칭송하다 같은 죄인 신세가 됐다.

이들은 모두 송덕상의 제자였다. 송덕상은 정조 즉위를 도운 홍국영의 뒷받침으로 한때는 권력 실세로 통하던 정치 거물이었다. 17세기 후반에 정계를 좌우했던 송시열의 후손으로 향촌 사림계에도 영향력을 행사하고 있었다. 하지만 홍국영이 실각하면서 내리막길을 걷다 유배 죄인이 되어 함경도 삼수부에 안치돼 있었다.

문인방은 이번 거사가 송덕상의 원수를 갚기 위한 것이라며 박서집과 신형하를 설득했다. 거사가 성공하면 송덕상이 복권될 것이며 함께 공신의 지위를 누릴 수 있을 것이라 했다. 세 사람은 곧 의기투합했다. 특별히 박서집은 군량 조달과 운반을 책임지는 운량관運糧官을 맡기로 했다. 이들은 무운을 비는 글을 짓고, 하늘을 우러르며 거사의 성공을 빌었다.

문인방이 진술했다. "강원도 양양에 사는 이경래는 비범하고 신묘해 도원수로 삼으려 했다. 도창국은 선봉장을 맡고 박서집은 운량관을 담당할 계획이었다. 유배 중인 스승 송덕상은 대선생大先生으로 모시려고 했다. 김훈 등 8명과 같이 여러 고을을 침탈한 뒤 도성으로 곧장 쳐들어가려는 모의를 했다."

　　　　　　　　　　　　　　　　 -『정조실록』 14권, 정조 6년(1782) 11월 20일

천기를 잘못 해석했던 것일까? 문인방은 몇 달 지나지 않아 체포돼 서울로 압송된다. 이번엔 백성 몇백 몇천 명을 현혹한 죄가 아니라 나라를 뒤엎으려한 역모 죄였다. 거사 실패를 두려워한 박서집이 밀고를 한 것이다.

관련자들이 속속 체포되고, 국왕이 죄인을 친히 신문하는 친국까지 열렸다. 두 달 가까이 진행된 사건 조사 결과 문인방을 비롯한 주동자 3명은 대역부도로 능지처사 당했다. 박서집은 목을 매어 자살했으며, 송덕상은 신문받는 도중에 죽었다. 매질 후유증으로 감옥에서 죽은 자도 있었다. 주동자 대부분이 죽음을 맞는 가운데 관련자들은 유배형에 처해졌다.

평민 지식인이 주도한 역모사건

사건의 실상이 하나 둘 드러나면서 조정에는 이전과는 비교할 수 없는 긴장감이 감돌았다. 1776년 정조가 즉위하면서 왕권을 강화하려는 국왕 측과 실권을 놓지 않으려는 대신들 간의 알력으로 조정에는 늘 위기감이 팽배했다. 그런데 이번엔 단순한 권력 다툼이 아니라 국왕을 제거하려는 역모였다. 그것도 명문 집안과 전직 대신이 관련된 반역 기도였다. 정조는 이 사건의 중심에 송덕상이 있다고 보고, 송덕상의 복권을 주장하는 사람은 역모 가담자로 처벌했다. 역모 사건을 계기로 왕권 강화에 걸림돌이 되는 비판 세력을 제거하려 했던 것이다.

임금이 역적 토벌에 대한 윤음을 내렸다. "송덕상 사건이 발생한 뒤로 역적의 변고를 몇 번 당하였다. 충청도와 해주의 옥사는 논하지 않더라도, 임금을 비방하고 욕하는 무리로는 이택징과 이유백이 있었다. 계교를 꾸며 군사를 일으키려는 무리로는 문인방과 이경래 등이 있었다. 이들이 비록 안면을 싹 바꾸었지만 내막을 따져보면 서로 통해 너나없이 송덕상을 뿌리로 삼았다."

— 『정조실록』 14권, 정조 6년(1782) 12월 27일

1782년 역모사건은 이전의 역모와는 상당한 차이를 보였다. 우선 역모 가담자들의 출신 지역이 넓어졌다는 점을 들 수 있다. 이전에는 대체로 일정한 지역에 제한돼 있었지만 이번 사건에서는 황해도와 평안도, 함경도, 강원도, 충청도 등 상당히 넓은 지역에 걸쳐 있었다.

주동자들의 신분 계층 또한 확대돼, 상층 양반까지 포함된 지배 계층과 평민층이 연합해 변란을 기도했다. 명문 양반에서 몰락 양반과 서얼, 상민 등 다양한 계층의 사람들이 변란을 주도하거나 관련됐다. 신분과 지위가 이질적인 이들은 "송덕상의 복권을 기치로 거사를 일으켜 권력을 탈취한다"는 공통의 목표를 두고 서로 묶일 수 있었다. 양반도 필요에 따라 중인, 상민과 연합할 만큼 신분의 벽이 낮아진 것이다. 국왕과 집권세력 입장에서 보면 변란이 일어날 가능성이 더 높아진 셈이었다. 국왕 정조 또한 이 점을 우려했다.

피붙이나 죽기로 맹세한 벗이 아닐 경우는 그 누가 기꺼이 흉악한 역적

무리에 가담하고자 하겠는가? 그런데 이즈음은 그렇지 않다. 아주 먼 곳에 있는 자들도 한 동아리가 된다. 출신과 사는 처지가 다른 자들도 혼연히 마음이 맞아서 뿌리와 줄기가 단단하게 결성되고 혈맥이 관통된다. 그래서 차라리 역적 도당이 되었으면 되었지 이 나라의 신하는 되지 않으려 하는데, 대체 그 까닭이 무엇인가?

  —『정조실록』14권, 정조 6년(1782) 12월 27일

이전에도 평민이나 천민이 양반층이 일으키는 변란에 참여했지만 기껏해야 조직의 하부에서 중간 책임을 맡는 정도였다. 이마저 드물어 하층민은 대개 무력행사에 동원할 군사에 지나지 않았다. 거사에 필요한 물리력을 뒷받침하는 존재였다. 그렇지만 1782년의 역모사건에서는 문인방을 중심으로 한 평민 지식인이 변란을 주도적으로 준비하고 추진해나갔다.

그들의 어떻게 반란을 준비했나?

동조자를 규합하라

역모의 시작은 10년 전으로 거슬러 올라간다. 1772년 무렵, 문인방은 금강산 유람에서 이경래라는 진사 신분의 향촌지식인을 만났다. 강원도 양양에 사는 이경래는 재주가 신통하고 비범한 이인異人으로 알려진 자였다. 이경래 또한 송덕상 밑에서 수학한 적이 있었다. 첫 만남 이래 문인방은 이경래의 집을 찾아 함께 공부하며 교류를 쌓아나갔다.

그렇게 5년이 흐른 뒤 두 사람은 서로의 속내를 확인했다.[3] 장수가 되어 거사를 일으키고 싶다며 이경래가 본심을 털어놓았다. 사실 누가 먼저랄 것이 없었다. 문인방 또한 같은 심정이었으니, 이들은 지금의 왕조를 뒤엎고 새 세상을 만들고 싶어했다.

두 사람은 동조자 규합에 들어갔다. 전국에 걸친 동조세력을 모으고자 했는데, 우선 강원도와 황해도, 평안도, 함경도 등 정치적으로 소외된 지역을 중심으로 활동했다. 문인방은 훈장 노릇을 하거나 때로는 의원이라 칭하며 주로 북부 지방을 돌며 동조자를 모았다.

작업에 어느 정도 성과가 있자 각 지역별 책임자를 두고 이들을 통해 더 많은 동조자를 모으는 데 진력했다. 동조자 집단은 혈연과 알음알이를 바탕으로 한 일종의 비밀결사 형태로 유지됐다. 문인방이 추국에서 밝힌 강원도와 그 이북 지역 책임자는 이러했다.

이경래는 강원도 양양 임천리에 살았습니다. 도창국은 평안도 영원 내악 림에, 곽종대는 평안도 순안에 거주했습니다. 김정언과 오성현은 함경도 안변에 있었습니다. 그 밖에 김훈과 백천식이 있었습니다.

    –『추안급국안』 24권, 역적 문인방·이경래 등 신문 기록

이경래는 주로 강원도와 서울을 오가며 세를 확대하는데 힘을 쏟았다. 사헌부와 사간원 등에서 고위 관료를 지낸 친척이 있어 이 인맥에 기대어 동조자를 물색했다.

한편으론 당시 정세에 주목해 권력다툼에 따른 정치권 판도를 활용하고자 했다. 권력 집단에서 탈락한 송덕상 세력을 거사에 끌어들이고자 한 것이다. 주로 송덕상과 학맥이나 혈연으로 얽힌 자들이었다. 이경래와 문인방은 송덕상을 추종하는 이들을 동참시켜 거사 명분을 세우고 필요한 인력까지 확보하고자 했다. 이들은 권력 중앙부에서 잠시 멀어졌다 뿐이지 아직은 나름의 경제력과 영향력을 가진 자들이었다. 자금과 군사력 동원까지 기대할 수 있었다. 이들 송덕상 일파는 정치

권 재진입을 서두르고 있었다. 국왕과의 타협이나 다른 뚜렷한 방안이 없는 한 무력 동원도 불사할 태세였다. 이 시기 서울을 비롯한 각 지역 동조자 포섭에 대해 문인방은 이렇게 진술했다.

> 이경래가 이렇게 말했습니다. "내 친척 가운데 이택징이 있고 그 밖에 다른 친척이 많으니 마땅히 그들과 결탁하겠다. 서울은 내가 맡아 일을 주선할 터이니, 문인방 당신은 삼남 지방으로 가서 완력을 갖춘 쓸 만한 무리를 찾아 모으는 게 좋을 것 같다."
>
> –『추안급국안』 24권, 역적 문인방·이경래 등 신문 기록

중부와 북부 지방 조직이 어느 정도 갖춰지자 문인방은 삼남 지방 잠행에 나섰다. 중간 지도자급에 해당하는 백천식과 김훈이 동행했다. 우선 경기도 남쪽과 충청도 지역을 공략하기로 하고, 수원과 안성을 거쳐 진천에 자리를 잡았다. 진천은 『정감록』에서 말하는 십승지十勝地 중 한 곳이었다. 십승지는 난리를 피해 몸을 보전할 수 있는 최상의 거주지 열 곳을 일컬었다. 많은 이가 꿈꾸는 이상향을 이르기도 했다. 진천은 또한 『정감록』에서 예언한 새로운 도읍이 열린다는 계룡산에서도 그리 멀지 않은 곳이었다. 문인방 일행은 이곳을 근거지로 삼아 도사 노릇을 하며 예언서와 점술을 빌려 민심을 선동했다.

문인방이 진술했다. "백천식과 함께 책으로 잡술을 익히다가 양성(지금 의 경기도 안성)과 진천 등 여러 지역을 돌아다니며 초막을 지어 거처하

였습니다. 난리가 날 것이라는 소문을 내고, 천기의 별을 보았다는 설을
퍼트렸습니다. 이는 박서집이 진술한 사실과 같습니다."

                                    -『정조실록』14권, 정조 6년(1782) 11월 20일

문인방은 왕실과 집권세력에 대한 비방을 조장하며 추종자를 규합
하고 이들을 잠재적인 지지세력으로 확보해나갔다. 송덕상 집안의 세
거지가 충청도 대전 지역이어서 동조자 규합에 유리한 면도 있었다.
거사 일정은 진천으로 내려오기 전에 이미 잡아놓은 상태였다.
1781년 9월에 송덕상이 유배형을 받자 일정을 다소 앞당기기로 했다.
논의 끝에 1784년 7월과 9월 사이에 거사를 단행하기로 했다. 구체적
인 공격로까지 정해놓았다.

이경래가 말했다. "양양에 내 도당과 사내종이 많이 있다. 이들을 불시
에 동원해 양양 수령부터 죽이고, 무기와 군병을 모아 간성을 공격한다.
방향을 돌려 강릉을 공략하고 곧장 원주로 쳐들어간다. 원주는 감영이
자리한 큰 고을이지만 도창국의 용력이 10명의 장부보다 훨씬 더 뛰어
나니 대적할 자가 없을 것이다. 그대로 계속 밀고 들어가 동대문을 통해
도성 안으로 쳐들어간다."

                        -『추안급국안』24권, 역적 문인방·이경래 등 신문 기록

이들은 대규모 군사를 한꺼번에 동원할 수 없는 처지였다. 일단 양
양 지역에서 수백 명의 군사로 시작해 무기와 병력을 계속해서 보완하

며 서울로 진격하는 전략을 택했다. 이는 가장 현실적인 방안이기도
했다. 1728년에 소론과 남인이 영조와 노론을 제거하기 위해 일으킨
무신란戊申亂 당시에도 시작은 고작 200~300명에 불과했다. 이들은
점차 규모를 불려나가 청주성까지 점령했다. 이로 미루어볼 때 문인방
무리의 거사 계획이 마냥 불가능해 보이지만은 않았다.

정감록 예언을 퍼뜨려라

동조자 모집에는 지도자에 대한 일종의 우상화 작업이 병행됐다. 총지
도자 격인 이경래를 용맹과 지략이 뛰어난 비범한 인물로 소개했다.
예를 들면, 눈이 일반 사람과 달라 개들도 보면 놀라 달아날 정도로 신
묘하다고 했다. 평안도 지역 책임자인 도창국은 주먹으로 곰을 때려잡
고, 백 척 절벽에 올라가 잡은 짐승을 구워 먹었다며 괴력을 가진 장사
라 일렀다. 신력과 괴력을 가진 초인적인 지도자를 상징적 인물로 내
세우는 이러한 포섭 전략은 당시엔 거사 지도부에 대한 백성들의 신뢰
를 확보하는 꽤 효율적인 방편이었다.

　예언서 또한 활용했다. 문인방 무리는『정감록』류의 서적을 돌려 읽
으며 거사 실행을 거듭 다짐하며 계획을 구체화시켜나갔다. 왕조 교체
의 당위성을 민간에 유포하며 민심을 흔들고 동조자를 포섭했다. 이들
이 민간에 퍼뜨린 말이 구체적으로 무엇인지는 지금으로선 제대로 파
악하기 어렵다. 신문 기록에는 "3자 흉언"이나 "6자 흉언"이라는 말로

만 표기돼 있을 뿐이다. 왕조를 부정하고 국왕을 비난하는 말을 그대로 기록할 순 없었던 것이다. 그렇지만 신문 진술에 파편처럼 담긴 몇몇 단어와 행간의 의미만으로도 이들이 유포한 요언의 요점과 큰 줄기를 파악하는 데는 무리가 없다.

> 문인방이 이렇게 진술했다. "하늘에 비는 축문에 나오는 세 글자로 이뤄진 말은 계책의 하나로 제가 지어낸 것입니다. 『정감록』에 나오는 여섯 글자로 이뤄진 흉악한 말도 모함하려는 계교의 하나로 사용했습니다. 일찍이 제가 가지고 있던 책자 중 하나인 『경험록經驗錄』에도 이런 말이 들어 있습니다. 제가 가진 책자는 모두 네 책입니다."
>
> ─『추안급국안』 24권, 역적 문인방·이경래 등 신문 기록

이들은 지금 왕조의 멸망을 당연시하고 곧 새로운 나라가 열릴 것이라며 민심을 교란했다. 새 도읍지에 대한 희망을 주입하며 왕실에 대한 비판적인 분위기를 조성했다. 이 모든 게 하늘의 뜻이라는 점 또한 강조해 마지않았다.

왕조 교체의 정당성을 설파한 예언서는 삼국시대 말부터 은밀히 전파됐다. 대체로 비기祕記나 도참 등의 이름을 달고 약간씩 내용을 달리하며 전해왔는데, 18세기를 거치면서 『정감록』이 대표적인 예언서로 자리매김한다. 영조 15년인 1739년 들어선 지배층이 기록하는 역사서에까지 등장하게 된다. 문인방이 활동하던 시기인 18세기 후반엔 한글판 『정감록』이 나돌 정도였다. 『남사고비결』을 비롯한 기존의 여러 예

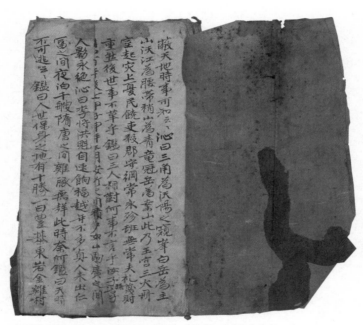

敝天地時事可知之、沁曰三角爲沃陽之窺峯白岳爲主
山沃江爲腰帶稍山爲靑竜冠岳爲案山此乃王宮三火卵
宜起穴上墓民饒吏殺郡守綱常永珍班無常夫札篤時
重並後世事不草于鑑曰三人開對何事不言于波不字干
人影永絶沁曰辛特洪兜自逮飽福越年不多眞人未出仁
宝之間夜泊十蘇隋唐之間難脈癘祥此時奈何鑑曰天時
不可進之、鑑曰人世保身之地有十勝、一曰豐基東岩金雞村

국립한글박물관에 소장된 『정감록』 필사본. 이외에도 필사본이 많다.

언서들이 『정감록』의 일부로 편입되기까지 했다. 문인방과 이경래가 주도한 변란 기도는 이러한 정감록 사상을 본격적으로 내세운 최초의 변란으로 평가받고 있다.

『정감록』은 그 판본에 따라 조금씩 내용을 달리하지만 "이씨李氏 왕조가 망하고 정씨鄭氏가 계룡산에 나라를 세울 것"이란 역성혁명에 있어서는 동일한 주장을 펼친다. 건국 과정에 대해서는 "정씨 성을 가진 진인眞人이 바다에 있는 섬에서 군사를 이끌고 나와 새로운 나라를 세운다"고 했다. 이른바 해도진인설海島眞人說이다. 여기서 말하는 "바다에 있는 섬"은 역성혁명을 수행할 근거지가 될 터인데, 문인방은 이를 소운릉小雲陵이라 표현했다.

> 문인방이 저(박서집)에게 말했습니다. '소운릉은 땅이 매우 비옥합니다. 일찍이 한번 가서 씨앗을 뿌리고 돌아왔습니다. 다시 가서 보니 곡식이 무성하게 자라 있었습니다.'
> —『추안급국안』 24권, 역적 문인방·이경래 등 신문 기록

> 문인방이 저(박서집)에게 말했습니다. '유민과 거지를 모아 병사로 삼아서 양식을 고루 나누어주면 사력을 다해 싸울 것입니다.'
> —『추안급국안』 24권, 역적 문인방·이경래 등 신문 기록

소운릉은 식량공급지이자 군사 거점이었다.[4] 빈민을 모아 배불리 먹이고 군사를 양성하는 터이자 거사 추진을 위한 비밀 기지 역할을 하는

곳이었다. 그런데 문인방이 말하는 소운릉의 위치가 백두산 아래, 삼척 바다, 남방 해도 등으로 상황에 따라 달리 나타난다. 실재하는 섬이 아니라 동조자를 포섭하기 위해 상정한 가상의 공간이었기에 굳이 한 장소를 고집할 필요가 없었던 것이다. 소운릉은 전략적 선동술에 따라, 세를 모으고 변란의 명분을 내세우기 위해 지어낸 상상의 섬이었다.

비옥해 온갖 곡식이 풍성한 터전, 어쩌면 그곳 소운릉은 이상사회에 대한 염원이 투영된 공간일지도 몰랐다. 배고픔이 없고 억압과 차별이 사라진 지상의 낙원. 문인방은 그런 이상사회를 꿈꾸며 소운릉을 가슴에 품고 키웠던 것이 아닐까?

『정감록』이 말하는 진인이 나타날 그 바다의 섬 또한 고통받는 백성의 희원이 만들어낸 이상향이었으리라. 다수의 지지를 받지 못하는 예언서는 저절로 사라지고 널리 민심을 담은 예언만이 살아남았을 테니, 전해오는 예언서는 결국 다수의 백성의 뜻을 담을 수밖에 없었다. 『정감록』을 비롯한 예언서는 어느 한 개인이 일순간 써낸 서책이 아니라 민중의 집단 창작품에 더 가까운 책이었다.

평민 지식인과 『정감록』 반란

문인방과 같은 평민 지식인은 이러한 예언서의 개작과 유포에 크게 관여한 자들이다. 이들은 사회변혁의 열망을 예언서에 담아 백성의 억눌린 염원을 일으켜 세우고, 그런 백성의 지지를 통해 자신의 정치적 야심을 이루고자 했다.

조선 후기에 서당을 비롯한 교육기관이 확산하고 문자 해독 계층이 늘어나면서 이들 평민 지식인층이 제법 넓게 형성되었다. 거기다 평민 지식인과 다름없는 처지인 몰락 양반까지 양산됐다. 이들은 명색만 양반이었지 경제 형편이나 사회적 지위 측면에선 웬만한 중인과 부유한 상민보다 뒤졌다. 이 몰락 양반 또한 넓게 본 평민 지식인 부류에 포함시킬 수 있을 것이다. 이들 평민 지식인은 국가 정책과 제도 운용에 비판적일 수밖에 없었다. 이중 일부는 체제 저항의 길을 걸었다. 이들은 조선 왕조의 몰락을 희구했으며 뜻을 펼칠 다른 사회를 갈망했다. 예언서를 빌어 백성에게 새로운 세상을 약속했다.

지배층에서는 유교이념을 강화하며 예언서를 차단하려 했지만 오히려 확산되는 추세였다. 금서로 지정해 소지만 해도 엄벌에 처했지만 정치 예언을 앞세운 사건이 끊이지 않았다. 18세기에서 19세기 전반에 일어난 체제저항적인 괘서와 흉서 사건이 그러했고, 정감록 예언을 빙자한 여러 반란 기도도 마찬가지였다.

정조 9년인 1785년에 일어난 역모사건 또한 그러했다. 문인방 역모사건이 일어난 지 3년 뒤, 이번엔 경상도 하동의 지리산 지역을 근거지로 한 역모가 발생했다.[5] 평민 지식인들과 권력에서 밀려난 서울의 양반들이 결탁해 민심을 어지럽히고 왕조를 뒤엎으려는 준비를 하다 적발된 사건이었다. 정쟁에서 탈락한 양반들이 자금을 제공하고, 평민 지식인들은 조직 결성과 인력 확보에 주력하는 형태로 거사 준비가 이뤄졌다.

이들은 지리산에 비밀 거처를 마련해두고 정감록을 비롯한 여러 예언서를 활용해 동조자를 모으고 세력화를 추진했다. 특히, 신묘한 능력을 가진 가공의 인물을 내세워 예언의 신빙성을 높이고자 했다. 상징 인물을 통한 이런 선동전략에는 비밀 본부를 운영하며 반란집단의 우두머리 역할을 한 문양해가 앞장섰다. 그는 지리산 이인異人이나 산인山人으로 불리는 도인에게서 말을 들었다고 하면서 예언을 유포시켰다. 역모 가담자들은 신문을 받으면서도 이인과 산인에게서 예언을 들었다는 주장을 굽히지 않았다.

> 문광겸이 진술했다. "유가劉哥와 김가金哥, 정가鄭哥 세 사람이 장차 셋으로 갈라져 일어나서, 아침에는 화해하고 저녁에는 싸운다는 말을 산인에게서 들었습니다. 이는 『정감록비기』에 나오는 말이기도 합니다."
>
> ―『정조실록』 19권, 정조 9년(1785) 3월 16일

> 이율이 지리산의 이인이 이렇게 말했다고 진술했다. "이제 조선은 기운이 다했다. 비록 올해는 약간 풍년이 들 것이나 내년에는 도적이 크게 일어나고 도로가 불통할 것이다. 그 이듬해는 세상을 바꾸는 거사가 일어날 것이다. (…) 그날 이후는 신분 귀천이 없는 세상이 될 것이니, 이를 과업으로 삼아 새로운 세상을 여는 시조가 되자."
>
> ―『승정원일기』 1577책, 정조 9년(1785) 2월 29일

문양해를 중심으로 한 중인 이하의 평민 지식인들은 조선의 신분제도까지 뒤엎는 이상사회 건설을 거사의 명분으로 삼았다. 이는 왕조

교체에서 한발 더 나아간 이념 전략이라 할 수 있다. 또한 평민 지식인의 역할이 점차 커지고 있음도 알 수 있다. 실세한 양반이 한 축을 이루고 있었지만 조직을 운영하고 거사 준비를 추진한 실질적인 주도층은 평민 지식인이었다.

이후에도 이런 성격의 사건이 끊이지 않았다. 『정감록』을 비롯한 여러 비기의 예언을 바탕으로 평민 지식인이 주도한 역모와 난은 18세기 후반 이후 체제 저항의 한 흐름이 되었다고 할 수 있다. 1811년에 일어난 평안도 백성의 항쟁 또한 이 흐름에 놓여 있었다. 1860년대에 형성된 동학 집단의 활동 또한 그러했으며, 1894년 농민전쟁 또한 이러한 추세의 연장선에 있다 해도 과언이 아니다.

정치 예언서는 국왕이 금지시킨다고 해서 사라질 책이 아니었다. 그것은 곧 민심이었기에 조선 지배세력이 공언한 예와 덕의 정치를 펼치고 민생정책을 제대로 실행하면 어느 순간 소멸될 목소리였다. 『정감록』 확산과 변란 기도는 조선 지배층의 파행적 통치와 사회제도의 모순이 가져온 필연적인 결과였다.

지배층에게 『정감록』은 민심을 어지럽히는 간교하고 요망한 서책이었는지도 모른다. 하지만 백성에게 정감록은 그러한 요서妖書 이상의 책이었다. 소외된 불우한 지식인의 불만도 넘어서 있었다. 그것은 억압과 착취에 내몰린 다수 백성의 신음이자, 그 끝에서 부여잡고자 한 민초들의 질기고 소중한 생명력의 또 다른 목소리였다.

풍문 설전風聞舌戰 | 커뮤니케이션 저항

널리 소문을 전파하라

괘서의 정치사회학

널리 소문을 전파하라

장터에 내걸린 흉악한 글

하동 관아에서 5리(약 2킬로미터) 정도 떨어진 두치장은 인근 지역에서 몇 손가락 안에 드는 큰 시장이었다. 섬진강변에 위치해 장날이면 수백 척의 배가 오르내리고 강 건너편 호남 사람들까지 모여들어 도회지를 무색하게 했다.

순조가 즉위한 이듬해인 1801년 6월 13일, 이날은 두치 장터가 다른 때보다 더 술렁거렸다. 주민들이 몰려들어 한 곳을 바라보며 웅성거리고 있었다. 주위 사람의 표정을 확인하며 혀를 차기도 하고, 손짓을 하며 난감한 표정을 짓기도 했다. 모두들 대나무 장대 끝에 내걸린 천 조각을 쳐다보고 있었다.

무명으로 된 천에는 한자로 된 글이 적혀 있었다. 괘서掛書였다.[1] 이는 여러 사람이 볼 수 있는 곳에 몰래 내걸거나 붙이는 게시물로, 지금으로 치면 익명의 대자보에 해당한다. 당시 괘서는 남을 비방하거나 민심을 선동하는 수단으로 사용되었기에 엄격하게 금하는 일이었다. 두치장에 내걸린 괘서의 내용은 이러했다.

> 글재주나 무예를 발휘할 능력이 있는데도 그에 적합한 일을 갖지 못한 자들과 농사마저 제대로 지을 수 없는 자들은 나의 고취에 응하고 나의 의로운 외침을 따르라. 재상이 될 만한 자 재상을 시키고, 장수가 될 만한 자 장수를 시킬 것이다. 지혜로운 자는 쓰임을 얻을 것이며, 책략에 뛰어난 자는 맞아들일 것이니라. 가난한 자는 부유하게 해줄 것이며, 두려워하는 자는 숨겨줄 것이다.
>
> ─『승정원일기』 1845책, 순조 1년(1801) 12월 26일

그 아래에는 "十爭一口십쟁일구"라는 네 글자가 적혀 있고, 그 옆에는 한글로 된 "흙도 그만이다"라는 글귀가 쓰여 있었다. 모두 의미가 모호한 글이었다.

장터 소란은 그리 오래 가지는 않았다. 신고가 들어가자 관리들이 나와 괘서를 재빨리 수거했다. 관아에서는 나라에 불만을 가진 자가 민심을 선동하기 위해 내건 흉서로 단정하고 비밀리에 수사에 들어갔다. 주민 동태에 주목하며 유언비어 단속을 강화했지만 괘서 내용은 하동 인근 지역으로 퍼져나갔다. 입소문을 죄다 막을 수는 없었다.

그렇게 한 달이 흘렀지만 관아에서는 괘서 주동자가 누구인지 단서조차 잡지 못했다. 오히려 사태는 더 심각해졌다. 엎친 데 덮친 격으로

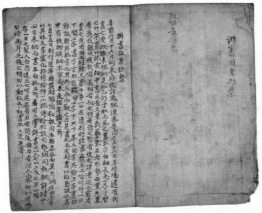

조선시대 괘서를 붙였다가 벌어진 옥사를 모아놓은 『괘서옥안초
開掛書獄案抄謄』. 국립중앙박물관 소장.

인근 의령 지역에서 또 다른 괘서가 나붙었다. 이번엔 사흘 간격을 두고 두 번이나 발생했다.

며칠 뒤에는 창원에서도 괘서사건이 터졌다. 한 달이 조금 넘는 기간에 네 건의 괘서사건이 연이어 일어난 것이다. 의령과 창원 괘서의 내용은 하동에서 발견된 괘서와 유사했다. 해독이 모호해 궁금증을 유발하는 글귀가 있는 가운데 조정의 인재등용 실상을 비판하고 민심을 어지럽히는 글이 쓰여 있었다.

수사는 사건 초기부터 경상감영에서 지휘했다. 조정에서는 특별조사관인 안핵사까지 파견하며 신속한 범인 체포를 종용했다. 괘서 내용으로 미루어 사건이 소요나 변란으로 확대될 가능성이 있었기 때문이다. 정조가 죽고 순조가 즉위하면서 정권이 교체되는 시기여서 민심 동향에 더 민감할 수밖에 없었다. 더구나 정권을 잡은 세력이 정조를 독살했다는 소문이 전국에 퍼진 상태여서, 집권세력에 반대하는 파당의 움직임에 신경을 곤두세우고 있었다. 실제로 경상감영에서는 이 사건을 무력봉기나 정치변란의 전초로 파악하고 조사를 실시했다.

근 6개월에 걸친 수사 결과, 사건의 전모가 거의 드러났다. 조정에서는 일단 봉기나 변란을 직접 기도할 목적으로 일으킨 사건은 아닌 것으로 판단했다. 의령과 창원에서 연이어 일어난 세 번의 괘서사건은 향반 신분인 전지효가 주도한 것으로 밝혀졌다.

의령에 사는 전지효가 진주에 거주하는 매형 이진화를 시켜 괘서하게 했다. 곧이어 철거하게 하고는 이장에게 관아에 신고하라고 했다. 전지효는 공을 바라고 한 일이라 했다. 또한 매형 배진경에게 다른 흉서를 쓰게 한 뒤 배진경의 동생 배윤경을 보내어 그 흉서를 창원에 게시하게 했다. 조사가 들어가 사실이 드러날 위기에 처하자 이진화가 진주에 사는 정양선이 한 일이라 둘러댔다.

－『순조실록』 3권, 순조 1년(1801) 12월 14일

40대 초반의 전지효는 수령을 자문하고 보좌하는 향청의 간부직을 맡고 있었다. 그는 신고하면 포상을 받을 것이란 기대로 친척을 사주해 괘서를 부착했다고 진술했다. 하지만 이는 표면적인 이유일 뿐, 괘서 발생을 빌미로 수령을 압박하고 해를 가하려는 목적이 더 컸던 것으로 보인다. 전지효 일가는 자신들이 괘서 주범으로 밝혀지기 전에 범인을 다른 사람으로 지목해 수사에 혼선을 주기도 했다.

하동 장터에 괘서를 내건 자는 끝내 밝혀내지 못했다. 하지만 의외의 성과가 있었다. 괘서사건을 일으킨 당사자는 아니지만 난을 예언하고 체제를 비방한 와언 유포자를 잡아들일 수 있었다.

괘서를 부착하거나 괘서 내용을 유포하는 등 사건에 관련돼 체포된 자는 29명에 이르렀다. 전지효와 와언 유포자는 나라 기강과 사회질서를 어지럽힌 대역부도의 죄로 능지처사 당했다. 4명은 참수형에 처해졌으며 6명은 유배형을 받았다. 나머지는 이보다 수위가 낮은 처벌을 받거나 석방되었다. 단지 예언서나 비기를 소지한 백성도 처벌을 내렸으니, 국왕과 대신들이 이번 괘서사건에 얼마나 큰 불안을 느꼈는지를 짐작할 수 있다.

비변사에서 임금에게 아뢰었다. "권정식과 조영, 조재우 등은 요서妖書를 눈으로 직접 보았습니다. 그런 책은 불에 즉시 던져야 하는데 집에 숨겨 둔 지 오래되었습니다. 이들은 빌려 보거나 베껴두면서 놀라워할 뿐, 분하게 여겨 멀리하려는 뜻은 없었습니다. 규정에 비추어볼 때 모두 엄벌에 처함이 합당하나 아직 전파하거나 선동한 자취는 없습니다."

–『비변사등록』 192책, 순조 1년(1801) 12월 14일

괘서, 소문을 타다

신문을 받은 자들 중에는 괘서 내용에 현혹돼 피난 준비를 하다 잡혀온 자도 있었다. 농사를 짓는 강응일은 그해 10월 21일에 난리가 날 것이라는 소문을 믿고 이주를 추진했다.

하동에서 괘서사건이 일어난 뒤 가까운 곳은 물론 먼 지역까지 뭇사람의 입으로 퍼져서 소문이 낭자했습니다. 그래서 저도 산에 들어가 피란하려는 뜻을 가졌습니다. 이웃인 성정학은 강원도 정선으로 이주했습니다. 그곳은 토지가 넓고 사람은 적어 생활에 필요한 물자가 아주 풍부하다고 합니다. 골이 깊어 안전하게 피란할 수 있는 곳이기도 하답니다. 저도 곧 가족과 함께 이주하려 했습니다. 육로로 간다면 장애가 있을 뿐아니라 관아의 이주 허락을 얻기 쉽지 않을 것 같아 사공에게 배를 한 척 사려 했습니다.

소문의 진원지는 하동 괘서에 쓰인 "十爭一口십쟁일구"였다. 글의 음은 알기 쉬워도 그 뜻이 모호한 이 어구가 "10월 21일에 변란이 일어난다"는 의미로까지 해석돼 주민들에게 퍼져나간 것이다. 이는 한 사람이 내린 풀이가 아니라 여러 사람의 입을 거치면서 변형되어 이뤄진 뜻풀이였다.

처음에 "十爭一口"는 "十月十日"로 해석됐다. 爭쟁의 윗부분인 爪조를 月로 보고, 아래의 尹윤에서 土를 제거한 글자를 十으로 보았으며, 一口는 합쳐서 日로 풀이해 내린 해석이었다. 다른 사람의 입을 거치면서 "十爭一口"는 "十月甲日시월갑일"로 다르게 풀이됐다. 이번엔 尹을 甲으로 본 것이다.

그러자 또 다른 사람은 역서를 참고해 十月甲日은 10월 21일이라고 단정했다. 중국 상고시대의 고사를 들어 十月甲日을 이해해야 한다는 말도 나왔다. 시월갑일은 무왕武王이 상나라(기원전1600~기원전1046) 주왕紂王을 정벌하기 위해 제후들과 맹약을 했던 날이라는 것이다. 성군聖君 무왕이 폭군인 주왕을 벌하고 천명을 받들어 새로운 나라를 세웠으니 이는 역성혁명의 의미가 담긴 해석이었다. 좀 더 나아가면, 지금의 조선은 폭군이 지배하는 상나라이며 곧 난이 일어나 성군이 다스리는 새 나라가 들어설 것이라는 예언과도 일맥상통하는 풀이가 될 수 있었다.

하동 괘서의 "흙도 그만이다"라는 한글 글귀는 "농토에서 하는 일을 잠시 접고 봉기하라"는 뜻으로 읽혔다. 결국 괘서 전체 내용을 종합하면, 지금 왕조와는 다른 정의롭고 풍요로운 나라를 세우기 위해 변란이 곧 일어날 터이니 함께 떨쳐 일어나자는 선동으로 받아들여졌다. 이는 조정에서 극히 우려했던 사태였다. 받아들이는 자의 처지에 따라서는 괘서 내용이 봉기나 변란 기도를 부추길 수 있는 여지가 다분했다. 관아에서 괘서 부착자 검거에 주력하면서도 괘서 글귀의 전파를 차단하려 힘을 쏟은 까닭이 여기 있었다.

그런데도 괘서 글귀는 그 내용이 첨가되고 변형돼 주변 지역으로 빠르게 퍼져나갔다. 소문의 주된 매개 통로는 향촌 시장이었다. 19세기를 전후해 전국적으로 시장이 크게 늘어났는데 하동과 진주 지역도 예외는 아니었다. 지역 오일장이 물산 유통뿐 아니라 인적 교류와 정보 전달의 통로 구실까지 맡고 있었다. 하동 장터에서 괘서가 내걸린 지 보름이 채 되기 전에 진주 지역에서 괘서사건에 대해 모르는 사람이 없을 정도였다고 한다. 대부분의 주민이 장터에서 괘서 소문을 들었다고 했다.

> 저는 본래 농사만 지어 일자무식 까막눈입니다. 대소사를 막론하고 농사에 관한 일 외에는 들어본 적이 없는데, 이번의 괘서 소동은 읍내에서 장이 열릴 때 처음 들었습니다.
>
> ─『승정원일기』 1845책, 순조 1년(1801) 12월 26일

괘서의 정치사회학

불만 지식인, 괘서를 해석하다

괘서 내용을 풀어 해석한 자들은 관직에 나가지 못한 유생인 유학幼學 신분층 사람들이었다. 특히 "十月甲日"을 10월 21일로 해석하고 이를 무왕이 정벌을 맹약한 날로 연결한 당사자는 진사 신분을 가진 정양선과 훈장인 이방실이었다.

정양선은 한때 괘서사건의 주모자로 몰려 조사를 받은 인물이었다. 의령과 창원에 괘서를 부착한 전지효 일가가 이를 정양선이 한 짓이라 관아에 고발했는데, 수사 결과 거짓임이 드러났다. 하지만 괘서를 해석하고 유포한 죄는 피할 수 없었다.

비변사에서 임금에게 아뢰었다. "정양선은 괘서를 부착한 죄에서 벗어나게 됐으니 너그럽게 처결해 놓아줄 수도 있습니다. 하지만 잘못된 말을 믿고 요사스런 참언을 억지로 끌어다 붙였다고 자백했으니 석방할 수는 없습니다. 형벌을 더해 유배형을 내려야 할 것입니다."

–『비변사등록』 192책, 순조 1년(1801) 12월 14일

40대 후반의 정양선은 진주 지역에 거주하는 지주였다. 그는 과거 시험인 생원진사시에 합격했지만 관직 진출은 하지 못했다. 한때는 관직을 얻으려고 백방으로 연줄을 대었지만 결국 관료계 진출을 포기한 인물이다.

그도 그럴 것이, 진주를 중심으로 한 하동과 의령, 창원 등 경상도 서남부 지역은 이미 정치적으로 영락한 지역이었다. 광해군(재위 1608~1623) 시기엔 중앙정치를 좌우하는 정치세력의 본거지이기도 했지만 1623년 계해정변(인조반정) 이후로는 정치권력에서 멀어져갔다. 1728년 들어 무신란이 실패하면서 이 지역 사족은 정치적으로 거의 몰락한 처지에 놓인다.

이후에도 이런 추세가 달라지지 않았으니, 이 지역 사족은 정권에 대해 불만과 반감이 높을 수밖에 없었다. 진주 지역이 1862년 농민항쟁의 발원지가 된 사실도 이와 무관하지 않을 것이다. 정양선은 '특정 지역 정치 배제'라는 사회 모순 속에서 변혁을 갈망하던 중에 괘서사건을 맞았고, 거기에 평소 품고 있던 뜻을 슬며시 심었던 것이다.

50대 후반의 이방실은 서당 훈장을 하며 겨우 생계를 꾸려가는 처지였다. 능력은 있으나 뜻을 펴지 못하는 가난한 지식인이자 몰락한 양반 계층이었다. 이방실 또한 평소 집권세력에 대해 가졌던 반감을

괘서 해석에 담음으로써 지배체제에 대한 불만을 해소하려 했다. 지금과는 다른 세상이라는 미래에 대한 자신의 염원까지 싣고자 했을 것이다.

괘서에 담은 민심

이 무렵 전국에는 이방실과 비슷한 처지의 몰락 양반층이 광범위하게 형성돼 있었다. 이들은 정치권 탈락은 물론 경제적으로도 궁핍한 처지에 놓여 있었는데, 일부는 이전에는 천시하던 상공업에 종사하며 생계를 이어갔다. 다른 일부는 살길을 찾아 전국을 떠돌며 서당 훈장이나 의술, 천문지리 등 잡술로 생계를 유지했다. 이른바 유랑지식인 부류였다.

이들 몰락 양반은 괘서사건을 일으키는 주역이기도 했다. 19세기 들어 집권세력을 비판하는 괘서사건이 점차 늘어났는데, 몰락 양반을 비롯한 서얼과 중인층 출신이 사건을 주도할 경우가 많았다. 때로는 상민이나 노비가 괘서사건을 일으키기도 했다.

18세기에 일어난 괘서사건은 대체로 중앙권력에서 밀려났지만 사회경제적 기반은 가진 양반층이 주도했다. 그러면서 이 시기 괘서사건은 정쟁의 산물이자 지배층 내에서의 권력투쟁이라는 양상을 보였다.

하지만 19세기 들어서는 그 주체가 달라져 괘서사건이 민중의 저항이라는 성격을 강하게 띠었다. 서당이 증가하고 문자 교육이 확산하면서 세상 물정에 눈뜨는 백성이 늘어났으며, 그에 비례해 의사를 표시하고 지배체제에 항거하는 저항의 목소리도 강해진 것이다. 체제 모순이 심화되고 제도가 파행적으로 운용되며, 억압과 착취가 심해지는데도 이를 해소하기는커녕 불만의 목소리마저 잠재우려 했기에 괘서는 더욱 성행할 수밖에 없었다.

1812년 평안도 백성의 항쟁이 한창일 때 서울 숭례문과, 국왕 호위부대였던 옛 장용영의 대문에 괘서가 나붙었다.[2] 서울 지역 민심을 교란하고 정부의 반란군 진압에 혼선을 유도하기 위해 일으킨 사건이었다. 실제로 이 시기에 서울 주민들은 피란을 준비하며 우왕좌왕했는데, 당시 괘서가 이러한 혼란을 부채질했다. 괘서 주동자는 평안도 항쟁의 지도부와 연결된 유한순이란 자였다. 그는 승려나 암행어사를 사칭하며 사회 일탈적 사건을 저지르던 자였는데, 평안도 항쟁의 지도부를 만나 체제 저항의 길을 선택한 인물이다.

노비가 일으킨 괘서사건도 있었다. 1819년 5월, 경기도 수원의 화성 성문에 "장수 80명과 10만 병사가 난을 일으킬 것"이라는 내용을 담은 괘서가 나붙었다.[3] 당사자는 전라도 남평의 관노인 김재묵이었다. 그는 과부와 정을 통했다는 죄목으로 유배당했는데, 유배지에서 도망쳐 나와 괘서사건을 일으켰다. 신분 차별에 대한 분노와 사회에 대한 저항심이 합쳐져 극단의 선택을 한 것으로 보인다.

1826년에는 충청도 청주의 북문에 민란을 선동하는 괘서가 나붙었다. 평안도 일대에서 반란을 일으킨 홍경래 무리가 아직 살아 있으며, 이들이 곧 뭉쳐 일어나 조선을 멸망시킬 것이라는 내용을 담은 괘서였

다.[4] 백성의 『정감록』에 대한 기대를 염두에 둔 듯, 정원수鄭元帥와 천관
도사天冠道士라 칭하며 성인聖人과 장군을 사칭했다.

괘서 주동자는 김치규와 이창곤이란 인물로 이들은 전국을 떠도는
유랑지식인이었다. 훈장 일과 잡술로 근근이 생계를 잇고 있었다. 청
주와 안성 지역에 사는 여러 사람이 괘서사건의 공모자로 함께 체포됐
는데, 이들 또한 비슷한 처지에 놓인 자들이었다. 글을 익혔지만 관직
에 진출하지 못했으며, 국왕과 집권세력에 대해 큰 불만을 가지고 있
었다. 당시의 정치 흐름을 파악하면서 사회 현실을 비판적으로 바라보
았다. 또한 이들은 글이 가진 파급력을 누구보다 잘 헤아릴 줄 알았다.
괘서를 저항의 방편으로 삼아 민심을 혼란하게 하고 그 틈을 타서 무
리를 모으고자 했다.

> 이창곤이 진술했다. "글을 지으면 필시 허虛가 실實이 되고, 무無가 유有
> 가 되니, 이 괘서 작업을 하게 되었습니다. 글을 지은 뒤에 이를 보게 되
> 면 마음이 흥분해 혼란을 일으킬 것입니다. 그렇게 된 뒤에는 많은 사
> 람이 무리지어 몰려들 것이니, 그러면 하나의 큰 세력을 이룰 수 있습니
> 다."
>
> ─『추안급국안』 27권, 병술년(1826) 김치규·이창곤 신문 기록

철종 4년인 1853년에는 경상도 봉화에서 괘서사건이 일어나 조정
을 뒤숭숭하게 했다.[5] 괘서에 실린 글을 제대로 기록하지 않아 구체적
인 사실을 하나하나 알 수는 없지만 이 사건을 다룬 관계자들의 말을

종합하면 단순한 현실 비판 차원을 넘어선 것으로 보인다. 사건 당시 병영에서 근무했던 한 장교는 괘서에 대해 이렇게 진술했다.

> 병영에서 괘서 내용에 대해 들었습니다. 먼저 나라에 대해 말하고, 다음은 세도정치에 대해 말했습니다. 마지막으로는 민심을 흔들어 소요를 일으키려는 말이었습니다.
>
> —『우포도청등록』9책, 1854년 9월 15일

봉화 괘서는 19세기에 나온 체제 저항적인 괘서의 전형을 보여준다. 국가 정책을 비판하고 세도정치의 폐단을 지적한 뒤, 조선이 더 이상 지속하기 힘든 왕조이므로 백성이 들고일어나야 한다는 주장을 펼친다. 이 괘서사건은 진범이 체포되지 않아 주모자의 정확한 신분을 파악하기 힘들지만 지배층에서 탈락된 지식인층으로 보는 데는 의견이 일치한다.

괘서가 그 역할을 다하려면 행위를 한 실체가 없어야 했다. 주동자를 확증하기 힘들고, 내용이 추상적이고 뜻이 모호할 때 오히려 파급 효과가 배가됐다. 크고 작은 민란과 변란의 시작은 대체로 이런 괘서였다.

때로는 괘서의 영향력이 난이나 역모에 뒤지지 않았다. 무신년 (1728)의 병란을 주도하며 국왕 영조에 맞섰던 이인좌의 말처럼 괘서는 바람에 풀이 쓰러지듯 사방 각지의 백성 가슴을 쓸어 그 마음에 항거의 신념을 물들일 저항의 무기였다.[6] 절망의 끝으로 밀린 자들이 창안하고 유통시킨 백성의 언론이었다. 의사소통과 정보의 주고받음에 관계된다는 측면에서 이 괘서 유포를 커뮤니케이션 저항이라 일컬을 수 있을 것이다.

괘서, 비기秘記, 이상향

19세기 괘서에는 대부분 비기나 예언서의 내용이 담겨 있다. 『정감록』에서 말하는 왕조의 흥망성쇠 고리와 해도진인설 등에 바탕을 두고 주장을 펼친다. 진인처럼 변란을 주도할 인물을 성인聖人이나 도인, 장군 등으로 지칭하며, 조선의 국운이 다했다는 전제 아래 계룡산이나 가야산 도읍설을 주장한다.

이 시기엔 이전보다 비기나 예언서에 더 큰 관심을 보이는 풍조가 형성돼 있었다. 그만큼 사회 혼란이 심하고 민심이 불안했다는 뜻인데, 유학 지식인들도 예언서를 돌려볼 정도였다. 이런 사회 분위기에서 정감록과 같은 예언서의 내용을 차용해 민심을 선동하는 작업이 이전 시기보다 훨씬 용이해졌다.

하동과 의령 괘서사건의 경우도 마찬가지였다. 괘서를 부착한 사람과 괘서 글귀를 해석한 사람은 물론 괘서를 접하고 가슴을 쓸어내린 사람도 정감록 예언에 꽤 깊이 물들어 있는 사람이 많았다. 괘서사건 조사 당시 난을 예언하고 체제를 비방했다는 죄목으로 능지처사를 당한 이호춘이란 인물도 그런 부류에 속했다.

경상감영에서 이호춘을 주목한 때는 수사가 한창이던 1801년 가을이었다. 관아에서 관련자 증언을 통해 이호춘이 "경신년(1800) 6월과 7월 사이에 나라에 큰 변란이 일어난다"는 말을 했다는 사실을 알아냈다. 40대 후반의 이호춘은 영산(지금의 창녕)에 거주하는 훈장이었다. 아이들을 가르치며 겨우 생계를 유지하는 몰락 양반에 속했다. 감영에서는 이호춘을 대상으로 함정수사를 벌여 흉언과 와언을 유도하기로 했다. 일반인으로 변장한 군관과 증언자가 이호춘을 주막으로 불러냈다. 술이 돌고 세상사를 비방하는 말을 슬쩍 꺼내자 이호춘의 입에서 감당하기 힘든 발언이 쏟아져 나왔다.

> 지금 이 세상에는 나를 알아주는 사람이 없습니다. (…) 우리는 잘못된 세상에 살고 있어요. 변란을 한번 겪은 뒤에야 성공해 이름을 떨칠 희망이 있습니다. 당신들은 비천한 사람이 귀하게 된다는 이야기를 듣지 못했는지요?
>
> —『승정원일기』 1845책, 순조 1년(1801) 12월 26일

감영의 수사 지휘부에서는 흥분을 감추지 못했다. 이호춘을 괘서사건의 유력한 용의자로 지목하고 즉시 심층 수사를 펼쳤다. 주변 인물들에 대한 별도의 신문까지 실시했다. 하지만 괘서사건을 일으켰다는 증거를 찾아내지는 못했다. 대신 다른 결과물을 얻을 수 있었다. 이호춘이 요언으로 민심을 선동한 대역부도의 죄를 저질렀다는 증거를 확보한 것이다. 수사 결과에 따르면 그는 점술과 천문, 풍수지리 등의 잡

술과 비기에 큰 관심을 가진 인물이었다.

의금부 도사都事 박광구가 괘서 죄인의 처벌을 두고 임금에게 아뢰었다. "죄인 이호춘은 점괘 푸는 법을 습득하고, 세상을 기만하는 계책과 난리를 피해 숨을 곳을 적어둔 책을 감춰두었습니다. 이를 이용해 자그마한 조짐을 점점 키워 민심을 크게 어지럽히는 말을 퍼뜨리고 백성을 현혹했습니다. 묏자리 쓸 곳의 길흉을 봐주는 일도 능했는데, 말해서는 안 될 곳에서 차마 듣지 못할 말을 방자하게 내뱉었습니다. 심지어 '지나간 경험과 오는 믿음이니, 운運이 가서 기울어져 뒤집힌다'는 등의 말을 하며 민심을 교란했습니다."

─『순조실록』3권, 순조 1년(1801) 12월 30일

이호춘은 주위 사람들에게 변란이 일어나 나라가 전장으로 변할 것이란 예언을 하며 큰 배를 만들어 피란 준비를 하라고까지 했다. 이는 체제를 부정하고 난을 선동하는 행위로, 정감록에 나오는 예언과 유사했다. 그는 체제에 대한 불만과 변혁에 대한 희구를 비기에 기탁해 혼란의 시대를 건너고 절망의 날을 이겨내고자 했던 것이다.

괘서 글귀를 변란 발생으로 해석한 정양선도 비기나 참위설에 몰입했다. 지금을 말세라 규정하고 변란의 당위성을 이렇게 역설했다. "역서曆書에서 정해놓은 왕조의 수명이 400년인데, 이를 넘어 지금은 말세다." "대왕대비의 수렴청정, 신유년(1801)에 일어난 천주교도 박해사건은 모두 비기에 실린 예언과 부합한다."

의령과 창원 괘서사건을 교사한 전지효 또한 정감록 계통의 참위설을 신봉했다. 의령 마을에 괘서를 부착했던 친척의 증언에 따르면 그는 늘 비기를 암송했고, 변란에 대한 위기의식에 사로잡혀 있었다고 한다. 이런 심정을 가졌기에 하동 괘서를 모방해 유사한 괘서를 어렵지 않게 만들어낼 수 있었을 것이다.

피란 준비를 했던 농부 강응일은 안전하고 풍요로운 세상을 갈망했다. 그는 정감록에서 말하는 피란처인 십승지를 찾고자 했다. 이웃이 이주했다는 정선의 산골이 그랬고, 그가 들어가고자 했다는 가야산 만수동 또한 안위를 가져다줄 곳이었다. 그런 강응일이 가고자 했던 피란지든, 이호춘과 정양선이 갈구한 변란 뒤에 올 새 세상이든 그 모두가 그때 조선 땅에 살았던 미약한 백성이 꿈꾼 이상향이었으리라.

1801년 괘서사건으로 바라본 하동에서 진주와 의령, 창원, 영산에 이르는 향촌 사회는 혼돈의 주야晝夜 그대로다. 불안한 면면 뒤로 기대에 찬 눈동자가 반짝이고, 미혹돼 흔들리는 가슴 한쪽으로 믿음의 싹이 자란다. 불만의 언행 이면으로 새로운 신념이 가만히 빛을 발한다. 그 향방이 어디로 흘러갈지, 그 끝이 언제 닥쳐오고 새로운 물길이 언제 시작될지 당시엔 어느 누구도 자신 있게 말할 수 없었지만 말이다.

그런 혼란과 고통의 세월을 지나면서, 근엄한 고관대작이 모멸하듯 말하는 어리석고 미천한 그 백성들은 바람에 나부끼는 괘서처럼 조금씩 자신의 목소리를 세상 속으로 올리고 있었다. 절망의 바다에 이른 자들이 희망을 찾듯이, 고귀한 경전의 말씀 없이도 사는 도리와 세상 이치를 하나하나 체득했듯이 말이다. 조선 왕조가 그나마 지속돼도, 망해 또 다른 나라가 들어서도 농토를 일구어 나라를 나라답게 만들 사람은 이들 백성이었다.

3부
역류―풀과 바람과 칼

한편으로는 부정하고 한편으로는 찬양하는
이 두 가지 사명을 동시에 실천하는 것,
이것이 바로 부조리한 창조자에게 열린 길이다.
그는 공허를 자신의 색채로 물들이려 한다.
_ 알베르 카뮈, 「시지프 신화」

북풍 반란 | 1811년 평안도 백성의 봉기

분노의 들녘 | 1862년 백성의 항쟁

바깥에 선 자들의 반란과 꿈 | 개항 전후 백성의 저항

탐학의 왕조 봉기하는 백성 | 1894년 동학농민전쟁

북풍 반란 | 1811년 평안도 백성의 봉기

서북인들, 반란의 깃발을 올리다

그들이 봉기한 까닭

전략전술의 명암明暗
- 그들은 왜 왕조 교체에 실패했는가?

서북인들, 반란의 깃발을 올리다

정주성定州城을 사수하라

순조 12년인 1812년 4월 초, 반란군은 평안도 정주성에서 3개월 넘게 관군에 맞서고 있었다. 병사 규모나 무기로 보면 그동안의 대치가 놀라울 뿐이었다. 최고 지도자인 홍경래를 비롯한 지휘부와 생사를 함께 하기로 한 성 안의 주민은 4000여 명, 이 중에서 여자와 아이를 제외하고 전투를 할 수 있는 주민은 2000명 정도였다.[1] 관군은 서울에서 급파된 중앙군과 평안도 각지의 지방군을 합쳐 모두 8300여 명에 달했다.

4월 들어 관군은 공세를 강화했다. 성 안에 양식이 거의 바닥났다는 사실을 알아차리고 전력을 쏟아 부어 성 안을 초토화시킬 모양새였다. 긴 사다리를 탑재한 운제雲梯 공격은 물론 성벽을 넘기 위해 흙으로 인공 구릉까지 쌓았다. 문루를 부수려고 끓는 기름을 실은 수레를 동

작자미상의 「순무영진도巡撫營陣圖」. 이 그림
은 1811년 홍경래의 난을 진압하기 위해 관군
이 출전하여 부대별로 목책을 설치하고 그 내
부에서 대기하고 있는 모습을 그린 것이다.

원했으며, 군사를 나누어 사방에서 일시에 공격을 감행했다. 반란군은 총력을 다해 방어전을 펼쳤다. 더 많은 횃불을 밝혀 관군의 동태를 포착하고, 적이 20~30보 이내에 들어왔을 때 총탄과 화살을 발사해 무기 사용의 효율성을 높였다.[2]

그런데 관군의 목표는 다른 데 있었다. 여러 공격 시도는 반란군의 경계를 분산시키고 주의를 돌리기 위한 양동작전陽動作戰에 불과했다. 관군은 성 북쪽 방면 땅 밑으로 굴을 파서 진입해 성곽을 폭파시킨다는 비밀 작전을 수행하고 있었다. 철저한 위장전술을 펼쳐 반란군은 이 작전을 알아차리지 못했다. 거병 이후 한때 평안도 지역 수개 읍을 점령했던 반란군은 최대의 위기를 맞고 있었다.

난은 1811년 12월 18일 밤에 시작됐다. 평안도 청천강 인근에 위치한 가산의 비밀 기지인 다복동에서 출발한 반란군은 두 무리로 나누어 주변 읍을 공략했다. 남진군은 가산에서 박천을 거쳐 안주 방면으로, 북진군은 정주와 곽산을 거쳐 의주를 공격하기로 했다. 이렇게 평안도 주요 읍을 점령한 뒤 평양과 개성을 거쳐 서울로 진격해 왕실을 뒤엎고 새 나라를 세운다는 계획이었다. 반란군은 파죽지세로 관군을 몰아붙여 열흘 만에 가산과 박천, 정주, 곽산, 선천 등 8개 읍을 장악했다. 반란에 가담한 병력도 크게 늘어나 비밀 기지에서 약 240명으로 출발했던 봉기군이 여러 읍을 점령하면서 수천 명에 이르렀다.[3]

반란은 전국을 동요시켰다. 봉기 소식이 퍼지면서 서울에서는 피란 행렬이 잇따랐다.

사헌부 지평持平 박승현이 상소했다. "지난해 섣달(12월)에 일어난 반란 소식이 전해지면서 민심이 매우 소란해졌습니다. 대대로 고관대작을 배출한 사족 집안이 먼저 동요하고, 소문이 부풀려져 떠들썩하게 되니 중상류층 사람들까지 동요해 피란 행렬이 줄을 이었습니다. 도성 4대문에 수레와 가마가 잇따르고 한강변에는 피란하려는 사람과 말이 모여들어 어지럽습니다. 전직 벼슬아치들이 피란한다고 야단이고 현직 관리들도 가족을 피란시켰습니다."

—『순조실록』 15권, 순조 12년 1월 15일

경기도 지역 곳곳의 민심도 흔들렸다. 무뢰배가 떼를 지어 협박과 폭력을 휘두르고, 도둑이 크게 늘어났다. 황해도 해주에서는 우두머리의 지휘 하에 수백 명이 노략질을 하다 관군과 접전을 벌였다. 충청도 결성(지금의 홍성)의 시장에는 평안도 반란군이 작성한 격문과 동일한 내용의 괘서가 나붙었다. 반란의 여파가 전국의 민심을 흔들고 사회 혼란을 부추기고 있었다.

반란군 최후의 날

난이 일어난 10여 일 뒤, 관군의 대대적인 반격이 시작됐다. 12월 29일 박천 송림 지역에서 반란군을 크게 밀어붙인 관군은 이후 승기를 잡고 점령지를 하나 둘 회복해나갔다. 패배를 거듭한 반란군은 쫓겨 달아나

듯 정주성으로 집결했다. 인근 백성 수천 명도 반란군을 따라 성 안으로 들어갔다. 관군은 반란군과 전투를 치르면서 민간의 재물을 약탈하고 주민을 도륙하는 초토화 전술을 펼쳤는데, 성으로 들어간 대부분의 주민이 이러한 관군의 만행을 피하려는 사람들이었다.

반란군은 홍경래 이하 지도부의 지휘로 장기 항쟁에 들어갔다. 관군은 우세한 군사력으로 수차례 성곽을 공략했지만 반란군과 주민의 결사항전에 번번이 물러나야 했다. 하지만 시간이 지나면서 반란군의 기세가 조금씩 꺾여갔다. 식량과 전투 수행에 필요한 물자가 줄어들면서 전력이 감소했던 것이다. 솥을 부수어 탄환을 만들었고, 횃불을 올릴 나무를 마련하기 위해 가옥을 부수었다. 지급하던 식량을 절반으로 줄였다. 3월 하순 들어선 식량 배급을 줄이고자 노약자와 여자, 어린아이 227명을 성 밖으로 내보내야 할 정도로 양식이 모자랐다.

성 밖에서 관군의 동정을 알려주고 식량을 날라주던 주민의 도움도 한계에 봉착했다. 사실 이들의 도움이 없었다면 4배에 달하는 관군을 맞아 수개월을 버틸 수 없었을지도 몰랐다. 정주성 대치 기간에도 반란군 진압을 빙자한 관군의 약탈은 그치질 않았다. 곡물과 농우는 물론 부엌 살림살이까지 빼앗았으며, 말을 듣지 않는다며 노인을 구타하고 젊은 여인네를 창으로 찌르는 만행을 저질렀다. 주민 입장에서 보면 오히려 관군이 생명과 재산에 피해를 주는 적당이었다. 관군의 횡포가 주민들이 성 안의 봉기군을 도울 수밖에 없는 처지로 몰아넣고 있었다. 정녕 누가 반란군인지 알 수 없는 전투가 이어지고 있었다.

하지만 무한정 계속될 수는 없는 싸움이었다. 땅굴작전 보름째, 성곽 밑까지 굴을 판 관군은 마침내 화약을 터뜨려 성곽을 폭파시켰다.

> 순무영巡撫營에서 임금에게 아뢰었다. "4월 19일 사경(오전 1~3시)에 화
> 약 수천 근을 지하도에 감추고 곁의 구멍을 통해 불을 붙이자 화약이
> 폭발했습니다. 우레 같은 소리를 내며 성벽 10여 간間이 받침돌, 포루와
> 함께 이내 조각조각 부서져 내렸습니다. 매복하고 있던 적들은 모두 깔
> 려 죽었고, 성곽을 지키던 졸개들은 달아나 흩어졌습니다. 성 북쪽에 있
> 던 관군들이 일시에 성 안으로 들어가니 적들이 새가 놀라듯 짐승이 달
> 아나듯 모두 서남쪽 모퉁이로 몰렸습니다."
>
> —『순조실록』 15권, 순조 12년 4월 21일

성 안으로 관군이 진입하면서 전세는 결판이 났다. 관군은 사방을
포위하며 반란군을 공격해 한 곳으로 몰았다. 무자비한 살육이 잇따랐
다. 반란군 진압을 위해 출정한 서정군西征軍 소속의 한 군관은 이날의
광기어린 현장을 이렇게 전한다.

> 봉기군을 함부로 살해하지 말도록 한 규정을 지키라고 지시했다. 하지만
> 쌓이고 쌓인 분한 마음이 격해져 학자연하는 이들마저 모두 칼을 들고
> 살육을 과도하게 저질렀다.
>
> —방우정, 『서정일기西征日記』 1812년 4월 19일

홍경래는 교전 중 총을 맞고 전사했으며, 홍총각과 김이대 등 군사

지휘관 대부분은 체포됐다. 최고지휘부에 속한 우군칙과 이희저는 승세를 완전히 제압당해 달리 방도를 찾을 수 없게 되자 난민과 함께 성 밖으로 몸을 피했다. 하지만 이들도 얼마 지나지 않아 체포돼 처형당했다. 그렇게 반란군 최고 지휘부는 주민과 함께 끝까지 항전했다. 어둠을 틈타 관군의 경계가 비교적 소홀한 성곽 뒷자락으로 일찍 도망칠 수도 있었지만 주민과 함께 자리를 지켰다. 정주성 항쟁을 거치면서 지휘부는 주민과 하나의 운명공동체로 묶여갔다. 농부와 소상인, 임금노동자, 유랑민인 이들 백성과 생사를 함께하며 최후를 맞았다.

관군은 성 안에서 2983명을 사로잡았다. 이 가운데 여자와 어린아이를 제외한 1917명을 일시에 처형했다. 관군이 성에 진입한 지 나흘만의 효수였다. 가산의 비밀 기지 다복동에서 진군의 첫발을 내디딘 지 119일, 평안도 백성의 처절한 항쟁은 그렇게 끝이 났다.

그들이 봉기한 까닭

최고 지도자들의 만남 - 홍경래와 우군칙

반란의 시작은 10년 전으로 거슬러 올라간다. 순조 1년인 1801년, 30대 초반의 홍경래는 가산의 한 사찰에서 우군칙을 만났다. 우군칙은 홍경래보다 대여섯 살 아래였지만 1년 전 처음 만난 이래 친교를 맺어오는 사이였다. 인사가 끝나자 홍경래가 우군칙을 요사채의 골방으로 이끌었다. 홍경래는 이 자리에서 반란 의지를 넌지시 내보이며 의중을 살폈다. 우군칙은 체포된 뒤 신문에서 이날의 정황을 이렇게 진술했다.

> 홍경래가 내게 말했소이다. '일식과 지진이 일어나고 흉년이 들어 백성이 매우 고달프다. 이런 세상을 구제할 인물이 곧 나타나리란 사실을 그대는 아는가?' 이에 이렇게 답했소이다. '중국 요堯임금 시절에는 9년 동안

홍수가 났고, 탕湯 임금 때는 7년 동안 가물었습니다. 성왕聖王이 세상을 다스린 시기에도 이런 재앙이 있었거늘, 일식과 지진은 크게 우려할 바가 되지 않습니다.' 그러자 홍경래가 이렇게 응대했소이다. '그대가 어찌 헤아릴 수 있겠는가. 임신년(1812)에 병란이 있을 것이네.'

–『진중일기陣中日記』 1812년 4월 29일

홍경래는 거사 일자까지 잡았을 정도로 이 무렵에 이미 반란 의지를 굳히고 있었다. 여느 반란 기도와 마찬가지로 명분은 도탄에 빠진 백성을 구한다는 대의大義 실현이었다. 그런 명분을 쉽게 거부하지 못할 정도로 당시 사회는 어지러웠다. 관료는 억압과 수탈을 일삼고 굶주리는 백성은 도처에 넘쳐났다. 게다가 조정은 정권 교체기를 지나면서 다시 혼란에 빠져들고 있었다. 국왕 정조가 의문을 남긴 채 승하하고 열한 살의 어린 왕이 즉위하면서 수렴청정이 이뤄지던 때였다. 반대 당파를 제거하기 위한 숙청이 행해지고 세도정치의 싹이 무럭무럭 자라고 있었다. 민생정책은 표류를 거듭했다.

우군칙은 홍경래의 거사 계획에 동조했다. 그 또한 조정과 양반관료에 대해 비판적인 시각을 견지해온 터였다. 더 이상 잃을 게 없는 처지였다. 우군칙은 신분이 미천했다. 양반의 서자라는 말이 있었으며, 역노비驛奴婢의 조카라는 소문도 떠돌았다. 정작 자신은 천한 출신이라며 웃어넘기고, 풍수지리나 보는 지사地師로 불러달라고 했다. 우군칙은 재주가 많은 젊은이였다. 의술에도 일가견을 보였으며 상업 활동에도 발을 들여놓고 있었다. 담력이 있고 무술 실력까지 갖추어 여러 방면에 능통한 재주꾼이었다.

홍경래의 처지 또한 크게 나을 것은 없었다. 평민 신분이지만 토지를 갖지 못했으며, 떠돌이로 지사와 훈장 일을 하며 밥벌이를 해야 하는 빈궁한 처지였다. 한때는 과거시험에 응시하기도 했지만 뜻을 펼칠수 있는 관료계 진출은 막혀 있었다.

신분과 가난의 굴레는 결국 그를 떠돌이로 만들었다. 여느 평민 지식인과 유사하게 풍수지리와 천문을 익혀 전국을 유랑했다. 이런 생활을 하면서 홍경래는 고통받는 백성의 처지에 한발 더 다가서고, 사회모순에 대한 비판적인 인식을 더욱 심화시켰다. 동지를 규합해 지금의왕조를 뒤엎고 새로운 나라를 건설한다는 포부를 키웠다.

봉기를 부추기는 사회 – 동조자를 규합하다

의기투합한 두 사람은 동조자 규합에 들어갔다. 우선 왕조에 반감을가진 저항적 성향의 지식인을 끌어들였다. 학문을 익혔지만 정치적으로 소외되고, 대체로 빈한한 처지에 놓인 인물들이었다. 거사 당시 격문을 작성하고 책사策士로 활동한 김창시가 그 대표적인 인물이다. 양반 출신인 그는 소과에 합격했지만 관료계에 발을 디디지 못했다. 관직을 얻으려고 수년 동안 엽관 활동을 벌였지만 빚만 짊어진 채 소외된 삶을 살아왔다.

홍경래와 김창시의 사례에서 드러나듯 당시 평안도 출신의 지식인이 중앙 관직에 진출하기는 매우 어려웠다. 특정 지역 인물을 관직에서 제외하는 지역 차별이 평안도에만 행해지지는 않았지만 이 지역에 대한 차별은 조선 전기부터 누적돼온 오랜 병폐였다. 더구나 관료계와 정계 진출에 대한 차별이 전체 지역민에 대한 차별과 편견으로까지 확산된 상태였다. 평안도 백성의 이런 소외감과 중앙정부에 대한 반발의식은 봉기에 동참해 저항하게 하는 한 요인이 되었다.

> 평안도 지역 관아의 구실아치와 향임은 물론 백성들까지 천대받아 버려진 데 대해 원한을 쌓아왔다. 게다가 가렴주구에 오랫동안 시달려왔던 터라 봉기하자고 한 번 외치자 메아리처럼 응하지 않음이 없었다. 또한 고립된 성에서 겨우 숨만 쉬게 된 처지에서도 완강하게 버티며 항복하지 않았다.
>
> —『순조실록』 15권, 순조 12년(1812) 4월 21일

봉기군의 군사지휘자로 활동할 인물 또한 물색했다. 이들은 거사 때 현장에서 군병을 관리하고 직접 전투를 수행할 장수였다. 흔히 장사壯士 계층이라 불리는 이들은 대체로 경제력이 매우 열악했다. 남진군 선봉장으로 정주성 전투에서 최후까지 항전하다 체포된 홍총각이 대표적이다. 그는 배우자가 없었으며, 가까운 친척과 소원한 채 영세한 상인으로 생계를 유지하고 있었다.

정주성 전투 때 좌익군左翼軍을 거느린 장수로 활약했던 양시위는 두 칸 초가에 솥 두 개와 낡은 장롱 몇 짝밖에 없는 빈민이었다. 아내와도

헤어진 채 사공 일과 농업노동으로 겨우 살아가는 처지였다.

이들은 정부 조직의 말단이나 향촌 자치조직에 참여하지 못해 사회적 기반도 미미했다. 기존 사회질서에 거부감을 보이며 항쟁에 적극적으로 나섰던 이들 장사 계층은 반란을 신분 상승과 정치 참여의 기회로 삼았다.

지도부의 큰 줄기가 잡혀가면서 군자금 마련도 시급해졌다. 홍경래와 우군칙은 평안도 지역 상인들에게 접근해 이들을 자금줄로 삼고자 했다. 우군칙이 풍수 일로 가산의 부호인 이희저와 접촉했고, 얼마 지나지 않아 거사에 동참한다는 언약을 맺었다. 이희저는 역노驛奴 출신으로 신분이 미천했다. 그렇지만 청나라 상인과의 밀무역을 통해 부를 축적한 뒤 면천의 기회를 잡았다. 무과에 합격했으나 관직은 갖지 못한 출신出身이란 지위를 얻어 무임武任 계층에 오를 수 있었다. 그 뒤 사회적 지위가 더 높은 양반이 되고자 향안에 이름을 올리고자 했는데, 거기까지가 한계였다. 가산 군수가 이희저의 신분 상승을 제지하고 나섰던 것이다.

토착민인 이희저는 재력으로 향안에 들어갔다. 그런데 가산 군수 정시鄭蓍가 엄히 다스려 이름을 삭제했다. 이에 이희저는 반드시 앙갚음하고자 했다.

—방우정, 『서정일기西征日記』 1812년 1월 10일

이희저는 여러 지역의 유력자와 교분을 맺고 있어서 자금 조달은 물론 거사 조직을 결성하는 데도 크게 기여했다. 친척들 역시 대부분 부유한 상인이거나 읍의 실권을 쥐고 있는 향리였다. 이희저를 통해 부호와 대상인, 향리, 무임 등 향촌사회 중간층을 형성하는 자들이 반란 조직에 발을 디뎠다.

> 홍경래가 괴수였으며 우군칙은 참모였다. 이희저는 뒤를 봐주는 자금줄이었고 김창시는 선봉이었다. 김사용과 홍총각은 손발 역할을 했다. 이들 아래에, 의주에서 개성에 이르는 거의 대부분의 부자와 대상인이 망라돼 있었다. 황해도와 평안도의 파락破落 난당亂黨이 부하가 되어 횡행하고, 많은 유민과 굶주린 백성이 반란 무리에 들어갔다.
>
> ─『진중일기陣中日記』1811년 12월 18일

상인층이 거사에 가담함으로써 자금이 돌고 지휘부 전체 조직이 틀을 잡을 수 있었다. 하층 간부를 포섭하고 일반 병사를 모집하는 일이 가능했다. 상인층과의 결합이 없었다면 거사 자체가 불가능했을지도 몰랐다. 그런데 살림살이 형편은 물론 상당한 재산까지 모은 이들이 왜 반란 모의에 가담했을까? 이들은 대개 재력으로 향임직이나 무임직을 얻어 사회적 지위도 어느 정도 확보한 상태였는데 말이다.

이들의 반란 가담은 평안도 지역 상공업의 발전과 그 한계 상황을 반영하고 있었다. 반란을 통해 상공업 발전에 질곡으로 작용하던 장애물을 제거하고 더 많은 물질과 사회적 위세를 갖고자 했다.[4]

평안도는 조선 후기에 청나라와의 무역으로 상업이 번성한 지역이다. 상인들은 공무역뿐 아니라 밀무역을 통해서도 부를 축적했으며, 박천과 안주, 의주, 평양 등이 상업도시로 크게 성장했다. 유통 경제가 발전하고 지역 시장이 활성화돼 군현 단위를 넘어선 도 단위의 시장권이 형성됐다.

이 지역은 금과 은의 주산지여서 광산업 또한 발전했다. 조정에서 광산 개설을 금지하는 조치를 내리기도 했지만 몰래 광산을 일구는 잠채 성행만 부추길 뿐이었다. 수공업도 활기를 띠어, 특히 견직물과 유기제품, 철제품이 많이 생산됐다. 선천과 영변에는 견직물 공업이 성행했고, 정주는 유기 수공업의 중심지로 성장했다. 안주는 철제 수공업 발전을 이끌었다. 이 같은 상공업 성장을 기반으로 19세기 평안도 지역은 상품화폐경제가 가장 발전한 지역으로 발돋움했다.

평안도 지역은 권세를 가진 양반 가문이 거의 형성되지 않았으며, 유교이념에 따라 상업을 천하게 여기는 풍조도 다른 지역에 비해 약한 편이었다. 이런 추세에서 이 지역 향반 중에는 상공업에 적극적으로 진출해 부를 쌓는 집안이 많았다. 평민 출신 인물이 상공업을 통해 부를 축적하고 무임직과 향임직을 사들여 지역 유력자로 상승하기도 했다.

하지만 이들 신흥 세력의 위세는 향촌 사회에 갇혀 있었으니, 중앙 권력 진출은 차별 정책에 의해 철저히 막혀 있었다. 더구나 세도정치 시기의 특권 상인은 상업 이익을 독점하기 위해 벌열가문과 결탁해 이들 신흥 상인의 성장을 저지하고자 했다. 예를 들면, 1807년에 밀무역을 단속하고 잠채를 강력하게 금지하는 정책을 펼쳐 평안도 지역 상공업 세력을 압박했다. 조정의 경제정책이 평안도 상공업 세력의 이해와 크게 대립하며 이들의 성장을 가로막고 있었던 것이다.

한편으론 상공업을 통해 부를 이룬 평민과 천민은 수탈의 표적이 되었다. 수령은 이들로부터 돈을 받고 향임과 무임, 면임 자리를 파는 매향을 저질렀다. 읍치 운영과 사신 행차에 드는 비용을 빌미로 수탈을 일삼았다. 중앙권력과 그 하수인인 지방관에 대한 평안도 지역 신흥 상공업 세력의 불만과 반감이 높아질 수밖에 없었다. 계기만 주어진다면 중앙권력을 상대로 언제든 폭발할 수 있는 분위기가 마련돼 있었던 것이다.

봉기군의 실질적인 전투력을 이룰 병사를 끌어 모을 여건도 조성돼 가고 있었다. 수탈과 민생 정책 실패로 일부 농민층이 몰락하면서 임금노동자와 빈민이 양산됐고, 각지의 유민이 살길을 찾아 평안도 광산으로 몰려든 지 오래였다. 더구나 봉기 2년 전인 1809년에는 전국에 큰 흉년이 들어 하층민의 생계가 더욱 힘들어졌다. 특히 삼남 지역이 심해 빈민층 일부는 일자리를 찾아 북부 지역으로 몰려들고 있었다. 바야흐로 반란군의 뿌리를 이룰 요건이 무르익고 있었다.

전략전술의 명암明暗
-그들은 왜 왕조 교체에 실패했는가?

더 많은 백성을 규합하라

김혜철은 평안도 박천에 거주하는 상인이었다. 주로 한약 재료를 취급
하며 평안도는 물론 황해도까지 판로를 열고 있었다. 존위라 불리며
박천 일대의 향촌 사회에도 상당한 영향력을 행사했다. 김혜철은 그동
안 봉기군 지휘부에 자금과 물자를 제공해왔는데, 거사가 다가오자 병
사 모집에도 나섰다.[5] 우선 광산노동자를 모집한다는 구실을 내세워
사람을 끌어 모으기로 했다. 하층민을 대상으로 미리 돈을 지급해 병
사로 끌어들인다는 계획으로, 일종의 용병 모집이었다. 김혜철 일족은
다소 면식이 있는 빈민과 외지에서 흘러들어온 유민을 대상으로 1냥
내지 3냥의 선금을 주어 이들을 가산의 비밀 기지로 들여보냈다.

우군칙의 친척인 강득황도 병사 모집에 나섰다. 포구에서 음식물을
파는 상인에게 "선금을 주고 광산 인부를 모집한다"는 소문을 퍼뜨리

게 했다.

12월 9일에 강득황이 와서는 이렇게 말했습니다. '이번에 우군칙이 서울 물주物主에게서 수천 냥을 받아 운산에서 사람을 모아 금을 채굴하려고 한다. 이 일이야말로 가난한 백성이 살 수 있는 방안이다. 광산에 가게 되면 임금을 미리 줄 것이다.'

─『관서평란록關西平亂錄』 1812년 2월 8일

강득황은 이렇게 해서 모여든 70여 명을 이끌고 비밀 기지인 다복동에 있는 지휘부에 합류했다.

병사로 가담한 자들의 생업은 다양했다. 봉기군의 깃발을 그리는 병풍수리공이 있었고 무기를 만드는 대장장이가 있었다. 소규모 행상을 하는 상인이 참가했고 직공과 사공, 마부도 발을 들여놓았다. 걸인과 유랑민도 빠지지 않았다. 여기에 농토를 잃은 최하층 농민과 품삯 노동자까지 합세했다. 이처럼 처음 봉기할 때의 병사는 임금노동자와 영세상인, 빈한한 수공업자 등 사회 최하층의 빈민들이었다. 이들은 대체로 자영농민은 아니었지만 그렇다고 농민층과 무관한 부류도 아니었다. 농사를 지으면서 행상을 하는 자가 있었고, 토지에서 축출된 유민도 품삯 일꾼으로 고용돼 농사일을 하기도 했다.

봉기 초에 몇몇 읍을 점령하고 관아 창고의 곡식을 풀자 반란군을 찾아드는 빈민이 크게 늘어났다. 이들은 봉기 전에 모집한 병사들과는 달리, 전세가 유리하다고 보고 자발적으로 봉기에 가담한 자들이었다.

예를 들어 북진군이 남창으로 진격할 때는 400여 명으로 출발했지만 그곳에 이르렀을 때는 규모가 700여 명에 달했다고 한다.

이들의 참여는 단순히 호구를 위해서만은 아니었다. 조정과 지배층에 대한 저항의식도 어느 정도 가지고 있었던 것으로 보인다. 마부로 봉기군에 참여한 자가 격문 내용이 좋아 베껴서 소지하고 있었다는 사실과, 술장사를 하는 영세 상인이 가산 군수를 칼로 찌른 사건이 이러한 추정을 뒷받침한다.

봉기 초기에 반란군이 8개 읍을 크게 힘들이지 않고 점령한 데는 빈민의 자발적 참여 외에도 각지에서 내응세력이 적극적으로 호응한 덕분이었다. 이들은 좌수·별감·풍헌 등의 향임과 별장·천총·파총 등의 군직을 가진 부호들이었다. 대체로 토호와 관속에 속하는 부류로 봉기 이후에 훨씬 활발한 활동을 펼쳤다. 이들은 점령 지역의 행정 업무를 맡으며 군수물자를 조달하고 군병 동원에 앞장섰다.

항쟁의 최종 승리를 위해서는 최소한 관군 규모와 비슷하거나 그보다 많은 군사를 확보하는 게 급선무였다. 따라서 주민의 다수를 이루는 농민 동원이 반드시 필요했다. 봉기 초에 자발적으로 합류한 빈민 대부분은 이러한 농민층에 속하지는 않았다.

최고지휘부에서는 행정을 맡긴 토호와 관속으로 하여금 농민군 동원을 추진하도록 했다. 이후 이들의 영향력 아래 봉기군 징병이 조직적으로 이뤄졌다. 곽산 지역에서는 점령 후 이틀 동안에 약 300명을 동원했으며 정주에서도 수백 명을 차출할 수 있었다. 하지만 농민의 자발적인 참여를 이끌어내는 데는 한계가 있었다. 징집된 농민들은

"관군이나 봉기군 어느 쪽이나 죽기는 마찬가지"라는 심정으로 끌려온 경우가 대부분이었다. 승리를 위해서는 강제 동원이 아니라 자발적 참여가 무엇보다 절실했다. 억지로 내몬 병사에게서 제대로 된 전투력을 기대할 수는 없었다.

다수 농민의 자발적 참여를 이끌어내지 못했다는 사실이 반란 실패의 가장 큰 요인이었다. 이는 봉기 준비 때부터 예정된 수순이었는지도 모른다. 홍경래를 비롯한 지휘부는 다수 농민의 자발적 참여를 유도할 구체적인 개혁 정책이나 제도를 제시하지 않았다. 조세 수탈에 시달리는 농민을 위한 세제 개혁안을 분명하게 내놓지 않았고, 하층 농민을 위한 토지 재분배 정책은 언급조차 하지 않았다. 양반 중심의 신분제도 개혁에도 나서지 않았다. 격문을 보아도 세도정권을 비판하고 지역 차별을 없애자고 했지만 그 이상의 목적은 뚜렷하게 나타나지 않는다. 하층 농민을 위해 취한 개혁조치가 거의 없었던 것이다.

오히려 지휘부는 농민이 아니라 향촌사회 유력자를 대변하는 통치 형태를 보였다. 향임세력에게 읍의 행정권을 맡겼고 무임이나 부호를 간부에 임명했다. 봉기 준비를 도운 상인층과 토호 관속 계층의 이해를 어느 정도 들어줄 수밖에 없는 현실적 여건을 감안한다 해도 봉기 이후 지휘부는 반정부 차원의 투쟁에 머물렀다는 평가를 벗어나긴 어렵다. 지배세력 교체와 통치 방식의 변화만 있었을 뿐이니, 이들의 입장은 사회 모순과 병폐의 근원을 없애고 새로운 사회를 건설하는 혁명 투쟁에는 미치지 못했다.

이러한 지향점은 이들이 행한 선동 전략에서도 드러난다. 홍경래는

봉기의 정당성을 강조하거나 동조자를 끌어들일 때 종종 정진인설鄭眞
人說을 내세웠다.

> 밤이 되자 홍경래가 내(우군칙)게 말했소이다. '신도薪島에는 이미 진鎭을
> 설치해 발붙일 곳이 없다. 그러니 이제 강계 여연으로 주둔지를 옮기려
> 한다. 선천 지역 검산 아래 청수면에 진인眞人이 있으니, 성姓은 정鄭이고
> 이름은 제민濟民이다. 혹수 시수始守라고도 칭한다.'
>
> —『진중일기』 1812년 4월 29일

홍경래가 말하는 정진인설의 핵심은 이러했다. 도를 체득한 진인인
정제민이 10만의 군사를 동원해 온갖 부정부패를 없애고 세상을 구하
려 한다. 그런데 평안도 땅은 진인이 출생한 고향이므로 차마 칼을 들
고 직접 평정할 수 없어 이곳의 호걸로 하여금 사전에 거병하도록 명
을 내렸다. 그러니 이 성스러운 거사에 모두 동참해야 한다. 『정감록』
의 정진인을 연상시키는 이러한 주장은 봉기할 때 내건 격문에도 나타
난다.

이는 봉기 주체가 아닌 외부의 절대적인 힘과 권위에 의지해 반란
행위를 정당화하고 자신들의 힘을 과시하려는 이념 전략의 하나였다.
다수 백성의 열망과 정서에 호소해 때로는 큰 효과를 내기도 하지만
가공의 힘을 상정하고 조작된 미래상을 제시한다는 점에서 기만술이
란 틀을 벗어나긴 어렵다. 이런 막연한 방책에 지나치게 기대다 보면
현실을 바꿀 구체적인 개혁 방안 제시에는 소홀하기 마련이었다. 홍경

래와 지휘부 인물들 또한 이런 한계를 탈피하지 못했다.

홍경래와 농민의 만남

결국 지휘부와 농민의 결합은 항쟁의 마지막 단계에 가서야 이뤄진다. 관군의 만행을 피해 정주성으로 들어간 농민들은 봉기군 지휘부와 함께 끝까지 전투를 벌이다 최후를 맞는다. 관군과 밀통하거나 이탈하는 농민이 없지는 않았지만 대부분은 적극적으로 싸움에 임했다. 오히려 날이 지나면서 전세가 극히 불리해지는데도 도망자가 줄어들었다. 이들 중에는 성 밖으로 나가 방화와 정탐 등 상당히 위험한 작전을 수행하기도 했다.

이처럼 피란이라는 소극적 태도에서 항쟁이라는 적극적 자세로 전환한 데에는 구원병이 올 것이라는 희망이 크게 작용했다. 지휘부에서 북쪽 만주 지역에서 대규모 군대가 내려와 이 항쟁을 도울 것이란 믿음을 계속 주입시켰던 것이다.

정주성 싸움에서 농민은 자신들이 항쟁의 주체로 거듭날 수 있다는 가능성을 보였다. 관군의 만행을 피해 성으로 들어왔다는 사실과 구원병 도래라는 공작이 개재돼 있어 비록 불완전한 형태이긴 하지만 말이다. 홍경래는 봉기를 준비하면서 이런 농민을 항쟁의 주체로 인식하지는 못했다. 그렇지만 농민에게 다가가고 대화를 나눌 정도의 친화력은 가지고 있었다. 정주성 전투에서는 도망치거나 굴하지 않고 농민 병사와 함께 최후를 맞았다.

그런 그는 생의 마지막 순간을 두고서 북풍 거센 관서의 산하를 울리는 농민의 발자국 소리를 들을 수 있었을까? 북쪽 하늘에 어리는 생사의 별을 보면서 이제 막 떠오르는 민중의 힘을 느낄 수 있었을까? 그랬다면 그의 죽음은 마냥 비극적이지만은 않았을 것이다. 그 반란자의 생이 결코 실패로만 기억되지는 않았을 것이다.

정주성 전투 이후 홍경래의 봉기 의지는 반란의 후예들에게 이어졌다. 홍경래는 지향해야 할 본보기이자 행위를 정당화시켜주는 영웅이 돼갔다. 1813년 제주도에서 양제해가 홍경래의 거병을 본받아 난을 일으켰다. 그는 제주도 왕국설을 내세워 주민을 규합해 섬을 자치적으로 통치하려 했다. 1817년에는 전라도 장수에서 '홍경래 생존설'이 퍼지기도 했다. 행상을 하며 동지를 규합하던 채수영이 홍경래가 아직 살아 있다는 말을 꾸며 민심을 선동한 뒤 반란을 일으키려던 사건이었다.

채수영은 장수 사람으로 약 판매상이나 행상을 칭하면서 역적 무리를 규합해 유언비어를 퍼뜨렸다. (…) 여러 무뢰배와 전주 김맹억의 집에 모여 황해도에서 배가 내려온다느니, 홍경래가 살아 있다느니 하는 말로 인심을 선동했다.

―『순조실록』 20권, 순조 17년(1817) 3월 16일

그 9년 뒤에도 홍경래는 죽지 않고 살아 있었다. 1826년 청주 관아와 북문에 괘서가 걸렸는데, 이 사건의 주모자들 또한 홍경래가 살아

있어 거병을 도울 것이라며 주민을 설득했다. 이른바 '홍경래 불사설'
이 오랜 시일에 걸쳐 끈질기게 이어져오고 있었던 것이다.

세월이 흘러도 백성들은 홍경래의 죽음을 안타까워했다. 그런 아쉬
움은 그가 살아 있을지도 모른다는 기대감을 낳았고, 때로는 그가 반
드시 살아 있어야 한다는 신념으로 변하기도 했다. 그렇게, 죽은 홍경
래가 핍박받는 백성의 가슴에서 부활하고 있었다. 죽지 않는 그 홍경
래는 억압과 착취의 고리를 끊고, 새 세상의 도래와 함께 대지로 내려
올 또 다른 정진인이었다.

분노의 들녘 | 1862년 백성의 항쟁

타오르는 함성 – 진주 민란

장터에서 봉기의 깃발을 올리다

마침내 백성의 분노가 터져나왔다. 흰 수건을 이마에 동여매고 손에는 몽둥이를 든 수백 명의 농민이 면 소재지 장터를 휩쓸었다. 시장이 문을 닫고 행정력이 마비됐다. 철종 13년인 1862년 2월 14일, 농민들은 진주 서쪽에 위치한 수곡 장터와 덕산 장터를 장악하며 봉기의 기치를 올렸다.[1] 성난 농민들은 지방관의 지시를 받아 조세 수취에 앞장선 말단 관리의 집을 파괴함으로써 이번 봉기의 원인이 과도한 조세 수취에 있음을 알렸다.

봉기군은 곧바로 진주 읍내로 진입하지 않고 서쪽 지역을 돌면서 행군했다. 지리산에서 발원한 덕천강을 따라 여러 지역을 거치면서 부잣집을 공격하는 한편 농민을 규합했다. 봉기군의 세를 불리기 위한 의도된 작전이었다. 덕천강 유역은 진주 지방의 농업지대 중 하나로 그

만큼 관아의 수탈이 심한 곳이었다. 날이 지나면서 봉기군은 점점 증가했다.

> 난민들은 덕산 장터를 약탈하면서 기세를 올렸으며, 조세 수취 업무를 맡은 훈장訓長의 집을 허물며 위력을 보였다. 마치 멍석을 말듯이 힘차게 몰아붙이면서 고을로 들어가니 감히 아무도 제지하지 못했다. 거리낌 없어 못할 짓이 없었고, 진주 북쪽과 동쪽, 남쪽의 무리들까지 힘에 눌려 호응하니 그 기세를 막을 수가 없었다.
>
> —박규수, 「진주안핵사 사계발사晉州按覈使查啓跋辭」『임술록壬戌錄』

봉기군의 핵심 세력은 초군樵軍이었다. 이들은 농사일이 없을 때는 나무를 베어다 땔감으로 팔아 생계를 유지하는 하층민이었다. 극히 적은 토지를 가졌거나 남의 땅을 경작하는 병작농이 대부분인데, 이들 또한 국가의 조세 수취 대상에 올라 있었다. 토지에 부과되는 전세가 땅주인이 아니라 농사를 짓는 작인에게 전가되면서 생계유지조차 힘든 형편이었다.

이들 초군을 중심으로 빈농과 머슴, 고용노동자 등 하층 농민이 봉기군에 참여했다. 수공업자와 영세상인도 뛰어들었다. 외진 마을에서 장롱을 만들던 장인이 흰 수건을 둘렀고, 호남 지역을 오가며 소금과 목탄을 파는 행상이 봉기 무리에 섞였다. 뜨내기와 천민도 빠지지 않았다. 노비인 맹돌孟乭과 귀대貴大는 하층 주민 30여 명을 이끌고 항쟁에 가담했다.

봉기군에는 상민常民과 천민 신분의 부농층도 참가했다. 상당한 토지를 소유한 이들은 고용노동으로 농사를 짓기도 하고, 고리대를 통해 재산을 늘리기도 했다. 이들은 조선 후기 들어 부를 축적해 새로운 사회세력으로 성장한 요호饒戶나 부민富民으로 불리는 계층이었다. 이 시기 부민의 처지는 극과 극으로 갈려 있었다. 일부는 향촌 지배 기구에 참여해 중간 수탈층을 형성했지만 다른 일부는 지배 기구에서 소외돼 수탈의 대상이 되었다. 관료와 구실아치의 집중적인 수탈을 받은 이들 부민은 수곡과 덕산 장터에서 시작한 항쟁을 이끌었다. 이들은 초군 조직을 동원해 무력봉기의 원동력으로 삼고, 일반 농민을 규합하는데 앞장섰다.

토호 일부도 봉기에 간여했다. 일반적으로 토호는 관청과 결탁해 부세운영에 참여하면서 농민을 수탈하는 계층이었다. 이들은 향촌사회의 지배세력으로 농민 봉기를 일으키는 한 요인이었지만 지역에 따라서는 수령의 침탈을 받기도 했다. 토호들은 주로 통문 작성을 주도하고 향회를 열어 농민을 동원하는데 힘을 쏟았다. 진주 민란을 수습하기 위해 안핵사로 파견된 박규수는 이들 토호를 포함한 요호와 부민이 난을 일으킨 주도층으로 보았다.

난이 일어나게 된 단계를 살펴보고 그 과정의 앞뒤를 고려하면 주도층을 알 수 있다. (…) 이번 민란은 땔나무를 지고 다니는 자들이 하루아침에 일으킬 수 있는 일이 아님이 분명하다. 필시 요호나 부민이 있다. 이들은 토지를 소유하고서 읍과 촌을 압도할 정도였으나, 도결都結 명목으로 관아에서 돈을 많이 거두어가니 결국은 고통을 당하는 처지에 놓이게 됐다. 이들은 또한 통환統還 실시로 인해 환곡을 받지 않아도 되는 특권을 잃은 자들이다.

　　　　　　　　－박규수, 「진주안핵사 사계발사晉州按覈使查啓跋辭」『임술록壬戌錄』

　이 시기 도결은 관료의 수탈을 용이하게 하는 수단으로 이용되고 있었다. 도결은 토지에 직접 부과할 수 없는 세목의 조세까지 토지세에 부가해 징수하는 수취 관행을 일컬었다. 부족한 조세를 충당하기 위해 전세와 대동세, 잡세 등 여러 가지 명목의 세를 한데 묶어 논밭의 경지 면적 단위로 부과했다. 조세와 환곡을 횡령한 수령과 아전은 이를 보충하기 위해 이 도결을 규정 이상으로 거두어들였다. 도결은 신분 기준이 아니라 토지에 대해 조세를 부과하기에 일부 양반 지주들은 기존에 누리던 면세 특권을 박탈당하는 처지에 놓이기도 했다.

　통환은 개별 가구가 아니라 통수統首를 매개로 하는 오가작통五家作統 단위의 환곡 분급과 이자 수취 방식이었다. 이 시기 환곡은 가난한 백성을 돕는 진휼 기능을 상실한 채 관아에서 행하는 고리대 사업과 다름없이 운영되고 있었다. 지방관과 아전이 환곡을 빼돌리고 이를 채우기 위해 백성에게 부담을 지우는 게 다반사였다. 이 도결 방식의 조세 수탈과 통환 방식을 중심으로 한 환곡 폐해가 진주 민란의 가장 큰 요인이었다. 여기에 황구첨정, 백골징포와 같은 군역의 폐단이 더해졌다. 이른바 삼정의 문란이었다.

과도한 조세 수취에 대한 원망이 입에 오르내리고 그 원한이 뼈에 사무칠 정도였다. 주민들은 진주 고을의 조세 부족을 도결로 처리하는 계책을 매우 꺼렸는데, 이에 더해 우병영에서 관료와 아전이 횡령한 환자곡까지 거두었다. 고을 내에서 영향력을 가진 지도급 주민을 초청해 잔치를 베풀며 달래거나, 한편으론 가두고 위협하기도 하면서 6만여 냥을 징수하고자 했다. 이에 주민들의 불만이 끓어오르고 결국은 일시에 분노가 폭발했다.

—『진주초군작변등록晉州樵軍作變謄錄』 제10호 문서

봉기군을 이끄는 실질적인 주동자는 40대 후반의 유계춘이었다. 그는 토지는 물론 사회적 기반이 미미한 몰락 양반으로 향촌 지식인 계열에 속하는 인물이었다. 민란 이전부터 관아에 조세 수취 폐단을 지적하고, 여론을 모아 상급 관청에 청원을 제기한 비판적 지식인이었다. 유계춘은 이번 무력봉기 이전의 준비 단계부터 논의를 주도하며 유력 인물을 끌어들였다. 집회 참가를 독려하는 한글 통문 배포와 시장에서 열리는 집회를 주도했다.

초군의 우두머리는 이계열이었다. 진주 지역에서 꽤 알려진 양반인 이명윤과 6촌 형제간이지만 자신의 집은 몰락한 상태였다. 그는 가난하고 한글조차 모르는 농사꾼이지만 봉기 이전부터 유계춘과 긴밀한 관계를 가지며 항쟁을 준비했다. 봉기 대열에서는 초군의 일원으로 이들을 지휘했다.

초군 조직에 속해 봉기를 주도한 대표적인 인물로는 이귀재를 들 수 있다. 선대부터 이곳저곳을 떠돌던 이귀재 집안은 진주 지역에 정착한 하층민이었다. 토지를 소유하지 못해 남의 땅을 빌려 농사를 지으며 한편으론 땔나무를 팔아 근근이 생계를 유지한 빈민이었다.

이처럼 민란에 가담한 계층은 한두 부류가 아니었다. 초군과 빈농, 고용노동자, 행상 등 하층민이 있었고 살 만하다는 부민과 토호 계층도 있었다. 신분상으로는 노비와 천민에서 상민과 중인, 양반층까지 포괄했다. 진주 민란은 권력과 행정력을 손에 쥔 관료와 아전에게 수탈당하는 백성이 계층과 신분을 떠나 함께 들고일어선 난이었다.

지방관을 징치하다

장터 습격 나흘 뒤인 2월 18일, 봉기군은 진주읍 서쪽 5리(약 2킬로미터) 지점에 집결했다. 진주 주변 지역을 거치면서 가담자가 늘어나 봉기군은 이미 수천 명에 달했다. 이들은 한 목소리로 조세 수탈의 시정을 요구했다. "도결과 통환을 없애라." "수령과 아전이 횡령한 공금을 백성에게 징수하지 말라." 봉기군은 관아로 곧장 진격하지 않고 시위를 하면서 이 같은 요구 조건을 내걸었다. 거의 수만에 이르는 백성의 외침을 더 이상 외면할 수 없는 상황이 도래해 있었다.

봉기군이 들이닥치면 관아 점령은 시간문제였다. 진주 목사 홍병원은 살기 위해서라도 사태 수습에 나설 수밖에 없는 처지였다. 두려움에 질린 목사는 직접 나서지 못하고 향촌사회에서 명망을 얻고 있는

1846년경 진주성의 모습을 그린 「진주성도」 국립중앙박물관 소장.

양반을 내세웠다. 바로 이명윤이었다.

초군 우두머리인 이계열과 6촌 사이인 그는 사간원 정언과 홍문관 부수찬 등의 벼슬살이를 한 사족 관료 출신이었다. 그동안 조정에서 관료를 지낸 이력으로 조세를 면제받아 왔지만 향리에 은거하고 관권과 멀어지면서 관아의 수탈을 받는 처지로 전락한 상태였다. 자신이 소유한 전답이 세금을 내는 토지에 포함돼 관아에 시정을 요구했으나 거부당한 것이다.

평민과 다를 바 없는 대우를 받자 이명윤은 조세 수취의 부당함을 알리기 위해 유계춘이 주동하는 모임에 참석하게 된다. 그는 유계춘과 함께 비밀회의를 주도하고 청원 준비를 해나갔다. 그런데 유계춘이 시장 점령과 무력시위로 방향을 틀자 이명윤은 재빨리 발을 뺀다. 그는 청원이나 등소 같이 나라에서 허용하는 한도 내에서의 항의를 염두에 두고 모임을 이끌었던 것이다.

그리고 보름 뒤, 이명윤은 진주 목사의 부탁으로 의도치 않은 자리에 나서게 된 것이다. 관권에 밀려 중재자가 된 이명윤은 한때 함께 모임을 가졌던 봉기군 앞에 나아가 해산을 종용했다. 한편으론 봉기군의 요구를 전달하는 대리인 역할을 해 목사로부터 도결 폐지의 결정문을 받아낸다. 봉기군은 환호성을 올렸다. 지방관이 백성에게 굴복한 것이다. 하지만 이명윤은 이 일로 인해 뒷날 민란의 배후 조종자로 지목돼 곤욕을 치른다.

봉기군은 도결 폐지에 만족하지 않고 읍내를 휘저으며 분노를 터뜨렸다. 수탈의 장본인인 아전들의 가옥을 파괴하고 양반을 구타했다.

고리대금업자와 탐욕스런 상인의 집을 부수고 재물을 탈취했다.

이튿날 아침, 이제는 수만 명에 달하는 봉기군이 객사 앞 장터에서 집회를 가졌다. 이번엔 경상우병영을 상대로 통환 철폐를 요구했다. 경상우병영은 진주를 중심으로 한 경상 우도 지역의 군사 업무를 관장하는 관청으로, 그동안 빼돌린 조세와 환곡을 일반 백성에게 전가해오고 있었다. 봉기군의 기세에 눌린 경상우병사 백낙신은 한 아전에게 수탈의 책임을 떠넘겼다. 현장에서 곤장을 때려 이 아전을 처형했는데, 봉기군의 불만을 누그러뜨리고 당장의 사태를 모면하려는 술수였다. 하지만 봉기군은 본래 목표대로 통환 철폐를 강력히 요구했고, 더이상 기댈 곳이 없는 우병사 백낙신은 철폐 공문을 발급했다.

그럼에도 성난 민심은 가라앉지 않았다. 이제 봉기군은 우병사를 둘러싸고 그동안의 죄를 열거하며 욕을 하고 비난을 퍼부었다. 또한 조세 수탈에 앞장선 다른 아전들을 찾아내 매질하고 불에 태워 죽였다. 봉기군은 우병사를 계속 붙잡아두고 그의 탐학과 아전의 부정행위를 추궁하며 밤을 넘겼다.

읍내 장악 사흘째인 2월 20일, 봉기군은 도망친 아전들을 추적하는 한편 진주 목사와 우병사에게 이들의 신병 인도를 요구했다. 그런데 목사가 아전을 옹호하는 태도를 보이자 봉기군은 우병사가 구금된 객사 앞으로 목사를 끌어냈다. 봉기군은 조세 수취의 문란과 부정부패의 책임을 추궁하며 두 관료를 징치했다. 달아난 아전을 찾아내 죽이고 또 다른 아전의 집을 부수었다. 목적을 어느 정도 달성했다고 판단한 봉기군은 이날 점심 무렵 목사와 우병사를 풀어주었다.

이후 봉기군의 항쟁은 관료 처단에서 토호와 부민 징치라는 새로운 국면으로 접어들었다. 이날 오후 봉기군은 읍내를 벗어나 인근 지역으로 진출했다. 평소 농민으로부터 원성을 사던 부유층을 공격하기 위해서였다. 봉기군은 농민을 괴롭히고 수탈을 일삼던 양반 토호와 탐욕스런 부민의 집을 파괴했다. 봉기에 가담하지 않은 마을의 주민에게는 벌금 명목으로 돈을 징수하기도 했다.

이 무렵 항쟁은 초군과 빈농이 주도했다. 봉기 초반에 가담한 토호와 부민은 제외된 상태였다. 이들은 진주 읍내를 점거하고 무력행사가 과격해질 무렵에 이미 하나둘 항쟁 대열에서 이탈하고 있었다. 토호와 부민은 관아의 조세 수취 폐단만 시정된다면 더 이상 항쟁에 나설 까닭이 없었던 것이다.

사흘 뒤인 2월 23일, 봉기군은 자진 해산했다. 악덕 토호와 착취를 일삼은 부민에 대한 징치로 그동안 쌓인 원을 풀었고, 또한 관료로부터 조세 폐단 시정에 대한 약속을 받아냄으로써 세금 문제도 어느 정도 해결되리라는 판단에서 취한 결정으로 보인다.

조정에서는 목사와 우병사를 파면하고 새로운 관료를 임명하며 민란 수습에 들어갔다. 난을 이끈 주요 인물에 대한 체포도 이뤄졌다. 유계춘과 이귀재를 비롯한 세 사람이 주동자로 지목돼 최고형인 효수형에 처해졌다. 초군 우두머리인 이계열을 위시한 일곱 명은 한 단계 아래인 교형을 받았다. 그 외 스무 명 정도가 유배형을 받았고 수십 명이 엄한 처벌을 받은 뒤 석방됐다. 사족 이명윤은 배후 주동자로 몰려 섬에 유배되는 불운을 맞았다. 이후 진상이 밝혀져 특사령이 내려졌지만 사면령이 당도하기 전에 유배지에서 병사하고 말았다.

봉기군은 목적을 달성하지 못했다. 항쟁 현장에서는 무력으로 지방 관을 징치하고 조세 폐단을 시정한다는 공문을 받아냈지만 이후 수습 과정을 거치면서 그 약속은 유야무야됐다. 조정에서는 다시 한 번 백 성을 속여 넘겼던 것이다. 지속적으로 항쟁을 주도할 지도부와 핵심 조직이 미약했으며, 항쟁에 참가한 봉기군의 개혁의식도 굳건하지 못 했던 탓이었다. 8년 뒤인 1870년에 이필제, 양영렬 등과 함께 진주에 서 변란을 기도한 성하첨은 당시의 진주 민란에 대해 이런 평가를 내 렸다.

임술년(1862)에 난이 일어났을 때 그 읍의 물정을 살펴보니, 당시 봉기군 이 쉽게 모이고 쉽게 흩어졌다. 또한 사전에 굳은 의지가 없어 당연히 대 패할 수밖에 없었다.
　　　　　　　－『경상감영계록慶尙監營啓錄』 1870년 6월 14일 양영렬 신문 기록

하지만 진주 민란이 아무런 성과 없이 끝나지는 않았다. 열흘 동안 불타올랐던 분노한 백성의 함성은 전국으로 파급됐다. 경상도와 전라 도, 충청도 등 삼남을 중심으로 전국 70여 곳에서[2] 수개월 동안 지속된 민란의 기폭제가 됐다.

삼남에 부는 항쟁의 바람

들불처럼 번지는 민란

진주에서 민란이 일어난 지 한 달 뒤인 3월 16일, 인근 함양에서 난이
발생했다. 과도한 세금에 반발해 향촌 유력자가 주동하고 하층 농민과
초군이 봉기군의 중심이 되어 일으킨 난이었다. 이들은 관아로 몰려가
시설을 파괴하고 아전들의 가옥 10여 채를 부수고 불을 질렀다.[3] 그동
안 농민을 괴롭히고 수탈한 양반 토호와 부민의 집까지 공격했다. 지
방관의 명령을 거부했으며, 향촌자치기구의 수장인 좌수와 임원을 축
출하며 향권을 장악하려 했다. 아전과 관아에 예속된 인력까지 축소시
키며 행정권까지 침해하는 양상을 보였다.

그런데 난이 진행되면서 봉기군 내에서 분열이 일어났다. 조세 수
탈에 대한 시정보다 향권 장악에 관심을 둔 유력자들의 저의에 반발해
하층민들이 따로 세력을 형성한 것이다. 이들은 유력자들을 죽이려는

계획까지 세우며 지배층에 대한 본격적인 투쟁에 들어갔다.[4] 당시의 민란 실상을 기록한 한 역사서는 이 시기 함양 민란의 추이를 이렇게 전한다.

이제 열일곱 살 된 젊은이가 함양 주민 50여 명을 이끌었다. 이들은 가평의 정씨鄭氏 거주 촌락에 들이닥쳐 불을 질렀다. 기와집을 비롯한 수십 호가 불타고 빈터만 남았다. 읍내로 진격해 관속의 집을 모두 부수고 아전 3명과 주민 2명을 살해했다. 이들은 계속 진을 치고 있다. 함양 수령은 도망쳐 화를 피했다. 둔취한 이들 무리가 장수 지역 백성에게 연락해 만약 원통한 일이 있다면 장차 그곳으로 옮겨가겠다고 하였다. 인근읍에 통문을 돌려 동참자를 불러 모으니 많은 무뢰배가 가담했다고 하는데, 장차 어찌할지는 알지 못한다고 한다.

─「삼남민요록三南民擾錄」『용호한록龍湖閒錄』

1862년 들어 민란이 처음 일어난 곳은 진주 인근의 단성이었다. 수탈당하는 처지에 놓인 양반과 하층 농민이 합세해 읍권을 장악하며 기치를 올렸다. 2월 초순이었다. 이어 진주에서 대규모 항쟁이 일어나면서 난이 경상도 전역으로 급속히 확산됐다. 3월과 4월에 함양과 거창을 거쳐 성주와 상주, 울산, 선산, 개령, 인동, 밀양 등에서 계속해서 난이 일어났다.

전라도에서도 진주와 함양의 영향을 받아 3월 중순 이후 민란 움직임이 일었다. 임실과 장수, 남원, 익산, 진안, 함평, 장흥, 순천, 무안 등 30여 고을에서 농민들이 들고일어났다.

> 익산에서 일어난 난은 매우 패악스럽다. 난민의 소행이 진주보다 심하다. 진안 고을에서는 사흘 전부터 수만 명의 백성이 읍내에 진을 치고 있다. 이들은 빼돌린 세금을 주민에게 전가해 징수한 아전을 살해하겠다고 벼르고 있다. (…) 주변 여러 읍의 백성이 대부분 뒤따라 머리에 흰 수건을 둘렀으니, 진주의 남은 무리가 각지로 흩어져서 동일한 목소리로 호응하는 듯하다. 임실과 금구, 장수, 거창에도 부패한 관료를 살해하겠다는 통지가 있었으므로 수령들이 관아에 가지 않고 중도에서 늑장을 부리고 있다고 한다.
>
> ―「삼남민요록三南民擾錄」『용호한록龍湖閒錄』

5월 들어선 충청도 지역으로 난이 번졌다. 회덕과 공주, 은진 고을에서 시작해 청주와 회인, 문의를 거쳐 연산과 진천 지역으로 파문처럼 확대됐다. 충청도 관찰사는 자신이 관할하는 한 지역의 민란 실상을 임금에게 이렇게 보고했다.

> 5월 10일, 공주 각 지역에서 모인 비천한 무리 수백 명이 5리 정도 떨어진 금강 나루터에 모였습니다. 이들의 생각이 무엇인지는 모르지만 바야흐로 농사철에 백성들이 집회를 갖는다는 사실은 놀랍고 우려할만한 일입니다. 그래서 무리 중에 사리가 밝아 보이는 수십 인을 만나 품은 생각을 고하게 하고, 나머지는 물러나 돌아가라고 명령을 내렸습니다. 그

런데 우매한 백성들이 잘못을 깨닫지 못하고 다음 날 다시 모였는데 거의 6000명에 달했습니다.

─「금백계본십육일錦伯啓本十六日」『용호한록龍湖閒錄』

충청도에서는 하층민을 수탈한 양반과 향임층에 대한 공격이 비교적 많았다. 특히 청주에서는 초군들이 권세가인 한 양반 가문의 가옥에 불을 질러 마을 전체가 일시에 불탔다. 문의에서는 봉기한 주민들이 양반 집안의 묘막에 불을 지르기도 했다.

1862년 민란은 삼남에서 이해 봄과 여름에 일어난 봉기가 그 절정이었다. 하지만 이후에도 경기도와 황해도, 함경도에서 난이 일어났으며 제주도에서는 이듬해까지 계속됐다. 이 시기 민중의 성난 함성과 봉기의 세찬 열기는 가히 전국을 휩쓸었다. 천여 명에서 수만 명에 이르는 전국 각지의 봉기군이 지배층의 학정과 수탈에 대항해 자신들의 목소리를 높였다.

항쟁의 양상

1862년 민란은 광범한 지역에서 짧은 기간에 집중적으로 일어난 항쟁이었다. 크게 보면 이 시기 민란은 대체적으로 두 단계를 거쳐 진행됐다. 먼저 향회나 민회를 열어 다수 주민의 의견을 모은 뒤 관아에 조세 수취 폐단의 시정을 요구하는 등소 단계를 거쳤다. 여기에는 일부 양반과 부민, 향임층, 몰락 양반, 평민 지식인 등이 주도적 역할을 하며 하층민과 함께 행동했다. 등소는 지배체재에서 용인한 합법적인 항의 방법이었다. 하지만 이러한 등소를 통한 호소는 거의 실현되지 않았다.

합법적 요구가 막히면 선택은 무력 봉기뿐이었다. 이 단계에 들면 양반과 부민은 대부분 이탈하고 중간 계층과 몰락 양반, 하층민이 난을 주도할 경우가 많았다. 또한 향회나 민회는 봉기를 주도하는 결집체로 변했다. 통문을 돌려 회의를 열고 봉기의 취지를 알렸으며, 가담자를 모았다. 때로는 세력을 키우기 위해 불참자를 위협해 강제로 참여시켰다. 봉기에서 한발 물러선 이들에게 벌칙으로 돈을 징수하겠다고 으름장을 놓았으며, 아예 반대하는 이들에 대해서는 집을 부수기도 했다. 이른바 공동체 제제의 논리를 행사했던 것이다.

한편으론, 양반과 향촌지식인 등 지역사회에서 영향력을 행사하는 이들의 개입 없이 하층민이 주체가 되어 바로 난을 일으킨 경우가 있었다. 특히 충정도 지역이 그러한데 회덕과 청주, 문의에서는 초군이 난의 주체였으며, 공주 지역에서는 최하층 고용인부가 난을 주도했다. 충청도 지역에서 민란이 일어나기 전에 이미 경상도와 전라도 도처에서 소요가 고양돼 있었기에 등소 단계 없이 바로 봉기에 돌입할 수 있었던 것으로 보인다.

무력항쟁에 나선 충청도 지역 봉기군은 불법을 저지르며 수탈을 일삼고 부당하게 하층민을 억누른 양반과 토호를 습격했다. 이들의 가옥을 훼손하고 불을 질렀다. 이러한 공격은 민란이 일어난 대부분의 지역에서 볼 수 있는 현상이었다.

난민의 주된 공격 목표는 무엇보다 관아였다. 봉기군은 관아 건물에 난입해 수령과 아전을 모욕하거나 구타했다. 특히 조세 징수를 직접 담당한 아전에 대한 공격은 매우 격렬했다. 아전의 가옥을 부수고 불을 지르는 일은 거의 모든 지역에서 나타났다. 심할 경우엔 목숨까지 해쳤다. 이런 극한 징치는 조정과 고위관료의 하수인에 지나지 않는 아전을 조세 수취 문란의 주범이라 잘못 여긴 탓이 컸다. 이 시기 일반 백성의 의식은 지배체제의 본질과 구조를 제대로 들여다볼 수 있는 데까지는 미치지 못하고 있었다.

난민은 관아 시설을 부수고 죄인을 풀어주기도 했다. 공문서에 쓰는 도장을 탈취하고 서류를 소각했다. 특히 전정, 군정, 환정 등 조세와 관련한 문서를 불태웠다. 요구 조건을 제시하고 관철시켜 이를 증명하는 완문完文이나 절목節目을 받아냈다.

법대로 통치하라

지방관에 대한 공개적인 모욕과 징치도 행해졌다. 진주에서 우병사와 목사를 거리로 끌어내 죄상을 하나하나 따져가며 책임을 추궁한 경우가 여기에 해당한다. 문의에서는 현령을 지붕이 없는 작은 가마에 태워 시장거리를 돌아다녔으며, 제주에서는 지방관을 멀리 내쫓았다. 익산에서는 수령을 끌어내 도랑에 처박았다. 의복을 찢고 발에 사슬을 채우며 조롱한 뒤 고을 밖으로 내쫓았다. 함평에서는 수령을 동헌 마당에 쓰러뜨리고 의관을 빼앗아 찢었다. 구타까지 해 기절시킨 뒤 길거리에 내다버렸다.

난민들은 아전에게 행한 살해 징치와 달리 지방관의 목숨을 해치지는 않았다. 다만 폐단의 책임을 물어 욕을 보이는 수준에 그쳤다. 이는 당시 백성이 지방관을 임금의 대행자로 보았기 때문이다. 난민들은 왕의 권위와 지배체제 자체를 부정하지는 않았던 것이다. 하지만 조정에서는 지방관에 대한 모욕마저도 상상할 수 없는 일이라며 개탄했다.[5]

비변사에서 임금에게 아뢰었다. "진주와 익산에서 난이 달을 넘기며 연이어 일어났으며, 함평에 이르러서는 극에 달했습니다. 설령 관리가 잘못해 백성을 원통하게 하더라도 백성은 관리에 대해 부모에게 행하는 것과 같은 도리를 지켜야 하는 게 예이고 법입니다. 그런데 구타하고 능멸하는 패악이 어찌 이 지경까지 이르렀단 말입니까. 임시방편으로 이들의 소행을 용인해주어서는 안 됩니다. 반드시 법대로 처리해 난동의 싹을 근절해야 할 것입니다."

―『비변사등록』249책, 철종 13년(1862) 4월 22일

고위관료는 관官과 민民 관계에는 부모와 자식의 도리가 있다고 하며, 이를 근거로 난민의 행위를 패악으로 규정한다. 자식의 부모 공경만을 강조하고 자식을 돌보아야 하는 부모의 도리는 방기한 채 말이다. 임금 또한 마찬가지였다. 철종은 민란 수습을 위해 특별 관리를 파견하면서 다음과 같은 윤음을 백성에게 전하도록 한다.

민이 관을 사랑하고 윗사람을 친애하는 것은 일반적이고 떳떳한 마음의
발로다. (…) 나를 대신해 행호군 조구하를 선무사로 삼아 파견한다. (…)
그러니 너희는 선무사의 말을 부모 말 듣듯이 하라.

－「윤음綸音」『용호한록龍湖閒錄』

그러나 지배층이 규정해놓은 관과 민의 관계는 이미 깨져 있었다.
백성은 마냥 순종하고 복종만 하는 존재가 아니었다. 난민들은 임금을
대리해 윤음을 선포하는 특별 관리마저 모욕하고 협박했다. 조세 폐
단을 개혁하는 완문을 써주고 가라며 임금이 보낸 관리의 길을 막았고
요구 조건을 내걸고 격렬하게 항의하기도 했다.

백성들은 더 이상 수령의 불법과 착취를 참으려고 하지 않았다. 관
과 민이 지켜야 할 부모와 자식 간의 도리와 상하기강의 사회윤리를
들어 백성의 반발을 무마한 지금까지의 통치 방식이 더 이상 통용되지
않았다. 함평 항쟁을 이끈 정한순은 '민란 수습을 위해 파견된 안핵사
앞에 봉기군을 이끌고 나가 이렇게 외쳤다.

이 지역 관료가 많은 불법을 저질렀다. 그 고통을 이기지 못해 이 지경
에 이르렀다. 다행히 오늘 안핵사의 행차를 만났으니 그동안의 소원을
말하려고 이렇게 나서게 되었다.

－「영기營奇」『용호한록龍湖閒錄』

봉기군이 법이란 말을 당당하게 발설했다. 봉기군 지도자는 관리의

억압과 수탈을 "불법"이라고 분명하게 규정했다. 또한 진주 주민은 안핵사의 민란 수습에 대해 법의 잣대를 들이대며 그 처리를 요구했다.

> 왕명을 받고 내려왔으면 법은 법대로, 일은 일대로 처리한 뒤 가는 것이 옳습니다. 어찌 법은 법대로 처리하지 않고 일은 일대로 처리하지 않고 가려 합니까?
>
> —「안핵사효유按覈使曉諭」『용호한록龍湖閒錄』

난을 일으킨 백성 쪽에서 법을 들고 나온 셈이다. 불법을 저지른 관료 때문에 난을 일으켰고, 그 수습 또한 법대로 처리하라는 발언이었다. 그동안 일반 백성이 관료의 불법을 공개적으로 제기하는 것은 기존 정치마당에서는 용인되지 않았다. 주민이 조세 문제로 등소하거나 격쟁하는 일은 청원이지 법 조항에 따른 고발의 지위를 지니지는 못했다.[6] 그런데 이제 피지배층 백성이 법을 정한 지배층에게 그 법을 제대로 준수하라고 요구하고 나선 것이다.

난민은 조세 수취 폐단을 시정할 구체적인 절목까지 제시하며 개혁의 방향과 방안까지 제시했다. 백성들의 이런 태도에는 법과 제도 운용의 주체로 나서려는 움직임마저 엿보인다.

임술년(1862) 민란은 1811년 평안도 항쟁에 비해 백성의 다수를 이루는 농민이 저항 주체로 더욱 전면에 나섰다. 소수의 주도 세력이 비밀리에 준비한 난이 아니라 향촌사회 조직체인 향회와 민회를 열어 항쟁을 준비하고 역량을 강화해나갔다. 법에 따라 정책과 제도를 운영해 달라며 통치 과정에서의 정의를 요구했다. 국왕의 어진 정치를 소원했으며, 지배세력이 명분으로 내세우는 백성을 위하는 정치를 조금이라도 실현시켜달라며 항쟁의 들녘에 나섰다.

그럼에도 지배층은 저항의 위력에 눌려 입안한 조세제도 개혁안을 얼마 지나지 않아 슬그머니 철회함으로써 백성의 처절한 생존 요구를 무시했다. 백성들은 또 한 번 지배층의 통치전략에 기만당한 것이다.

하지만 임술년 봉기의 열기는 그대로 소멸되지는 않았다. 그날의 봉기는 지배층이 법에 따라 통치하지 않으면 들고일어나 항쟁하겠다는 의지를 피력한 저항이기도 했다. 이때의 항쟁 경험은 개항기를 지나며 끊임없이 일어난 난과 민중투쟁을 이끈 힘이 되었으며, 1894년 들어 백성들이 전면 항쟁을 준비하는 한 바탕이 되었다.

바깥에 선 자들의 반란과 꿈 | 개항 전후 백성의 저항

직업 혁명가의 시대

1882년 서울 하층민의 반란 – 임오년 도시항쟁

직업 혁명가의 시대

1869년 광양 변란과 민회행[1]

고종高宗 6년인 1869년 3월 21일 무렵, 전라도 순천 해역에 있는 우손도牛孫島에서 70여 명의 장정이 산신제를 올리고 있었다.[2] 이들은 하늘을 우러러보며 생사를 함께 한다는 맹세를 하고 거사의 성공을 빌었다. 무리 일부는 총과 칼을 들고, 일부는 죽창을 손에 쥐고 함성을 질렀다. 지휘자와 간부로 보이는 이들은 갑옷과 투구까지 갖추고 있어 곧 전투에 나설 기세였다. 질긴 한지를 겹겹이 붙인 뒤 옻칠을 한 갑옷과 투구는 가볍고 편리했으며 의외로 튼튼했다. 제대로 만들기만 하면 화살은 물론 조총도 뚫기 힘들 정도였다. 관군도 이 종이 갑옷과 투구를 많이 착용했다.

지휘자의 선창을 따르는 무리의 함성이 다시 한 번 섬 골짜기를 흔들었다. 이들은 인근 광양 읍성을 점령하려는 봉기군 무리였다. 최고 지도자는 40대 중반의 민회행이었다. 민회행과 일부 지도부 인물에겐 이번이 두 번째 변란 기도였다. 지난해에 전라도 강진 병영을 공격하려다 비바람이 심해 중도에서 포기한 적이 있었다. 당시는 장례 행렬을 가장해 상여에 무기를 숨기고 병영을 향했었다.

광양 출신인 민회행은 의술과 천문지리에 능한 유랑지식인 계열에 속했다. 신분은 정확히 알려져 있지 않은데 몰락한 양반이나 평민 계층에 속한 인물로 추정된다. 그는 20대 시절부터 정부를 전복할 변란을 꿈꾸며 호남과 영남 일대를 돌아다니며 동지를 규합했다. 『정감록』과 같은 예언서와 도참서를 바탕으로 유언비어를 유포하며 동조자를 모았다.

> 민회행은 유교에 어긋나는 사교邪敎를 가슴에 품고 어리석은 백성을 속여서 마음을 흐리게 했다. 도참서에 의탁하고 유언비어로 선동했으며, 총과 징을 사서 점차 세력을 길러온 지가 오래되었다.
>
> —『광양현 적변 사계발사光陽縣賊變査啓跋辭』

민회행은 자신과 처지가 비슷하거나 지배체제에 반감을 가진 여러 인물을 동지로 끌어들였다. 20대에서 40대에 이르는 이들은 광양 외에도 출신 지역이 비교적 다양했다. 강진 변란 기도에도 참가한 강명좌는 구례 출신이며, 20대 젊은이인 권학여는 남원에 거주지를 두고 있었다. 향리 출신인 김문도는 강진에 살고 있었다.

산신제를 지내며 출정식을 가진 이틀 뒤, 봉기군은 한밤에 광양 읍성을 공격했다. 총포를 앞세워 관아를 점령한 봉기군은 현감을 체포해 항복문서를 바치라고 위협했다. 수령임명장과 군사지휘권을 상징하는 인부印符를 빼앗았다. 이는 자신들의 봉기가 단순한 반란이 아니라 의로운 행위이자 명분에 따른 거사임을 알리려는 나름의 전술이었다. 민회행 자신이 의병을 자처하기도 했다.

봉기군은 무기고를 탈취해 무장을 강화하고 죄수를 풀어주었다. 창고를 풀어 주민과 곡식을 나누었다. 지휘부에서는 군율을 엄히 하며 민심을 얻으려 했다. 봉기군은 어느새 300여 명으로 증가해 있었다.

민회행이 봉기군에게 "백성을 살해하는 자가 있거나 주민의 재물을 뺏는 자가 있으면 반드시 중죄로 다스리겠다"고 명령했다. 또한 현감 방의 물품을 일일이 세어서 현감이 있는 곳에 가져다놓도록 했다. 이런 조치로 백성은 단 한 명도 살해되지 않았지만 건장한 자를 보면 위협해 봉기군으로 삼았다. 노약자나 여자는 달래고 안심시켰다. 봉기군은 조금도 공포를 느낄 행동을 하지 않았다. 이들은 곡식 창고를 부수어 쌓아놓은 쌀을 꺼내었다. 주민을 불러 모아 쌀을 받아가라 하니 순식간에 남정네와 아낙네가 마당에 가득했다. 봉기군 우두머리가 이렇게 말했다. "궁핍한 시절에 배고픈 백성을 진휼하지 않을 수 없다."

―「순천부사 유협 첩정順天府使柳映牒呈」『용호한록』

하지만 곧 관군의 반격이 시작됐다. 구례와 순천 등 광양 주변의 군현과 병영에서 진압작전에 참가했고, 달아난 광양 현감도 수천 명의 병사를 이끌고 읍성 탈환에 나섰다. 읍치를 빼앗긴 지 이틀 뒤인 3월 25일, 관군은 봉기군을 진압했다. 민회행은 순천 지역에서 체포돼 다른 주동자와 함께 서울로 압송됐다. 이들은 모반대역죄로 능지처사 당했다. 봉기 가담자 44명은 순천에 있는 좌수영에서 효수됐고 2명은 유배형을 받았다.

비록 이틀 만에 진압되었지만 광양란은 1811년 평안도 백성의 항쟁이후 변란으로서는 처음으로 봉기에 성공한 난이었다. 주동자가 정감록 같은 민중사상을 이용해 비밀리에 동조자를 규합했으며, 여러 지역출신 인물이 모여 뚜렷한 지도부를 형성했다. 봉기 일정과 방식을 사전에 계획하고 무기를 마련해 관아를 기습했다. 전국에서 백성이 동조해 거사가 일어날 것이라고 봉기군과 주민을 설득했다.

이런 변란의 일반적인 요인 외에도 광양란은 민란으로서의 성격도 가졌다. 수령을 상대로 인부 탈취에 힘을 쏟았지만 반왕조적 구호를 구체적으로 내걸거나 행동을 취하지는 않았다. 또한 7년 전에 일어난 진주 민란을 본받아 조세 폐단을 바로잡을 것이라고 했다. 관아 점령즉시 관곡을 풀어 주민에게 분배하고, 방문榜文을 내걸어 거사의 대의를 알렸다. 민회행을 비롯한 지도부는 봉기가 성공하려면 무엇보다 주민의 다수를 이루는 농민의 지지가 필수적임을 알고 있었던 것이다.

지도부의 이러한 행위는 그동안 농민과 괴리돼 추진된 여타 변란의 약점을 극복하려는 시도였다. 하지만 다수 농민을 설득해 항쟁에 실제로 참여시키는 데는 성공하지 못했다. 아직은 이념과 동기, 물질적 기반 등 여러 측면에서 변란 주도층과 일반 백성을 한데 묶을 수 있는 연결고리가 강하지 못했던 것이다. 정치 변혁을 지향한 무장 항쟁을 일으켰지만 의지가 앞섰을 뿐 이를 뒷받침할 군사적 기반이나 조직 또한 취약했다. 거사 성공 뒤의 새로운 정치체제에 대한 구상과 사회에 대한 전망도 구체적으로 나오지 않았다.

그렇지만 광양 변란은 조선 민중의 저항이라는 긴 안목에서 보면, 항쟁의 저력을 한 단계 고양시키는 역할을 했다. 지도부가 다수의 농민 규합에 따르는 폭발적인 힘을 본격적으로 인식함으로써 정치변란과 민란이 결합될 수 있는 단서를 마련한 것이다. 문제는 이 농민의 저항력을 어떻게 항쟁의 호응 세력으로 끌어들이느냐는 데 있었다.[3] 이는 다음 세대 봉기꾼들의 과제였으며, 그 실현은 1894년 동학농민전쟁에 가서야 뚜렷해질 터였다.

정감록의 새 세상 도래를 내세운 변란이 모의 단계를 지나 봉기에 이른 것은 19세기 후반에 들어서였다. 이 시기엔 봉기군이 조직적인 무장력을 갖추고, 지도부가 여러 지역 간 연계를 통해 응집력을 보임으로써 군현 단위의 항쟁을 넘어설 수 있는 가능성을 보인다. 사회 비판의식과 변혁에 대한 명분을 가진 저항지식인이 농민을 계몽하고 규합하려는 적극적인 움직임 또한 거세진다. 이들은 한두 해가 아니라 길게는 수십 년에 걸쳐 난을 준비하고 여러 번 봉기를 기도한 인물이 대부분이었다. 이른바 "직업 봉기꾼"으로 지칭될 만한 혁명가적 성격의 저항인들이 출현한 것이다. 광양 변란의 민회행은 그 선구적인 인물이었다.

직업 봉기꾼 이필제

밤 10시 무렵, 봉기군은 경상도 영해 읍성을 점령했다. 500명에 이르는 봉기군은 대부분 동학교도였다.[4] 동헌을 불태운 이들 무리는 영해 부사를 붙잡아 관아 마당에 꿇어앉혔다. 봉기군 지도자인 이필제가 인부를 빼앗고, 백성을 학대하고 재물을 탐한 행적을 들어 부사를 징치했다. 그런데 부사는 오히려 큰소리로 봉기군을 질타했다. 끝내 굴복의 기미가 보이지 않자 봉기군은 부사를 살해한다. 고종 8년인 1871년 3월 10일, 봉기 첫날은 그렇게 성공적으로 마무리됐다.

이튿날 이필제는 관아 공전公錢 수백 냥을 빈민에게 분급했다. 또한 "이번 거사의 한 목적이 탐학한 부사를 치죄하는 데 있으며 읍민을 해칠 의도는 없다"는 요지의 격문을 붙여 주민을 안심시켰다. 이 봉기가 고통받는 백성을 구하고자 하는 의거임을 분명하게 밝힌 것이다.

40대 후반에 이른 이필제에겐 이번이 세 번째 시도한 변란이었다. 그는 충청도 홍주의 양반 집안 출신으로 진천에서 학문을 익히며 성장기를 보냈다. 20대 중반에 들어서는 도탄에 빠진 백성과 어지러운 나라를 구하겠다는 의지를 다졌다. 이후 전국을 유랑하며 견문을 넓히고 동조자를 규합했다. 그렇게 오랜 준비 기간을 거친 뒤 세 번의 변란을 기도했고 마침내 관아를 점령하며 봉기에 성공하게 됐다.

이필제는 1869년 4월, 진천에서 첫 번째 변란을 모의했다. 서양 세력이 침략할 것이라는 전쟁 위기의 시국을 강조하고 정감록의 피란처를 언급하며 동조자를 포섭했다. 혼란한 시기에 의병을 일으켜 나라의 보존을 도모하면 그 공로에 대한 보상이 있을 것이며, 자신은 중국 대륙까지 정벌할 북벌 계획을 세워놓고 있다고 했다. 당대를 위태롭고 어지러운 시대로 규정하고, 나아가 충의를 강조하며 자신의 원대한 포부까지 펼쳐놓음으로써 거사의 명분을 세우고 뜻있는 자를 끌어들이려는 계책이었다.

실제로 이 시기는 우려하던 서양 세력의 침략이 이미 현실화된 때였다. 무장한 미국 상선이 대동강을 거슬러 평양까지 침범했으며, 프랑스 함대가 강화도를 점령하고 살인과 약탈을 저질렀다. 지배층의 수탈이 갈수록 심해지고 흉년까지 이어지면서 민심은 점점 흉흉해지고 있었다. 이필제는 거사를 일으키기에 적기라고 판단하고 준비에 박차를 가했지만 친척의 고발로 첫 봉기는 수포로 돌아갔다.

겨우 도망한 이필제는 그해 12월과 이듬해 2월에 걸쳐 경상도 진주 일대에서 두 번째 변란을 기도했다. 장차 일어날지도 모를 전쟁에 대비해 남쪽으로 피란한 자들과 정감록을 신봉하는 이들을 포섭해 다시 변란 준비에 들어갔다. 이번에도 전쟁 위기의 시국을 들어 거사의 명분을 강조했다. 또한 자신의 뜻은 중국 대륙에 있으며 조선은 장차 동서남북 네 개의 제후국으로 나누어질 것이라 했다. 정씨鄭氏 성을 가진 동조자를 정진인鄭眞人으로 내세워 거사의 정당성을 강화하고 가담자를 늘리고자 했다. 하지만 준비 부족과 전술 착오, 동조자의 고발로 봉기에 이르지도 못한 채 실패하고 만다.

다시 도망자 신세가 된 이필제는 그해 여름 영해로 잠입한다. 동학 교도를 변란에 끌어들이기 위해서였다. 개인적인 동조자 포섭으로는 관군에 대항할 반란 조직을 갖추기 어렵다는 사실을 두 번의 실패 경험으로 깨닫고서 종교 조직을 활용하려는 전략을 세운 것이다.

영해와 영덕 지방은 이 무렵 동학교도가 2000명을 넘어섰을 만큼 교세가 강했다. 이 지역은 1860년 최제우가 동학을 창도한 이래 얼마 지나지 않아 포교가 이뤄졌으며, 1864년 최제우가 체포돼 참수된 뒤에는 대대적인 탄압을 받아온 곳이기도 했다. 또한 영해 지방의 동학교도 중에는 새롭게 부를 축적해 성장한 신향新鄕 세력이 많았다. 기존 향촌 유력 계층이 이들 신향을 탄압하면서 이 지역 동학교도는 관권과 향촌세력으로부터 이중의 억압을 받으면서 사회 불만집단으로 성장해 오고 있었다.

이필제는 봉기를 통해 동학교조인 최제우에 대한 신원운동을 벌이자며 당시 2대 교주인 최시형을 설득했다. 혹세무민의 죄로 억울하게 처형당한 교조의 죄명을 벗기고 원을 풀어주자고 했다. 이 무렵 이필제는 동학교도를 자처하고 있었다.

옛글을 보면, 하늘이 주는 것을 받지 않으면 오히려 재앙을 입는다고 했습니다. 나 역시 천명天命을 받았습니다. (…) 내가 하고자 하는 것 한 가지는 스승님(최제우)의 치욕을 씻어내고자 하는 것입니다. 다른 한 가지는 뭇 백성을 재앙에서 구하는 것입니다. 내가 뜻하는 바는 중국에서 나라를 세우는 것인데 이 땅에서 일을 일으키려는 뜻은 이렇습니다. 스승께서 말씀하시기를 동쪽에서 받았으므로 그 도道를 동학이라 했습니다. 동東은 동에서 일어나는 것이며 영해는 우리나라의 동해東海입니다.

이런 까닭에 동쪽에서 일을 일으키려는 계획을 세웠습니다. 스승님을 위하는 자가 어찌 이를 따르려 하지 않는단 말입니까?

─『도원기서道源記書』

결국 이필제는 최제우에게 자신이 천명을 받은 진인眞人이라는 의사를 내비친 셈이었다. 그러고는 자신의 궁극의 뜻은 중국 대륙에 있으며, 다만 조선의 영해 지방에서 그 일을 시작한다고 했다. 또한 거사를 일으키는 이유가 교조의 명예를 회복하는 데 있다고도 했다. 그러면서 거사 날짜까지 교조의 사형일인 3월 10일로 잡자고 제의한다. 교조의 명예가 회복되면 동학에 대한 믿음과 포교의 자유 또한 가능할 터였다. 이후 교조신원에 대한 기대와 동학교도 탄압에 대한 불만, 거기에 이필제의 사회변혁 의지가 합쳐지면서 봉기 추진은 급물살을 탔으며 마침내 영해 관아를 점령하게 된다.

이튿날 봉기군은 관아를 떠나 내륙 쪽인 영양 지역으로 향했다. 영해보다는 험준한 산악지대에서 관군과 유격전을 벌이는 게 더 유리하다고 판단해 내린 결정이었다. 영해 공격 후 영양과 진보 등 인근 고을을 석권하고 서울로 진군한다는 애초의 구상에 따른 행군이기도 했다.

하지만 식량이 바닥나고 지역 주민들의 호응도 예상과 달리 저조했다. 날씨마저 좋지 않아 연일 천둥을 동반한 폭우가 내리자 병력이 급격히 이탈했다. 사흘 뒤 최시형이 은거한 일월산 골짜기에 도착했을 때는 300여 명으로 출발한 무리가 불과 40여 명으로 줄어 있었다. 전투를 벌일 수 있는 형편이 아니었다. 이필제는 다시 도망자 신세가

됐다.

　그런 와중에도 이필제는 그해 8월에 문경의 조령에서 다시 변란을 기도했다. 이번에는 예상외로 유림儒林 세력을 이용하고자 했다. 당시 흥선대원군의 서원철폐령으로 전국 유림의 공론이 조정에 대한 반감으로 들끓고 있었다. 집단으로 상소를 올렸으며, 항의를 위해 상경하는 유학자가 줄을 이었다. 이필제는 서원 철폐에 대한 반대 움직임과 집회를 이용해 봉기 무리를 모으고자 했던 것이다.

　이필제는 "세상을 구제하고 백성을 편안히 한다"는 기치를 다시 내걸고 봉기를 추진했다. 하지만 변란 기미를 알아챈 관군에게 이필제와 주모자들이 체포되면서 봉기는 무산되고 만다. 그해 12월 이필제는 모반대역죄로 능지처사되었으며, 찢겨진 팔다리는 남해와 하동 등지에 효시되었다. 한 직업 혁명가의 47년 생애는 그렇게 끝을 맺었다.

이필제의 변란─전봉준과 동학농민전쟁을 위한 전초전

이필제는 조선 사회의 이단아였다. 그는 기존 사회와는 다른 세상을 염원했고, 그런 세상을 이루기 위해 온 열정을 쏟았다. 빈궁하고 소외된 향촌지식인과 하층민을 규합해 포기하지 않고 계속 변란을 기도했다. 부패한 조선 왕조를 타도하고 중국까지 정벌한다는 포부까지 밝혔는데, 이로 미루어보면 그는 야망을 앞세운 과대망상적인 인물로 보이기도 한다. 그렇더라도 그가 제세안민濟世安民과 북벌에 대해 메시아적 사명감을 가졌다는 사실을 부인하긴 어렵다.

민회행과 마찬가지로 이필제 또한 기층 민중이 단합되었을 때 나타날 수 있는 잠재된 힘을 인식하고 있었다.[5] 그래서 농민을 비롯한 하층민을 봉기에 가담시키려 했다. 하지만 하층민과 결합해 자발적 참여를 이끌어낼 수 있는 구체적 방안은 확보하지 못한 상태였다. 거사를 일으키면 현실에 대한 불만과 지배층에 대한 반감을 가진 이들이 가담할 것이라고 기대하는 수준에 그쳤다. 농민의 삶에 뛰어들어 함께 호흡하며 그들을 직접 동원해내는 것이 아니라 불만이 팽배한 사회 분위기에 편승하려는 차원에 머물렀다.

이필제는 서양 세력과 왜구의 침략에 대비해 거사를 일으킨다고 천명했다.[6] 척양斥洋과 척외斥倭를 위한 의병 봉기를 거사의 명분으로 내세워 가담자를 모았다. 이러한 반외세 구호는 군현 단위로 이뤄지던 난을 전국 차원의 항쟁으로 끌어올릴 수 있는 이념이었다. 이는 반외세적 민족주의의 단초가 형성되는 과정이기도 했다. 그럼에도 이 시기의 반외세 구호는 중국 중심의 화이론적 세계관의 틀을 벗어나진 못했다.

이필제는 변란세력과 종교세력을 결합한 선구적인 인물이기도 했다. 유일하게 봉기에 이른 영해 변란의 성공 요인은 무엇보다 동학교도의 참여에 있었다. 교단의 참여 결정으로 영해와 울진, 안동, 울산, 경주, 대구 등 16개 지역의 주민이 항쟁에 뛰어들었다.[7] 한 고을을 벗어나기 힘들었던 이전의 난과는 확연히 다른 양상으로, 이 또한 전국 차원의 항쟁으로 발전하기 위한 디딤돌로 볼 수 있다.

봉기는 치밀한 준비 속에 조직적이고 체계적으로 추진됐다. 교단 조직을 활용해 3,4개월 전부터 무기를 준비하고 동지를 규합했다. 명분과 구호 또한 명확하고 호소력이 있었다. 교조신원을 표방한 가운데 제세안민을 내세움으로써 봉기가 사회 불만세력의 일시적인 폭동이 아니라는 점을 강조했다. 영해 변란의 이러한 여러 요인과 양상은 1894년에 보국안민輔國安民을 기치로 들고일어난 동학농민전쟁을 연상하게 한다.

영해 봉기는 동학이라는 종교가 항쟁의 무기로 활용될 수 있는 자원임을 확인시켜준 난이었다. 동학 교세와 조직을 이용하려는 저항지식인이 나타났음을 알려주는 사회적 사건이기도 했다.

변란 차원에 머물던 저항지식인의 구호와 행위는 이제 또 다른 차원을 지향하고 있었다. 그것은 반외세 이념을 벼리고, 지역 간 연계성을 강화하며, 동시에 기층 민중이 가진 요구나 불만을 수용해 그들 다수가 가진 힘을 대규모 항쟁으로 이끌어내는 실천 작업이었다. 이는 20여 년 뒤 전봉준을 비롯한 동학농민전쟁의 지도자들이 완성해야 할 임무이자 사명이기도 했다. 이필제는 그런 전봉준을 예비하는 선구적 저항인이었다.

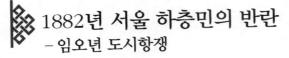

1882년 서울 하층민의 반란
- 임오년 도시항쟁

청나라 군대의 빈민가 야습작전

1882년 7월 15일의 늦은 밤, 서울에 주둔 중인 청나라 군인 1500여 명이 도성 밖 왕십리와 이태원 지역을 기습했다. 난을 일으킨 주민을 대상으로 벌이는 토벌작전이었다. 왕십리와 이태원은 이른바 임오군란壬午軍亂이라 일컬어지는 난의 진원지였다.[8] 난을 주도한 하급 군병을 중심으로 영세한 상인과 수공업자, 임금노동자 등 하층민이 거주하는 곳이었다.

청나라 군대는 조선 국왕인 고종高宗이 내린 토벌 요청서를 발급받은 상태였다. 대규모 병사와 막강한 화력을 앞세워 민가를 포위하고 거침없이 공격을 가했다. 군병과 주민들은 총을 쏘고 돌을 날리며 대항했지만 무기와 인력 모두에서 역부족이었다. 전투는 이튿날까지 계속됐다. 하지만 군병과 주민들은 많은 희생자를 낸 채 청나라 군대에 무릎을 꿇어야 했다. 당시 청나라 군대를 지휘했던 한 관료는 전투에 나선 조선 주민의 기개를 이렇게 기록했다.

> 조선인들은 힘이 부쳐 기진맥진할 때까지 싸웠다. 잡힐 지경에 이르자 칼로 배를 갈라 창자를 드러내기도 했으니, 실로 죽음을 두려워하지 않았다.
>
> ─마건충, 『동행삼록東行三錄』

다수의 사망자와 부상자 외에도 왕십리에서 150여 명, 이태원에서 20여 명의 군병이 체포됐다. 이들 중 11명은 참수형에 처해졌다. 난을 진압한 청나라는 이후 조선에 대한 영향력을 더욱 강화할 수 있었다.

처형 1주일 뒤, 난을 피해 지방으로 도망쳤던 중전 민씨閔氏(민비)가 청나라 군대의 호위를 받으며 궁궐로 돌아왔다. 서울 하층민의 난으로 정권을 잡았던, 국왕의 부친 흥선대원군은 이미 청나라에 납치된 상태였다. 민씨 척족이 다시 조정을 장악했다. 일본은 이 난의 피해를 입었다는 구실로 서울에 자국 군대를 주둔시키는 조약을 체결했다. 조선을 둘러싼 동아시아 정세가 격변하고 있었다. 고종 19년인 1882년의 6월과 7월에 이르는 여름, 조선의 수도 서울에서 대체 무슨 일이 일어났던 것일까?

군병과 하층민들, 서울을 점령하다

난의 발단은 하급 군병에 대한 차별과 급료로 지급되는 쌀이었다. 훈련도감과 금위영, 어영청 등의 5군영 체제로 운영되던 중앙군은 1881년에 무위영과 장어영의 2군영으로 축소 개편되고 신식 군대인 별기군이 창설된다. 별기군은 급료는 물론 의복과 장비 등 여러 면에서 구식 군병보다 더 좋은 대우를 받았다. 난이 발발한 1882년 여름에 이르면 무위영 소속 옛 훈련도감 군병의 급료가 13개월이나 밀렸을 정도로 구식 군병은 심한 차별대우를 받고 있었다. 세금으로 받은 양곡을 관리하는 선혜청 책임자가 군병에게 지급해야 할 쌀을 횡령한 결과였다.

하급 군병들은 당장 생계가 곤란했다. 이들은 적은 급료를 받으며 상업이나 수공업, 농사 등 다른 일을 겸하며 가계를 꾸려오고 있었다. 그런데 이 무렵엔 시전상인이 쌀을 매점하고 거기에 가뭄까지 겹쳐 쌀값이 2, 3배나 등귀해 더 큰 곤란을 겪어야 했다. 하급 군병들은 군제 개편에 따른 실직의 불안에 더해 그날그날의 먹을거리 마련조차 힘든 지경이었다.

6월 5일, 선혜청에서 겨우 한 달치 급료인 쌀이 지급됐다. 그런데 겨와 모래가 섞여 있고 양도 규정에 미치지 못했다. 군병들은 수령을 거부하며 항의했다. 말다툼이 일었고, 군병들이 담당 관리를 구타하고 관아에 돌을 던지는 불상사까지 발생했다. 그러자 선혜청 책임자인 민겸호가 소요를 일으킨 주모자 체포를 지시한다. 김춘영과 유복만, 정

한말에 창설된 신식 군대인 별기군에 소속된
병사.

의길, 강명준 등 4명의 군병이 체포돼 구금됐다.

사건은 여기서 끝나지 않았다. 잡혀간 군병이 고문을 당하고 있으며 곧 사형당할 것이란 소문이 왕십리와 이태원 지역을 중심으로 퍼져나갔다. 구금된 군병 4명 중 3명이 왕십리 거주자였다. 김춘영의 아버지와 유복만의 동생이 주도해 통문을 발송하며 군병과 주민의 결집을 호소했다. 군병조직의 하급 지휘관과 마을자치조직의 간부들이 구원운동에 적극 나섰다.

6월 9일, 수천 명에 이르는 군병과 그 가족들이 종로에 있는 이전 훈련도감의 본영에 모였다. 이들은 무력이 아닌 등소를 통해, 구금된 4명의 석방을 청원할 계획이었다. 하지만 이는 순진한 발상이었다. 군대의 지휘책임자에게 해결을 호소했지만 거부당했으며, 선혜청 책임자는 만날 수조차 없었다.

격분한 무리는 선혜청 당상 민겸호의 집을 부수고 불을 질렀다. 이제 지도부는 무장 항쟁으로 전략을 바꾸었다. 병영을 습격해 무기를 탈취하고 더 많은 군병을 항쟁 대열에 끌어들였다. 한편으론 국왕에게 실권을 내주고 9년째 칩거해온 흥선대원군을 만나 도움을 요청했다. 흥선대원군은 심복을 군병으로 위장시켜 지도부에 가담하도록 한다. 무력행사에 대해 일종의 묵인을 한 셈이다.

이날 오후 들어 본격적인 무장 항쟁에 들어갔다. 각 병영의 병사는 물론 행상과 영세한 상인, 수공업자, 임금노동자, 농민, 부랑아 등 도성 안팎의 하층민이 대거 가담했다. 하급 군병과 서울 빈민층의 연합군이 형성된 것이다.

지도부는 군병과 주민을 여러 무리로 나누어 각기 다른 공격 목표를 지시했다. 한 무리는 포도청과 의금부 등 관아를 습격해 파괴하고 구금된 4명의 군병을 구출했다. 매점매석을 주도한 악덕 시전상가를 파괴했으며, 민씨 세도가와 개화파 관료의 집에 불을 질렀다.

다른 한 무리는 별기군 병영을 공격했다. 지휘관을 죽이고 서양식 무기를 파괴했다. 교관인 일본인 장교를 뒤쫓아 살해했으며, 남대문 근처에서 일본인과 일본공사관 직원을 구타해 죽였다.

또 다른 무리는 서대문 밖에 있는 경기감영과 일본공사관을 공격했다. 인근 주민까지 가세해 경기감영을 파괴하고 무기를 탈취했다. 이어 일본공사관으로 몰려가 총을 쏘고 불을 지르며 세찬 공격을 가했다. 일본 공사와 직원들은 겨우 목숨만 부지한 채 탈출해 인천으로 달아났다.

항쟁 무리 일부는 서울 근교의 사찰과 당집도 부수었다. 중전 민씨가 왕실의 복을 비는 치성터였기 때문이다. 국왕과 중전은 민생은 뒷전인 채 수탈한 재물로 치성을 드리며 국고를 탕진하고 있었던 것이다. 하층 주민까지 가세한 난의 가장 큰 요인은 결국 최고 권력자를 포함한 지배층의 부정부패와 민생정책 실종에 있었다.

거기에 준비 없이 개항을 서두른 무리한 정책도 한 요인으로 작용했다. 1876년 개항 이후 상업과 군사, 외교 등 여러 방면에서 일본의 침투가 자행되면서 하층민의 생활은 더욱 힘들어졌다. 백성들 사이에 널리 퍼진 반일의식이 부패하고 무능한 민씨 척족 정권에 대한 반감과 결합되면서 난은 걷잡을 수 없는 상태로 치달았다. 지존의 공간인 궁궐의 담장도 난민의 분노를 막을 수 없었다.

궁궐에 들어간 뒤에 저는 소동이 일어나는 것을 꺼려 돈화문(창덕궁의
정문) 밖 월대 있는 곳으로 나왔습니다. 궐내에선 감히 말하기조차 힘든
극악한 변이 일어났습니다. (…) 군인이든 아니든 따지지 않고 왕십리 온
동네 사람들은 힘을 모아 대궐로 들어갔습니다.

ー『추안급국안』 30권, 대역부도 죄인 김장손 등 국안

6월 10일, 항쟁 무리는 마침내 창덕궁으로 향했다. 한반도 역사상
백성들이 군주가 있는 궁궐을 직접 습격한 것은 이때가 처음이었다.
근위병은 어디에도 없었다. 무혈입성한 이들은 민겸호를 비롯한 부패
관료를 잡아내 살해했다.

임금은 변이 일어났다는 소식을 듣고 급히 흥선대원군을 불렀다. 흥선대
원군은 난민을 따라 궁궐로 들어갔다. 난민들이 궐내를 뒤지다 민겸호
와 부닥치자 그를 잡아당겼다. 민겸호가 당황하여 흥선대원군을 붙들고
머리를 도포 소맷자락 속으로 들이민 채 "대감께서 날 좀 살려 주시오"
라며 호소했다. 흥선대원군은 차갑게 웃으면서 "내가 어찌 대감을 살릴
수 있겠소"라고 했다. 말이 끝나기도 전에 난민들은 민겸호를 층계 아래
로 끌어내려 총칼로 마구 때리고 짓이겼다. 그런 뒤에 "중전은 어디 있느
냐"고 크게 소리쳤다. 차마 말할 수도 들을 수도 없는 흉악하고 참혹한
정경이 펼쳐졌다. 사방을 수색하느라 장막과 벽을 창으로 찔렀는데 마치

고슴도치 같았다.

-황현, 『매천야록梅泉野錄』

정책 파탄과 통치 실패의 한 주범인 중전 민씨를 찾았지만 궁녀로
변장해 이미 궁궐을 빠져나간 뒤였다. 국왕은 철저히 고립됐다. 기댈
곳은 흥선대원군뿐이었다. 흥선대원군은 중전 민씨가 죽었다고 선포
하며, 재집권의 시작을 알렸다. 조선 역사상 도시 하층민의 지지를 받
으며 정권이 성립한 경우 또한 이때가 처음이었다. 하층민의 힘에 의
해 부패한 정권이 무너졌으며, 또 그 힘을 배경으로 새로운 정권이 들
어선 것이다.

실패한 반란과 영광의 항쟁 사이[9]

무력항쟁이 시작되면서 서울은 사실상 무정부 상태나 다름없었다. 난
을 주도한 군병들이 서울의 치안을 장악했다. 이들은 하급 간부의 지
휘를 받으며 소규모 부대로 나누어 경비를 담당하는 한편, 민씨 척족
세력과 개화파 인사, 부호에 대한 보복을 계속했다. 시골로 도망가는
양반관료와 부호가 늘어났다. 서울 변두리와 빈민가의 하층민이 양반
의 도시 서울을 점령해버린 것이다.[10]
　흥선대원군은 백성의 생활고를 덜어주는 정책을 추진하지 않을 수
없었다. 우선 물가 폭등의 주범인 시전상인의 매점행위를 중지시켰다.

고위관료와 결탁해 부정을 일삼던 시전상인들을 처형했다. 군병의 급료를 정상적으로 지급하게 했으며 잡세를 금지시켰다. 세금을 과다 징수한 수령을 체포해 처벌했다. 더구나 흥선대원군 자신이 1차 집권 시기에 추진했던 경복궁 수리까지 중지시켰다.

하지만 흥선대원군의 정책은 드러난 환부만 일시적으로 건드릴 뿐 병원균을 근본적으로 제거하는 치료는 아니었다. 공평한 세금 징수, 장기적인 물가 안정, 노동력의 합리적 동원과 하층민 중심의 민생 정책 등을 위한 근본적인 제도개선과 개혁 정책 추진은 외면하고 있었다.[11] 흥선대원군 정권은 어디까지나 왕권을 강화하고 기존 양반 중심의 사회체제를 이어가려는 지배층 위주의 정치권력을 지향했다.

그럼에도 당시 민중은 흥선대원군에게 기대었다. 흥선대원군이 그나마 양반관료와 부호를 견제하며 민중의 요구를 어느 정도 수용할 수 있는 유일한 정치인이었기 때문이다. 게다가 민씨 척족 정권이 일본세력을 끌어들여 실시한 무책임한 개화정책과 경제 혼란은 쇄국정책을 고수한 흥선대원군의 이미지를 이상적인 형태로 높여주었다. 민중은 흥선대원군 정권이 일본을 위시한 외세를 막고 특권층의 발호를 억눌러 주리란 기대를 품었다.

그런데 현실은 그 최소한마저 허용하지 않았다. 서울에서 난이 일어나자 청나라와 일본은 자국의 이익을 위해 재빠르게 움직였다. 6월 하순에서 7월 초순에 걸쳐 군대를 조선 땅에 상륙시켜 압박을 가하며 내정을 간섭했다. 그 이전, 조선 지배층 일부에서는 청나라 군대의 파병을 요청하는 극한 선택을 하고 만다. 난의 배후에 흥선대원군이 있으며, 하루 빨리 군대를 파견해 국왕을 보호하고 난을 진압해달라고 요청한 것이다. 지배층의 안전과 지배체제 유지만을 도모한 지극히 편향적이고 위험한 선택이었다.

결국 7월 13일에 흥선대원군은 청나라로 납치된다. 청나라 군대는 조선 군병을 몰아내고 서울의 치안을 장악했으며 흥선대원군 정권을 붕괴시켰다. 왕십리와 이태원 전투는 그 마무리 작전이었다. 난을 주도한 자들에 대한 체포령과 처형이 뒤따랐다. 조정은 난 이전 상태로 돌아갔으며, 그런 측면에서 1882년 여름 서울 하층민의 항쟁은 실패로 귀결됐다.

봉기한 서울의 하층민은 한계를 가진 기존 정치세력에 기대어 자신들의 요구를 관철하려 했다. 이들은 자신들의 주장을 실현시킬 수 있는 세력을 스스로 형성하는 수준에는 미치지 못했다. 이념과 안목, 추진력을 가진 나름의 지도부를 제대로 갖출 수도 없었다. 저항은 사회를 근본적으로 개혁하는 혁명으로 나아가지 못하고 제도 개선을 요구하는 차원에 머물렀다. 그들 자신이 양반 지배체제를 부정하거나 극복하려는 시도를 하지 않았고 새로운 이념을 제시하지도 못했다. 이는 당대의 현실 조건에서 비롯된 시대의 한계였고, 당시 민중의 의식에 조응하는 결과였다.

하지만 1882년 여름 서울의 항쟁은 역사상 가장 큰 규모로 진행된 도시 하층민의 항거였다. 단합된 하층민의 힘으로 정권을 교체했으며, 일시적이나마 정치권력을 압박하며 정국의 향방을 좌우했다. 비록 한 달 동안이고, 또한 흥선대원군이라는 지배층 내의 정치가가 전면에 나서긴 했지만 당시 사회를 움직인 실세는 서울의 하층민이라 해도 과언이 아닐 것이다.

이들은 경제적 측면의 생존투쟁 차원에 머물던 저항을 넘어 부패한 정치세력을 직접 몰아냄으로써 정치투쟁의 본격적인 문을 열었다. 정권을 쥔 민씨 척족 세력과 개화파, 부호가 일본 침략세력과 연계돼 있다는 사실을 간파하고 반외세의 기치를 올렸다. 이러한 경험과 각성은 조선 사회의 지배체제를 그 근간에서부터 흔들며 새로운 사회를 요구하는 더 크고 강한 저항의 조류를 만들고 있었다. 지배층은 하층민의 이러한 목소리를 끝내 외면하고 무시했지만 말이다.

탐학의 왕조 봉기하는 백성 | 1894년 동학농민전쟁

한풀이와 개혁의 시대
내전과 징치, 국제전쟁과 구국의 시기
누가 의로운가?

한풀이와 개혁의 시대

백성과 나라를 위한 단심 - 전봉준의 최후

고종 32년인 1895년 2월, 서울에 설치한 임시 재판소에서 갑오년 (1894) 봉기를 주도한 전봉준에 대한 신문이 진행되고 있었다.[1] 전봉준 은 지난해 12월에 전라도 순창에서 부하의 밀고로 체포된 뒤 일본 영 사관 감옥에 수감된 상태였다. 일본은 봉기를 진압했다는 구실을 들어 주동자 처벌에 관여하고 있었다. 조선 국사범에 대한 조사와 재판이 일본의 영향력 아래 실시됐으니, 이는 국가의 수치가 분명했다. 그런 사실에 무심한 듯, 조선 관원은 첫 신문부터 "그릇된 짓을 하는 무리의 우두머리"라는 뜻을 가진 괴수를 언급하며 전봉준을 부정적인 인물로 몰아갔다.

"당신을 전라도 동학의 괴수라고 하는데, 사실이지요?"

"위기에 처한 나라를 위해 의병으로 군사를 일으켰지 동학 괴수라

칭한 바 없소이다."

"당신은 피해를 본 일도 없는데 무슨 이유로 봉기했습니까?"

"내 한 몸 해를 면하려고 봉기했다면 이를 어찌 남자가 할 일이라 하겠소이까. 백성이 원망하고 한탄하기에 이들을 위해 해로운 것을 없애고자 했을 뿐이오."

전봉준은 전혀 꿀림이 없었다. 이틀 뒤에 이뤄진 2차 신문에서는 봉기의 목적까지 당당하게 밝힌다.

"전라도 일대의 탐학한 무리를 제거하고 조정에서 매관매직을 일삼은 자들을 몰아내면 조선 팔도가 온전하게 될 것이오."

전봉준은 모두 다섯 차례의 신문을 받는다. 2차까지는 조선의 법무아문 관원이 단독으로 진행했고 3차부터는 일본 영사까지 가담했다. 신문이 끝난 19일 뒤, 조선의 법무아문 재판소에서 전봉준을 비롯한 봉기 주동자 5명에게 사형선고를 내렸다. 이 법무아문 재판소는 친일내각이 의금부를 대신해 설립한 사법기구였다. 갑오년 민중 봉기의 여파로 실시한 개혁정책의 하나로 추진된 사법제도 개선책이기도 했다.

재판소의 최고책임자는 법무아문 대신인 서광범이었다. 그는 1884년에 개화파 세력이 일으킨 갑신정변의 주동자였다. 정변 실패 뒤 일본을 거쳐 미국으로 망명해 시민권을 획득한 인물로 '케네스 서Kenneth Suh'라는 미국 이름까지 가지고 있었다. 갑오년 봉기가 일어나자 일본 외무성의 주선으로 조선에 돌아와 지금의 법무부 장관 직위에 올랐다. 서광범이 이끄는 재판부가 선고문 내용을 부연해 설명하자 전봉준은 이렇게 일갈했다고 한다. "나는 바른길을 걷다가 죽는 사람인데 대역죄를 적용하다니, 실로 천고의 유감이다."

집행은 지체 없이 이루어져 이튿날 목을 메달아 죽이는 교수형에 처해진다. 교수형은 죄인의 목을 베는 참형이 비인도적이라는 지적에 따라 대체한 사형 방식이었다. 봉기 지도자들에 대한 교수형은 개혁정책에 따라 새로운 사법제도가 출범한 이후 내려진 첫 사형선고였다. 민중 봉기를 주도한 이들이 새 사법제도에 따라 참형이 아닌 교수형을 받았으니, 이 또한 조선 지배층이 실시한 개혁정책의 혜택이라 해야 할 것인지…….

전봉준은 담담하게 죽음을 맞았다고 한다. 교수형 집행을 지켜본 한 관료는 그를 이렇게 평했다. "엄정한 기상과 굳세고 장한 심지心志를 가져 과연 세상을 한번 놀라게 할 만한 대위인이자 대영걸로 보였다." 전봉준은 갑오년 봉기가 백성과 나라를 위한 거사였음을 끝내 굽히지 않았다. 그가 사형장에 가기 전에 남긴 유언시는 이러했다.

때가 오매 천지가 모두 힘을 합했고
운이 다하니 영웅도 스스로를 어쩌지 못하는구나
백성 사랑하고 정의 세우는 일이 무슨 허물이겠는가
나라 위한 오직 한마음 그 누가 알겠는가

농민군, 전라도를 점령하다

마침내 농민군이 전라도 무장에서 항쟁의 첫발을 내디뎠다.[2] 권귀진 멸權貴盡滅 보국안민輔國安民, 탐관오리를 없애고 나랏일을 도와 백성을 편안하게 한다는 기치를 내걸고 전주를 향해 진군을 시작했다. 이들은 주변 지역 장악을 거쳐 전주를 점령한 뒤 이를 근거지로 서울로 진격해 중앙 권력을 교체한다는 목표를 두었다. 봉기를 촉구하는 격문을 각 고을에 띄운 지 한 달 만인 1894년 3월 22일이었다.

주력군은 전라도 각 지역에서 동원된 농민군으로 3000여 명에 달했다.[3] 이들 농민군에는 동학교도 외에도 일반 농민도 참여하고 있었다. 농민군은 동학의 지역조직 책임자인 접주에 의해 통솔되고 있었으며, 최고 지도자는 전봉준을 비롯한 김개남과 손화중 등이었다.

농민군은 북상해 고부를 점령하고 대열을 정비한 뒤 일부는 태인 방면으로 진군했다. 이 무렵엔 이미 농민군이 배로 증가해 있었다. 농민군은 군율을 제법 갖추었으며 대체로 일반 백성으로부터 환영받고 있었다. 규모 면에서 관군을 압도해 일부 군현에서는 전투조차 없이 읍치를 비울 정도였다. 농민군은 고부 황토치에서 관군을 격파한 뒤 잠시 남하해 영광과 함평, 장성 지역을 돌았다. 승승장구하는 농민군은 어느덧 1만 명을 웃돌았다. 장성 황룡촌에서는 서울에서 내려온 정예부대까지 격파하는 개가를 올린다. 이후 북상한 농민군은 4월 27일 전주성에 도착한다.

동학군은 장꾼들과 함께 섞여 이미 수천 명이 시장에 들어와 있었다. 오시午時(오전 11시~오후 1시) 무렵 시장 건너편 용머리 고개에서 대포 소리가 터져 나오며 수천의 총소리가 일시에 장터를 뒤덮었다. 그러자 장꾼들은 정신을 잃고 서로 뒤엉켜 서문과 남문으로 물밀듯이 몰려갔다. 동학군은 이들과 섞여 문 안으로 들어가며 함성을 지르고 총을 쏘았다. 서문에서 파수 보던 병사들은 도망치기에 바빴다. 순식간에 성 안팎이 동학군 소리로 가득했다. 전봉준 대장은 유유히 대군을 거느리고 서문으로 들어와 선화당에 자리했다.

－오지영, 『동학사東學史』

전주성 점령은 농민군이 거둔 최대의 승리였다. 전주감영 함락은 전라도 장악을 뜻했으니 이는 조선의 한 지역이 농민군 지배 아래 들어갔다는 의미이기도 했다. 농민군은 무장에서 봉기한 지 한 달 여 만에 1차 목표를 달성한 것이다. 이는 동학교도와 하층 백성, 농민군 지도자들이 합심해 이뤄낸 성과였다.

1860년에 개창된 동학은 1876년 개항을 거치면서 교단조직이 활성화된다. 삼남 지방 전역에 걸쳐 교도가 증가했는데, 이는 개항 이후 경제 사정이 악화된 농민들이 대거 동학에 입교했기 때문이다. 이런 추세에서 교단에는 크게 두 흐름이 형성되었다. 하나는 신앙의 힘으로 지상천국이 실현되길 원하며 동학 포교와 개인적 구제에 치중하는 교단 지도층을 중심으로 한 세력이었다. 다른 하나는 의식주 생활 조건을 향상시키고 사회적 지위까지 개선하려는 농민 중심의 신도 계층이었다. 동학의 이런 교세 확장은 이후 사회변혁의 이념과 투쟁조직이 형성되는 토대가 된다.

한편, 1890년대엔 부패한 사회를 뜯어고치고자 하는 변혁 지향의 평민 지식인들이 동학에 입교한다. 전봉준과 김개남 등이 대표적인 인물인데, 이들은 동학교단이 중심이 된 교조신원운동에 참여하면서 집단 시위의 경험을 쌓고, 이를 바탕으로 정치투쟁으로의 전환을 꾀한다.

동학교도들은 1892년에서 1893년에 걸쳐 공주와 삼례, 서울, 보은 등지에서 대규모 집회를 열며, 동학 탄압을 멈추고 포교의 자유를 인정해달라고 요구했다. 하지만 이들 집회는 모두 실패로 돌아갔다. 그러자 변혁 세력은 1893년 봄에 전라도 금구에서 교조신원운동과는 별도로 하층 신도와 농민을 동원한 대규모 집회를 연다. 이들은 일본 침략을 규탄하고 탐학한 관리의 징치를 요구했다. 이어 1894년 1월에는 고부 군수 조병갑의 수탈과 정책 폐단에 맞서 민란을 일으킨다. 이로써 동학교단 내 변혁세력은 종교운동이 아닌 본격적인 정치투쟁의 장을 열어가게 된다.

19세기 들어 수탈과 폭압이 심해지면서 조선 사회는 악화일로를 걷고 있었다. 왕실과 연결된 몇몇 가문이 국가권력을 장악하면서 양반층 내에서나마 이뤄지던 견제와 균형의 정치질서가 무너졌으며, 지배층은 점점 국가운영 능력을 상실해갔다. 매관매직이 성행하고 과도한 세금 징수가 일반화되었다. 부패구조가 마치 정상처럼 자리 잡으면서 백성의 생계 기반이 크게 흔들렸다.

위는 동학 2대 교주이자 북접 지도자인 최시형. 아래는 왼쪽부터 남접 지도자인 전봉준, 김개남, 손화중.

1876년에 문호가 개방되면서 백성의 삶은 한층 어려워졌다. 쌀이 일본으로 유출되면서 쌀값이 폭등했으며, 값싼 외국산 면포가 대량으로 들어오면서 가내수공업이 와해됐다. 청나라와 일본의 상인까지 밀려들면서 조선 상인들의 상업 활동마저 위축됐다.

1890년대 이후엔 대규모 민중항쟁이 일어날 수 있는 사회적 조건이 무르익어갔다. 변혁 지향의 지도자와 무력행사를 통해서라도 현실을 개선하려는 동학교도가 만나면서 동학은 실천적인 개혁사상으로 전화하고, 사회개혁운동을 촉발하는 불씨가 된다. 탐학한 지배층을 징치하고자 하는 다수 백성의 결집도 가능해졌다. 양반 관료의 수탈과 지주의 폭압을 더 이상 참지 않으려는 백성이 크게 늘어난 것이다.

결국 일반 농민을 비롯한 여러 피지배 계층이 항쟁에 대거 가담함으로써 갑오년 봉기는 명실공히 농민전쟁이자 전면적 민중항쟁으로 확대된다. 하층 농민층이 다수를 이루는 가운데 영세 수공업자와 상인, 임금노동자가 봉기군에 가세했다. 수탈의 대상이 된 일부 부민富民과 향반 계층도 항쟁 대열에 가담했다. 지도층은 일정 수준의 지식을 갖춘 몰락 양반층과 중인층, 평민층 인물이 다수를 이루었다. 일부 지역에서는 하층 양반과 중농층이 항쟁을 이끌기도 했으며, 소수지만 천민이나 노비 출신 인물이 중하위 지도자로 활약하기도 했다.

가중되는 혼란과 위기

농민군의 전주성 점령 뒤, 조정에서는 국왕의 주재 아래 긴급회의를 열고 뒤늦은 대책 마련에 들어갔다. 그런데 고종과 집권세력은 청나라에 군대 파병을 요청하는 극히 위험하고 안이한 결정을 다시 내리고 만다. 10여 년 전 서울 하층민이 봉기했을 때 청나라에 진압을 요청해 지배체제 유지를 도모했던 집권세력으로서는 그리 어렵지 않은 결단이었을지도 모른다.

더 큰 문제는 청나라 군대 파병을 빌미로 일본까지 내정에 개입해 들어왔다는 점이다.⁴ 5월 초순에 청나라 군사 2500명과 일본군 4300명이 조선에 들어오면서 농민항쟁은 새로운 국면으로 접어든다. 자칫 국제전으로 비화할 수 있는 가능성이 크게 열린 것이다.

이런 정세에서 농민군과 관군은 휴전을 맺는다. 이른바 전주화약全州和約으로, 이는 외국 군대의 장기 주둔에 대한 빌미를 주지 않으려는 조치이기도 했다. 뒤늦게나마 조정에서도 사태의 위험성을 깨달았던 것이다. 화약 조건은 농민군은 반란 행위를 중지하고 정부는 농민군이 제시한 개혁안을 시행한다는 것이었다. 이에 따라 농민군은 5월 8일 전주성에서 철수했다. 개혁안은 크게 보면 조세제도를 개혁하고 외국 상인의 상행위를 개항장 내에 국한하는 등 자영농으로서의 기반을 마련하고 상업 활동의 보호를 확보하는 차원이었다. 또한 민씨 척족 정권의 퇴진을 요구했다.

이 시기엔 농민군 승리의 열기를 타고 동학 교세가 급속히 확장되고

있었다. 주민들이 앞다투어 동학에 입교했으며 동학 조직과 기구 설치
가 크게 늘어났다. 이러한 추세는 전라도 지역뿐 아니라 경상도와 충
청도, 강원도, 황해도 지역까지 파급됐다. 경상도에는 6월 이후 입교
자가 매일 1000여 명에 달했다. 경상도 북부와 충청도 일부 지역을 관
할하는 대접주는 무려 7만여 명의 교도를 둘 정도였다.

　교세 확장과 때를 맞추어 충청도와 경상도 지역에서도 동학교단을
매개로 한 농민군이 봉기해 관아와 양반 지주를 대상으로 투쟁에 들어
갔다. 특히 예천과 상주, 김산(지금의 김천 지역) 등 영남 북서부 지역,
함안과 밀양, 진주 등 영남 남서부 지역에서 활발한 활동을 벌였다. 충
청도에서는 공주와 보은, 홍주 등에서 격렬한 항전이 일어났다.

　전라도 지역은 전주화약 후에도 사회 혼란과 반목이 가시지 않았다.
조정에서는 제대로 된 개혁안을 즉시 시행하지 않았고, 일부 농민들은
한풀이하듯 관료와 양반을 상대로 무력을 휘둘렀다.

　동학당에 들어가면 하지 못하는 일이 없었다. 남의 무덤을 팠으며 사체
　를 받아냈다. 부민을 겁탈하고 사족을 욕보였다. 지방관을 조롱하고 욕
　했으며, 향리와 군교를 결박했다. 마치 천둥처럼 내닫고 바람처럼 달려
　서, 그동안 쌓인 원통하고 분한 기운을 다 풀고자 했다.

　　　　　　　　　　　　　　　　　　　　　　　－황현, 『오하기문梧下紀聞』

　전주의 한 유생은 "묵은 원한을 풀고자 하는 농민군으로 인해 전라
도 일대가 혼돈의 세계가 되었다"고 우려했다.[5] 농민군 지도부에서도

이런 무절제하고 무질서한 행위를 통제하기 힘들 정도였다.

농민들, 변혁 주체로 나서다

하층민의 위력에 밀려 일부 지방관이 행정과 치안을 아예 방기하는 사태까지 벌어지자 관아에서는 대안을 내놓았다. 농민군 스스로 읍과 면리 단위의 향촌자치 책임자인 집강執綱을 뽑도록 하고 이 집강에게 행정력을 일정 부분 양도하겠다는 제안이었다. 전봉준은 이를 받아들였다. 무분별한 폭력과 무력 행위는 농민의 이익이 항구적으로 관철될 수 있는 제도개혁과 거리가 먼 일시적인 분풀이에 가까웠다. 전봉준은 관과 민이 협조해 치안을 유지하고 향촌사회를 안정시키는 게 급선무라 판단한 것이다.

농민군은 집강소를 설치해 서기와 집사 등을 두고 활동에 들어갔다. 치안에 나서고, 주민의 요구를 받아들이며 그동안의 갖가지 폐단을 시정하고자 했다. 엄밀히 말해 집강소는 수령을 대신해 독자적으로 읍치 권력을 행사할 수 있는 기관은 아니었다. 대체로 수령에게 행정 폐단의 시정을 요구하고 행정 실무자인 향리의 징치를 요구했다. 때로는 청원 수준을 넘어 물리적으로 이를 강제하기도 했다.

모든 지역에서 같은 수준의 집강소 활동이 이뤄지지는 않았다. 치안만 맡은 집강소가 있었고, 폐정개혁까지 관여하는 집강소가 있었다. 집강소를 따로 설치하지 않고 도소都所와 같은 기존의 동학조직을 활용해 자치에 나서는 곳도 많았다.

집강소는 제도적 개혁 단계로 나아가지 못했다는 한계를 가진 자치 기구였다. 집강소 체제가 그 이전의 무절제한 폭력 행위를 어느 정도 제어하고 사회 안정을 거두는 효과를 거둔 것은 사실이다. 하지만 장구한 세월 억압받고 고통받아온 피지배층의 한풀이 행위를 모두 통제할 수는 없었다.

더구나 일부 농민군 세력은 전봉준의 통제에서 이탈해 있었다. 이들은 집강소 체제를 거부하고 무력에 기반을 둔 독자적인 항쟁을 전개하며 폐정을 시정해 나갔다. 이는 단순한 분풀이나 한풀이 수준에 그치는 행위는 아니었다. 부패한 지방관과 향리를 징치하고 개혁안을 밀어붙였다. 관아를 쳐서 군수 물자를 탈취하고 탐학한 지주의 재산을 거두었다. 예속을 거부하며 양반을 대상으로 신분해방투쟁에 나서기도 했다.

이 시기 농민군의 주력은 빈농이나 관노와 역졸, 재인 등과 같은 하층민이었다. 토지를 가진 대부분의 중상층 농민은 농사철을 맞아 귀가한 상태였다. 다수 하층민은 위력을 앞세운 폐정개혁과 신분해방투쟁을 선호했지 관아와 타협한 집강소 체제를 그대로 수용할 태도를 보이지 않았다.

전라도 장흥은 도소를 차리고 탐학한 양반과 지주를 치죄한 대표적인 지역이었다. 6월 들어선 관아와의 갈등이 심해지면서 산성을 지키는 무관인 별장別將까지 잡아다 징치하기에 이른다. 이에 전라도 지역 방위를 책임진 병마절도사가 포고문까지 내며 농민군을 질타한다. 그러자 농민군은 자신들의 치죄가 의로운 기개에서 시작된 정당한 행위라며 반박한다.

> 우리는 의로운 기개로 봉기했으며 욕심 많고 부패한 관리를 징치하고자 한다. 권력을 농단하는 신하들이 임금의 덕德을 가리고 있으니 백성이 충성스런 마음으로 올리는 상소를 어린아이가 하는 실없는 말 정도로 치부하고, 억울한 일을 당해 원통해하는 백성을 무장한 도적이라 한다. 심지어 군대를 출동시켜 도륙하려 하니 천고에 이러한 변고가 어디 또 있겠는가. 병마절도사께서 또한 우리의 행위를 불의不義라 하니 심히 애석할 따름이다.
>
> ─박기현, 『일사日史』 1894년 6월 22일

"권귀진멸 보국안민", 농민군 지도부가 내건 봉기의 기치는 단순한 명분에 그치지 않았다. 농민군의 무력행위를 정당화하는 지침이기도 했다. 백성의 탄식과 눈물이 끝이 없고 무수한 상소와 청원으로도 관리의 부패가 일소되지 않는다면 남은 수단은 무력뿐이었다. 그것은 올바른 사회를 유지하는 의로운 행위이기도 했으니, 농민군은 자신들이 이런 의義를 실천하는 도인道人임을 믿어 의심치 않았다.[6]

농민군은 의로운 기개로 일어섰으니 탐학한 관리와 양반을 처벌할 수 있는 권한 또한 갖는다고 보았다. 그동안 관아의 부당한 처사와 양반에게 유리하게 판결된 소송에 대해 국법을 준거로 다시 판결을 내렸다. 조세 수취의 모순을 지적하고 시정을 요구했다. 법의 공정한 집행을 강제했으며, 나아가 민의民意를 반영한 법을 만들라며 농민이 원하는 조세 법안까지 제시했다. 농민군은 의를 실천하는 주체로서 사실상 지방관의 업무를 대행했으며 마치 관리가 된 듯이 행동했다. 하층 농민들이 그동안 양반이 독식했던 공적 영역에 의를 실천하는 주체로 진출하고 있었던 것이다.

양반 우위의 위계 관계가 일상에서 전복되고 있었다. 온갖 불이익을 받으며 억울함을 참아온 하층민들이 문제를 제기하고 시정을 당당히 요구했다. 위세에 눌려 과도하게 지불한 이자를 되돌려달라고 했다. 밀린 임금도 받아냈다. 신분 차별에 항의했으며 노비문서를 내놓으라고 외쳤다. 겁을 먹은 주인이 먼저 노비문서를 불태우기도 했다. 도리이자 철칙과도 같았던 반상의 위계가 흔들리면서 낮은 곳에서 숨죽이며 살아온 백성들의 목소리가 제 울림을 내고 있었다.

내전과 징치, 국제전쟁과 구국의 시기

농민군 대 민보군, 청나라 대 일본

1894년 여름, 예천과 안동, 의성, 상주 등 경상도 북서부는 읍내를 제외한 대부분의 지역이 농민군 지배 아래 놓여 있었다. 교주 최시형이 이끄는 북접교단에 속했던 이 지역은 전봉준 중심의 남접교단과 달리 왕조의 통치체제를 부정하는 읍내 점거는 시도하지 않았다.[7] 북접 지도부에서 관치질서를 준수하고 무장봉기를 금지한다는 원칙을 정해놓고 있었기 때문이다. 하지만 이러한 방침은 지역 교단조직에 속한 다수 농민의 호응을 얻지는 못했다. 갑오년 봉기를 전후해 교단에 들어온 대부분의 농민들은 지도부가 반상의 차별을 없애는 조치를 취하고 폐정 개혁에 적극적으로 나서기를 원하고 있었다.

지도부와의 갈등이 깊어지면서 농민군은 수십 명씩 무리를 지어 지배층에 대한 징치를 서둘렀다. 7월 들어 예천의 농민군은 읍내를 침범해 지주와 향리를 구타하고 재물을 거두었다. 때로는 무덤까지 파헤치는 보복을 가하기도 했다. 상주에서는 탐학한 양반을 죽인다는 살반계殺班契가 조직되고, 노비로 구성된 조직이 따로 활동했다. 예천 농민군 수십 명이 퇴임하는 안동 부사를 공격하기도 했다. 토색한 돈을 내놓으라며 치죄했고, 여의치 않자 의관을 벗겨 구타한 뒤 물품을 탈취했다.

농민군의 활동이 강화되자 지배층은 조직적 대응에 나섰다. 무력한 관군을 대신해 자구책으로 민보군民堡軍을 조직하고 치안 유지와 읍내 수성에 들어갔다. 예천에서는 향리 세력이 주도해 민보군을 결성하고 이를 통솔할 기구로 집강소를 두었다. 이 지역 집강소는 전라도와 달리 지배층의 의사를 대변하고 이익을 실천하는 기구였다. 안동에서는 전직 관리와 양반 유생儒生이 중심이 돼 민보군을 결성했으며, 의성에서도 양반들이 민보군을 조직해 대항에 나섰다.

8월 들어선 양측의 충돌이 격해지고 빈번해졌다. 예천 농민군은 민보군이 치안을 장악한 읍내에 출입할 수 없게 되자 아예 읍내 통행을 막아버렸다. 시장이 한산해지고, 식량과 땔감이 부족해졌다. 민보군은 적극적인 공세로 대응했다. 농민군 11명을 체포해 재판 없이 땅에 파묻어 살해해버린다. 농민군은 읍내 봉쇄를 강화하며 생매장을 주도한 자를 넘겨달라고 압박을 가했다. 민보군은 이 사건을 정당한 처사라 반박하며 압송을 거부했다.

농민군과 민보군은 서로 의로운 행동을 했다며 이념 대결의 양상까지 보였다. 농민군은 백성을 구제창생한다는 유학의 대의를 들어 자신들의 행위를 개혁 차원에서 합리화했으며, 법적 절차 없이 즉결 처분한 민보군의 행위를 부당하다며 비난했다. 민보군은 농민군의 구제창생이 그 취지는 옳으나 분수에 넘치게 함부로 행동하니 결국은 올바른 행위가 아니라고 했다. 재물을 탈취하고 묘를 파헤친 자를 국법에 따라 처벌했을 뿐이라며 반박했다.

사태는 점점 악화되고 있었다. 유격전과 군수물자 탈취 등 소규모 전투가 잇따랐다. 안동과 의성에서도 전투가 벌어졌다. 농민군은 군사 규모에서 우세했지만 쉽사리 전면전을 감행하지는 않았다. 농민군 지도부는 관과 민이 화합해 사태를 극복하고자 하는 기본 방침을 여전히 지키고자 했다. 무엇보다 이 무렵 농민군에게 가장 큰 적은 관군보다 일본군이었다. 경상도 지역에 주둔한 일본군은 8월 들어 더욱 강경한 자세로 농민군을 압박해오고 있었다.

조선에 들어온 일본군은 6월 21일에 경복궁을 점령하며 친일 개화파 정권을 수립했다. 이틀 뒤에는 조선 땅에서 청나라와 전쟁을 일으킨다. 한반도는 말 그대로 혼란의 소용돌이로 빨려 들어갔다. 네 세력에 의해 두 개의 전쟁이 한꺼번에 치러지고 있었다. 비록 휴전을 맺은 상태지만 하층민 중심의 농민군과 관군에 민보군을 앞세운 조선 지배층이 대치하고 있었으며, 바로 그 반목의 땅에서 인접한 타국의 군대가 전투를 벌였다.

최대의 피해자는 조선 백성일 수밖에 없었다. 서울과 경기도, 평안도에서 피란민이 줄을 이었다. 청일 두 나라 군대가 인부와 물자를 징발했으며, 약탈과 방화, 강간을 저질렀다. 시체 처리와 위생 문제로 이질과 콜레라 등 전염병이 만연했다. 이 시기 조선 전역에서 콜레라로 30만 명이 사망했다고 한다. 전투 지역에선 매춘업이 성행해 성병환자까지 급증했다.

경상도는 일본 군대의 병참기지였다. 부산과 서울을 잇는 교통로 곳곳에 병참부를 건설하고 인력과 우마, 군량, 땔감 등을 거두었다. 농민군이 관군과 일본군을 상대로 전면전을 일으킨 9월 중순 이전에도 지역 곳곳에서 크고 작은 마찰이 끊이지 않았다. 8월 하순엔 농민군의 형세를 정탐하던 일본 장교가 예천 지역에서 피살되면서 일본군의 공격이 본격화되었다. 토벌대를 조직해 농민군 주둔 지역으로 파견하고 마을을 수색했다. 계기가 주어지면 언제든 대규모 전투가 일어날 수 있는 상태였다. 이런 정황에서 예천 농민군은 민보군에게 일본을 물리치는 척왜의 기치 아래 연합전선을 펼치자는 제의를 한다.

> 지금 우리가 가진 본의本意는 척왜이다. (…) 한 나라의 백성으로 척왜의 뜻이 없다면 하늘 아래에서 당신들이 옳다고 할 수 있겠는가. 도道를 행하는 자의 뜻이 옳다고 할 수 있겠는가. 도인道人은 곧 의병이다. 이로써 이해하기 바란다.
>
> ―반재원, 『갑오척사록甲午斥邪錄』 1894년 8월 28일

민보군에서는 이를 단호히 거절한다. 민보군은 자신들의 이익을 침해하는 농민군을 진압하는 게 더 시급했다. 일본에 대한 적개심이 없지는 않았지만 지배질서와 신분 특권을 위협하는 저항 앞에서 일본의

침략은 아직은 부차적인 문제로 보였다. 이들에겐 신분과 가문이 먼저였지 일본군에 맞서 의병을 일으킬 계제가 아니었던 것이다.

사실 조선 지배층은 의병을 모을 힘과 영향력마저 이미 약해져 있었다. 양반 유생은 나라가 침략을 받으면 의병을 일으켜 국난 극복에 참가하는 것을 의로운 행위라 여겼다. 그런데 이 힘은 신분제의 공고한 틀과 관아의 비호 아래 상민과 천민을 지배할 때 가능했다. 하층민의 존경을 받을 때 제대로 된 영향력 또한 발휘할 수 있었다. 하지만 이 무렵 조선 지배층은 이 힘과 영향력의 원천이 크게 협소해진 상태였다. 오히려 농민군이 외세에 맞서 나라를 구하는 의병을 자처하고 있었다.

연합전선 제안이 결렬되면서 양측은 전면전에 돌입한다. 8월 28일, 민보군은 협상을 위해 읍내 집강소를 찾은 농민군 3명을 체포함으로써 전투의 시작을 알렸다. 이틀에 걸친 공방전에서 민보군은 조직적인 위장전술과 기습작전으로 농민군을 격퇴했다. 안동 민보군까지 가담하면서 전투는 민보군의 승리로 끝났다. 이들은 농민군을 끝까지 타도해야 할 적으로 삼았지만 농민군은 그렇지 못했다는 사실이 패인의 하나로 꼽혔다. 보복이 뒤따랐다. 집이 불타고 가산이 몰수됐다. 체포된 농민군은 가차 없이 처형됐다.

이 무렵 일본군은 후방을 교란해 농민군에게 타격을 주었다. 농민군의 군수기지라 할 수 있는 상주 관할의 석문 지역에서 전투를 벌여 다량의 무기를 빼앗았다. 일본군은 상주와 충주, 단양, 제천 등지로 이동하며 접전을 벌여 농민군을 계속 압박했다.

이제 관군은 일본군과 연합해 본격적인 농민군 진압에 나서게 된다. 삼남을 중심으로 한 전국의 농민군도 다시 일어나 무장 항쟁에 들어갔다. 2차 동학농민전쟁이 발발한 것이다.

다시 봉기하다

1894년 8월 17일, 평양 전투에서 대승한 일본은 청일전쟁의 주도권을 쥐었다. 이후 일본은 조선을 장악하는 데 최대 장애물인 농민군 진압에 본격적으로 나섰다. 일본의 군사력에 의지해서라도 지배체제를 유지하고자 한 개화파 정부는 9월 하순 들어 농민군 진압을 위해 일본군과 결탁한다.

일본군의 동향을 주시하며 무장력을 강화해온 남접 농민군 지도부는 의병 궐기를 호소하며 봉기를 서둘렀다. 전봉준은 일본에 맞서 조선의 여러 세력과 계층이 참가하는 연합전선을 구축하고자 했다. 먼저 북접교단의 지지를 이끌어냈다. 3월 봉기와는 달리 이번엔 북접교단에서도 항쟁을 선언하고 기포 명령을 내렸다. 전봉준은 관군과 양반 유생에게도 골육상잔을 피하고 일본에 함께 맞서자며 연합을 제의했다. 그는 충청도 관찰사에게 관군의 동참을 촉구하는 글을 보낸다.

일본 오랑캐가 분란을 야기하고 군대를 출동시켜 국왕을 핍박하고 백성을 뒤흔들어놓았으니, 그 실상은 말하기조차 힘듭니다. (…) 지금 우리

가 하고자 하는 바가 지극히 어렵다는 사실을 압니다. 하지만 일편단심
은 죽음과도 바꿀 수 없습니다. 두 마음을 품은 신하들을 쓸어내어 선
대 임금께서 500년 동안 내려준 은혜에 보답하고자 하니, 엎드려 원하건
대 각하閣下(충청도 관찰사)도 깊이 반성하여 죽음으로써 의義를 함께 한
다면 다행일 것입니다.

─「전봉준 상서上書」 『동학란기록』

소수의 관료와 양반 유생이 농민군에 동참했지만 대다수 지배층은
전봉준의 제의에 등을 돌렸다. 오히려 관료들은 일본군과 협력해 농민
군 토벌에 적극 나섰으며 유생들은 민보군을 조직해 농민군에 대항했
다. 신분과 가문을 우선하는 이런 성향은 예천 지역 지배층만의 태도
가 아니었던 것이다. 조선 지배층 다수는 지배체제와 신분질서를 지키
기 위해서는 외세 침략이라는 나라 전체의 위기조차 감수할 태세였다.
이제 남은 선택은 없었다. 10월 초순, 북접교단의 일부 농민군이 논
산에 진을 친 전봉준 부대와 합류했다. 남북접 연합군은 10월 중순 들
어 북상하며 대규모 전투를 준비한다. 한편 조정에서는 중앙 정부군과
일본에서 새로 파견된 병력까지 삼남 지역에 내려보내 대대적인 농민
군 토벌을 단행한다. 작전지휘권은 일본에 넘어간 상태였다. 이에 따
라 조선군 부대의 진격과 군수품 조달 등이 일본 군법과 일본 지휘관
의 명령을 따르게 됐고, 체포된 농민군 지도자와 수집한 문서도 서울
에 있는 일본 공관으로 보내졌다.
10월 23일, 농민군은 공주에서 일본군의 지휘를 받는 관군과 격돌

했다. 농민군은 전봉준이 이끄는 주력부대 4만 명에 여타 지역에서 수만 명이 가세해 규모 면에서는 3400여 명인 관군과 일본군을 압도했다. 11월 초순까지 공주 일대를 오르내리며 수십 차례의 치열한 공방전을 펼쳤다. 하지만 농민군은 체계적인 조직을 갖추고 훈련을 거친 정규부대를 당해낼 수 없었다. 무기에 있어서도 상대가 되지 못했다. 20일 동안의 전투는 농민군의 궤멸로 끝났다. 공주를 빠져나간 전봉준은 잔여 세력을 이끌고 계속 전투를 치렀지만 성과를 올리지 못했다. 남쪽으로 쫓겨 내려가던 전봉준은 전라도 순창에서 체포됐다.

청주와 강경 지역에서 전투를 벌였던 김개남 부대도 연이어 패배를 당한다. 최시형이 이끄는 수만 명의 북접군도 12월 중순까지 충청도와 전라도를 이동하며 힘겹게 전투를 계속하다 결국 강원도 방면으로 도망치고 만다. 그 외의 농민군 잔여세력은 장흥과 강진, 순천, 광양 등 전라도 남부 지역으로 쫓겨 내려가 그 지역 농민군과 합세해 최후의 전투를 벌인다.

❁ 누가 의로운가?

토멸과 학살

다른 지역에 비해 농민군 활동이 두드러졌던 장흥과 강진은 전쟁 막바지에 치열한 전투가 벌어진 곳이다. 최고 지도자들이 이끄는 주력부대가 패배하면서 항전의 좌절이 충분히 예견됐지만 퇴각한 농민군과 함께 1894년 12월까지 전투를 멈추지 않았다. 그런 만큼 희생자도 많았다. 더구나 이 무렵엔 농민군과 동학교도에 대한 학살 수준의 만행이 자행되고 있었다.

일본군은 이미 10월 중순에 동학농민군을 토멸한다는 방침을 세웠으며, 10월 하순엔 "동학교도는 향후 모조리 살육하라"는 명령까지 내린다.[8] 실제로 일본군은 동학 간부로 확인되면 봉기 참여 여부를 막론하고 모두 처형했다. 전라도 남단으로 내려갈 무렵에는 아예 포로를 잡지 않았다. 이후 장흥 전투를 거치면서 동학교도라고 인정되는 이들은 마구 체포해 죽이는 학살을 저지른다. 여기에는 중앙군영 소속의 경군京軍과 지방군, 민보군 등 조선 관료와 군인도 동참했다. 당시 강진에 거주하며 민보군 활동에 가담한 한 유생은 이때의 정황을 이렇게 전한다.

경군이 내려온 이후부터 동학교도를 잡아다가 총으로 쏘아 죽이지 않은 날이 없었다. 이렇게 죽은 자가 1000여 명에 이른다.

　　　　　　　　　　　　　　　　　　-박기현, 『일사日史』 1895년 1월 23일

장흥과 강진 지역에서의 전투가 끝난 뒤에도 일본군과 경군은 한 달 가까이 인근 지역을 수색하며 달아난 농민군과 동학교도를 잡아들였다. 후환을 없애려는 조치였다. 처형은 총살만이 아니었다. 때려죽이고 생매장했으며, 산 채로 화형에 처하기도 했다.

파괴와 약탈이 잇따랐다. 장흥 지역 동학농민군 활동의 거점이었던 용반리는 전체 270여 가옥 중 단 3채만 남고 모두 불타버렸다. 동학교도라는 이유만으로 폭력을 가해 그동안의 반감을 풀었으며, 재산을 빼앗아 사욕을 채웠다.

혈족 관계에 얽혀 동학이나 농민군 참여가 이뤄지면서 희생도 가족이나 친족 단위로 일어난 경우가 많았다. 용반리 접주를 지낸 이사경 집안은 본인과 아버지, 숙부 등 6명이 전사하거나 체포돼 죽임을 당했다. 장흥의 한 순창 박씨 집안은 16명이 봉기에 나섰다가 12명은 전사하거나 행방불명됐으며 2명은 부상과 고문 후유증으로 사망했다. 더욱 불행한 사실은 삼대三代 내외가 한꺼번에 죽었다는 사실이다. 할아버지와 아버지, 손자 삼대가 같은 날 전투에서 사망하고, 시신을 찾으러 간 부인 삼대까지 일본군이 쏜 총에 모두 죽고 만다.

용반리에서는 많은 사람이 함께 처형되거나 죽으면서 같은 날 여러 후손이 제사를 지낸다. 1월 3일에 제사를 지내는 집이 아홉 집이며, 1월 14일은 열네 집이 제례를 올린다. 족보나 공식 기록의 사망 일자와 제삿날이 다른 집이 한둘이 아니다. 전쟁이 끝난 뒤에도 가족에게 가해지는 탄압을 피하기 위해 실제 사망일보다 1,2년 정도 앞당겨 죽은 날짜를 기록한 것이다. 보복의 칼날이 연좌제란 명분으로 이어져 후손들까지 고통에 찬 세월을 보내야 했다.

의義와 도道를 위한 전쟁

한 스승 밑에서 동문수학한 친구가 총부리를 겨누며 대적하기도 했다. 장흥 지역 동학 접주로 농민군 활동을 주도한 이방언과 민보군을 결성한 김한섭이 그들이다. 이들은 이이와 송시열의 학통을 계승했다는 문인관료 임헌회의 제자였는데, 이방언이 1891년에 동학에 입교함으로써 서로 다른 길을 걷는다. 김한섭이 동학 탈퇴를 설득했지만 소용이 없었고, 이후 두 사람은 절교하게 된다. 이방언은 동문록에서조차 이름이 삭제되는 불명예를 떠안는다.

이후 1894년 봉기 때 김한섭은 이방언과 농민군을 도적 무리라 부르며 귀순하라고 경고한다. 동학을 그릇된 가르침이라 일갈하고 세상을 올바른 가르침인 성리학으로 바로잡아야 한다는 명분까지 내세웠다. 이방언은 김한섭의 이런 비판과 달리 자신의 언행이 의로우며 자신이 올바른 길을 가고 있다고 확신했다. 이 무렵 이방언은 병마절도사가 농민군을 질타한 포고문에 대해 농민군 명의로 반박문을 낸 적이 있었다.[9] 이방언과 농민군은 이를 통해 자신들은 의로운 기개로 봉기했으며 행위 또한 의롭다고 표명했다.

이방언은 이전부터 학식과 덕을 겸비한 명망가로 인정받아온 인물이었다. 실천력을 갖춘 개혁 성향의 지식인이기도 했다. 흉년에도 조세수탈이 심해지자 전라도 관찰사를 찾아가 조세 감면 조치를 받아냈을 정도다. 이방언은 도적과 사교邪敎라는 비난의 목소리에 개의치 않고 항쟁 기간에도 폐정개혁 작업에 진력했다.

결국 두 사람은 그해 12월 초순 강진 전투에서 무력으로 부딪친다. 이방언이 이끄는 농민군과 다른 농민군 세력이 합세해 장흥을 거쳐 강진 읍성을 공략했다. 김한섭은 민보군을 지휘하며 서문을 지키다 총에 맞아 사망한다. 하지만 곧 전세가 역전되면서 이번엔 이방언이 쫓기고, 12월 하순 들어 관군에 체포된다. 이방언은 이듬해 봄에 아들과 함께 처형당한다. 의義를 수행한다며 서로 다른 길을 택하고 적대의 길을 걸었던 이방언과 김한섭, 결국 두 사람 모두 타인에 의한 죽음으로 삶을 마감해야 했다.

나라를 위한 올바른 일이라며 농민군 진압과 학살에 나선 고위 관료들은 어떻게 되었을까? 이두황은 중앙군영인 장위영의 영관領官으로 일본군에 의해 농민군 토벌대 선봉대장에 임명된 인물이었다.

이두황은 우리(일본) 군대의 지시를 잘 준수했다. 경리청 영관과 함께 불평 한마디 없이 오로지 우리의 지휘를 따랐다.
　　　　　　　　　　　　　　　　　　　　　　　－『주한일본공사관기록』

　이두황은 교전이 없는데도 동학교도가 살고 있는 마을에 들어가 학살과 방화를 저지르기까지 했다. 장흥전투 시기에는 농민군 잔여세력 체포작전을 지휘했다. 이듬해 중전 민씨 시해사건 때에는 경복궁 정문을 지키면서 일본인들의 만행을 지원했다. 1908년엔 전라북도 판사로 임명돼 의병 진압에 앞장섰고 조선 멸망 뒤에는 전라북도 도장관(도지사)을 역임한다.
　이진호도 장흥과 강진 지역 농민군 진압과 잔여세력 소탕에 가담한 인물이다. 일본이 양성한 교도중대敎導中隊 지휘관으로 진압작전에 참가해 토벌에 앞장섰다. 그는 1907년 중추원 부찬의를 거쳐 평안남도 관찰사가 된다. 한일병탄 뒤에는 도지사를 거쳐 조선총독부 자문기관인 중추원 참의와 고문을 지낸다. 농민군 진압과 학살이 이들 친일인사의 출세를 위한 발판이 된 셈이다.

　19세기 말 조선의 산하에는 한풀이와 개혁의 외침이 뒤섞이고, 징치와 구국의 기치가 뒤엉키고 있었다. 그 혼돈과 전환의 시대에 농민군도 관군도 민보군도 모두 자신의 행위가 의롭다고 했다.

의를 행하고 백성을 구제한다는 주장은 그 실행 여부와 관계없이 지배세력인 양반 유생만이 낼 수 있는 목소리였다. 그런데 세기 말의 혼란 속에서 피지배층인 농민이 이를 전유專有하고자 했고, 마침내 변혁의 주체로 나서고자 했다. 이들은 민본과 왕도, 예치와 덕치라는 지배층의 오래된 통치이념으로 현실을 인식하고 그에 합당한 개혁을 요구했다. 이제 의로움의 공론公論이 농민에게 넘어갔고 개혁 투쟁은 가열하게 타올랐다.

조선 지배층은 제대로 실행돼 본 적 없이 비록 명분에 그쳤지만 그래도 지배의 근거와 통치의 정당성을 뒷받침하던 그 의를 이제는 독점하지 못했다. 그 허위의 의로움마저 퇴색되면서 양반의 나라 조선은 몰락했다. 일부 양반 족속이 왕조의 마지막 즈음까지 자신들이 의롭다고 외쳤지만 백성 돌봄과 나라 보전의 책임을 다하지 못한 지배층은 이미 권리를 상실한 패배자였다.

이제 조선 백성의 저항은 혼돈과 미숙, 착오와 어둠을 넘어 더 넓고 깊은 의로움의 세계로 나아갈 터였다.

지존의 밑바닥, 왕권에 균열을 내다 | 국왕 질타

1) '철종 어가 돌멩이 사건'은 다음 사료를 참고했다. 『철종실록』 13권, 철종 12년(1861) 3월
   6일, 3월 7일 기사; 『친국일기』 22책, 연로투석죄인 조만준의 옥사; 『승정원일기』 2638책,
   철종 12년 3월 7일, 3월 8일, 3월 10일 기사; 『일성록』 철종 12년 3월 6일 기사.

2) 『조선왕조실록』의 인용문은 국사편찬위원회에서 제공하는 번역본을 기준으로 삼았으며,
   내용 이해를 위해 원전의 내용을 훼손하지 않는 범위에서 일부 단어와 문장을 수정했다.
   기사의 일자는 음력을 따랐고 본문에서 언급하는 일자도 음력을 취했다. 이하의 『조선왕조
   실록』을 비롯한 사서의 인용문도 이와 동일하다.

3) 김지영, 「조선후기 국왕 행차에 대한 연구」, 서울대대학원 국사학과 박사학위논문, 2005,
   106~109쪽.

4) 엘리자베스 1세의 순시와 행차 중심의 정치 실상에 대해서는 다음 자료를 참고해 정리했
   다. 김현란, 「엘리자베스 1세의 지방 순시와 행차」, 『서양중세사연구』 16, 2005.

5) 19세기 국왕 행차 실상에 대해서는 다음 자료를 참고해 정리했다. 김지영, 「19세기 전반기
   국가 의례 및 국왕 행차의 추이」, 『한국문화』 54, 2011.

6) 다음 사료를 참고. 『추안급국안』 27권, 갑신년(1824) 대역부도 죄인 이인백 신문 기록; 『순
   조실록』 27권, 순조 24년(1824) 12월 27일 기사. 『추안급국안』은 전주대학교 한국고전학연

구소의 번역본을 참고했으며 권 분류도 이를 따랐다.

7) 다음 사료를 참고해 정리했다. 『정조실록』 4권, 정조 1년(1777) 7월 4일, 7월 7일, 11월 29일 기사; 『일성록』 정조 1년 7월 4일, 7월 12일, 11월 2일 기사; 『심리록』 1권, 중부 박중근의 옥사.

8) 『연산군일기』 7권, 연산 1년(1495) 7월 8일 기사.

9) 이하의 궁궐 난입 사건은 주로 다음 자료를 참고해 정리했다. 권순철, 「19세기 전반 서울 지역의 범죄상과 정부의 대응」, 고려대대학원 사학과 석사학위논문, 2001.

10) 다음 사료를 참고. 『헌종실록』 10권, 헌종 9년(1843) 3월 17일 기사; 『추조결옥록』 68권 헌종 9년 3월 기사.

불타는 능과 전패 | 국왕 상징물 훼손

1) 다음 사료를 참고. 『추안급국안』 8권, 병진년(1676) 제릉 방화 장득선 신문 기록; 『숙종실록』 5권, 숙종 2년(1676) 8월 5일 기사; 『비변사등록』 32책, 숙종 2년 8월 9일 기사.

2) 다음 사료를 참고. 『추안급국안』 10권, 정묘년(1687) 안계리 신문 기록; 『숙종실록』 18권 숙종 13년(1687) 6월 12일 기사.

3) 다음 사료를 참고. 『추안급국안』 14권, 을사년(1725) 죄인 최석산 등 신문 기록.

4) 다음 사료를 참고. 『추안급국안』 12권, 갑신년(1704) 주명철 신문 기록; 『숙종실록』 39권, 숙종 30년(1704) 1월 24일 기사.

5) 다음 사료를 참고. 『추안급국안』 7권, 신해년(1671) 전패를 훔친 죄인 애립 신문 기록.

6) 다음 사료를 참고. 『추안급국안』 7권, 임인년(1662) 전패를 훔친 죄인 생이 신문 기록.

7) 다음 사료를 참고. 『추안급국안』 21권, 기사년(1749) 안변에서 전패를 훼손한 죄인들의 신문 기록.

8) 다음 사료를 참고. 『일성록』 철종 2년(1851) 4월 1일, 4월 5일 기사. 또한, '현원일 전패작변'에 대한 경위와 그 의미에 대한 맥락은 다음 논문에서 도움을 받았다. 윤석호, 「조선후기 전패작변의 전개와 그 성격」, 연세대대학원 사학과 석사학위논문, 2009; 윤석호, 「조선후기 전패작변 연구」, 『한국민족문화』 58, 2016.

9) 이 개념은 다음 자료의 도움을 받아 정리했다. 김호, 「조선후기 '인간위핍률因姦威逼律'의 이해와 다산 정약용의 비판」, 『진단학보』 117, 2013, 121쪽.

신분질서를 거스르다 | 복수 살인

1) '이명 복수 살인 사건'은 다음 사료를 참고해 정리했다. 『숙종실록』 35권 숙종 27년(1701) 3월 13일 기사; 『숙종실록』 38권, 숙종 29년(1703) 12월 3일 기사.

2) 조선 후기 복수 살인과 그에 대한 법적 수용 추세에 대해서는 다음을 참고. 김현진, 「복수 살인사건을 통해 본 조선 후기의 사회상 – 『심리록』을 중심으로」, 『역사민속학』 26, 2008; 최진경, 「정조시대 복수살인의 양상과 그 의미 – 『추관지』 복수살인 판례를 중심으로」, 『한문학보』 35, 2016.

3) 다음 사료를 참고. 『정조실록』 33권, 정조 15년(1791) 9월 20일 기사; 『심리록』 23권, 신해년(1791) 이성尼城 김계손의 옥사.

4) 다음 사료를 참고. 『심리록』 29권, 정사년(1792) 음죽 손덕관의 옥사; 『일성록』 정조 22년 (1798) 5월 22일, 10월 23일 기사.

5) 다음 사료를 참고. 『심리록』 9권, 임인년(1782) 순흥 김치걸의 옥사; 『일성록』 정조 6년 (1782) 11월 14일 기사.

6) 정조의 복수살인 관련 태도와 정책은 주로 다음 자료를 참고해 정리했다. 김현진, 「복수살 인사건을 통해 본 조선 후기의 사회상 – 『심리록』을 중심으로」, 『역사민속학』 26, 2008; 최 진경, 「정조시대 복수살인의 양상과 그 의미 – 『추관지』 복수살인 판례를 중심으로」, 『한문학보』 35, 2016.

7) 다음 사료를 참고. 『심리록』 16권, 병오년(1786) 서울 남부 이상준의 옥사; 『일성록』 정조 10년(1786) 12월 21일, 정조 13년(1789) 2월 16일 · 4월 2일 기사. 이해의 편의를 위해, 이 상준과 김신묵의 주장 일부는 각자의 아들이 격쟁에서 호소한 내용을 가져왔다.

8) 다음 사료를 참고. 『광양군 봉강면 강병촌 치사남인 이학조 시체 복검안光陽郡鳳岡面江邊 村致死男人李學祚屍體覆檢』. 이하의 이학조–조윤태 복수사건 내용은 다음 자료의 도움을 받아 정리했다. 김호, 「1897년 광양군 이학조 검안을 통해 본 동학농민운동의 이면」, 『고문서연구』 50, 2017.

벌거벗은 자들의 생존전략 | 양반 모독

1) 한복의 도망 이야기는 다음 사료를 참고. 오희문, 『쇄미록』

2) 오희문 집안의 노비 현황에 대해서는 다음 자료를 참고. 정성미, 「조선시대 사노비의 사역

영역과 사적영역 –「쇄미록」에 나타나는 사례를 중심으로」『전북사학』 38, 2011.

3) 노상추 집안의 노비 현황에 대해서는 다음 자료를 참고했다. 이정수 「조선후기 노상추가 노비의 역할과 저항」『지역과 역사』 34, 2014.

4) '쪼간이 도망'은 다음 자료의 도움을 받아 정리했다. 전경목, 「도망노비에 대한 새로운 시선」『전북사학』 40, 2012. 이 자료에서는 노비 도망을 주선하는 자와 방법에 대해 조심스레 추정하는 신중함으로 보였다. 본 원고에서는 이를 기정 사실로 보고 '쪼간이 도망'을 다루었다.

5) 노비의 도망 실상과 사회적 배경, 노비제 폐지 추이에 대한 부가 정보는 다음을 참고. 조윤민, 『모멸의 조선사』, 글항아리, 2017, 385~394쪽.

6) 유목 살해사건은 다음 사료를 참고해 정리했다. 『숙종실록』 9권, 숙종 6년(1680) 7월 20일 기사.

7) 덕순의 홍씨 살해사건은 다음 자료에서 재인용했다. 유승희, 『민이 법을 두려워하지 않는다』, 이학사, 2014, 118쪽.

8) 산주 살해사건은 다음 사료를 참고. 서유구, 「1834년 전주부 박덕산 자살 사건」『완영일록』. 본서에서는 다음 자료에서 재인용해 정리했다. 김선경, 「1833~34년 전라도 지역의 살옥사건과 심리: 『완영일록』의 분석」『역사교육』 122, 2012.

9) 상업 활동을 통한 반인의 대응 방식이 갖는 의미에 대해서는 다음 자료를 도움을 받았다. 박지영, 「조선후기 반인의 존재양상과 반촌의 공간 변화」, 부산대학교대학원 사학과 석사 학위논문, 2013; 최은정, 「18세기 현방의 상업활동과 운영」『이화사학연구』 24, 1997.

관료와 위계에 맞서다 | 관료 능욕

1) 해주 감영 난동사건은 다음 사료를 참고해 정리했다. 『심리록』 11권, 계묘년(1783) 황해도 해주 이철의 옥사; 『일성록』 정조 7년(1783) 1월 24일, 1월 25일 기사; 『정조실록』 15권, 정조 7년 1월 25일 기사.

2) 금천 읍리 사망사건은 다음 사료를 참고해 정리했다. 『심리록』 8권, 임인년(1782) 경기 금천 한명룡의 옥사; 『일성록』 정조 5년(1781) 4월 21일, 4월 29일, 5월 12일 기사; 『정조실록』 11권, 정조 5년 4월 21일 기사.

3) 충과 관련된 강상범죄에 대해서는 주로 다음 자료의 도움을 받았다. 조윤선, 「조선후기 강

상범죄의 양상과 법적 대응책」 『법사학연구』 34, 2006.

4) 아이진 난동사건은 다음 사료를 참고해 구성했다. 『일성록』 정조 19년(1795) 7월 8일, 7월 9일, 7월 22일 기사; 『정조실록』 정조 19년, 7월 9일 기사.

5) 강원도 화전민의 시위는 다음 사료를 참고했다. 숙종실록 46권, 숙종 34년(1708) 10월 3일, 12월 13일 기사.

6) 다음 사료를 참고. 『현종실록』 1권, 현종 즉위년(1659) 7월 27일, 7월 29일 기사.

7) 다음 사료를 참고. 『현종실록』 15권, 현종 9년(1668) 7월 21일 기사.

8) 다음 사료를 참고. 『영조실록』 103권, 영조 40년(1764) 3월 23일 기사. 이 사건에 대한 부가 정보는 다음 자료를 참고. 조윤민, 『모멸의 조선사』, 글항아리, 2017, 115~116쪽.

9) 다음 사료를 참고. 『현종개수실록』 18권, 현종 8년(1667) 11월 1일 기사.

10) 다음 사료를 참고. 『영조실록』 32권, 영조 8년(1732) 11월 7일, 11월 8일 기사.

11) 다음 사료를 참고. 『숙종실록』 31권, 숙종 23년(1697) 4월 6일 기사.

12) 조선 후기에 수령과 민의 갈등이 첨예화된 이유에 대해서는 다음 자료를 일부 참고해 정리했다. 한상권, 「18세기 중·후반의 농민항쟁」 『1894년 농민전쟁연구 2』, 역사비평사, 1992, 102쪽의 주) 154.

분노하고 절규하다 | 도시 하층민의 저항

1) 다음 사료를 참고해 정리했다. 『비변사등록』 247책, 철종 11년(1860) 5월 21일 기사; 『우포청등록』 14책, 경신년(1860) 5월 17일 공초.

2) 다음 사료를 참고. 『비변사등록』 238책, 철종 2년(1851) 3월 4일 기사; 『훈국등록』 65권, 신해년(1851) 3월 4일조; 『우포청등록』 6책, 신해년 2월 9일조. 뚝섬 주민 저항사건에 대한 부가적인 정보는 다음을 참고. 조윤민, 『모멸의 조선사』, 글항아리, 2017, 268~271쪽.

3) '뚝섬 주민 난동'의 과정과 성격에 대해서는 주로 다음 자료의 도움을 받아 정리했다. 조성윤, 「임오군란과 청국 세력의 침투」 『신편한국사 38 – 개화와 수구의 갈등』 우리역사넷; 이이화, 『민란의 시대』, 한겨레출판사, 2017.

4) 다음 사료를 참고. 『순조실록』 33권, 순조 33년(1833) 3월 8일, 3월 10일, 3월 12일, 3월 13일, 3월 17일, 4월 10일, 4월 12일 기사. 『비변사등록』 221책, 순조 33년 3월 9일, 3월 10일, 3월 12일, 3월 13일, 4월 10일, 4월 11일 기사. 1833년의 빈민 폭동에 대한 부가 정

보에 대해서는 다음 자료를 참고. 조윤민, 『모멸의 조선사』, 글항아리, 2017, 238~242쪽.

5) 이하의 도시빈민층 형성과 그 실상에 대해서는 주로 다음 자료를 참고해 정리했다. 고동환, 「근대 이행기 빈민의 삶과 저항」, 『역사비평』 46, 1999.

6) 조선 후기 서울의 도시 폭동과 유럽의 도시 폭동 유사점에 대한 개념과 맥락은 다음 자료에서 착안했다. 한명기, 「19세기 전반 반봉건항쟁의 성격과 그 유형」, 『1994년 농민전쟁연구 2』, 역사비평사, 1992, 134쪽 주) 109.

7) 조선과 유럽의 도시 폭동 비교와 관련된 내용은 다음 자료를 참고해 정리했다. E.J. 홉스봄 (진철승 옮김), 『반란의 원초적 형태』, 온누리, 1993, 149~169쪽. 이 책의 제목을 번역서에서는 『반란의 원초적 형태』라 했는데, 본문의 인용문 출처표시에는 원래 제목을 그대로 번역해 『의적과 원초적 반란』이라 표기했다.

작은 도둑 대 큰 도둑 | 일탈

1) 이하에 나오는 1900년을 전후한 시기의 신문과 기록물 인용문은 지금의 어법에 맞게 수정했다.

2) 활빈당의 분급활동 동기와 이유, 활빈당의 의적으로서의 성격에 대한 분석은 다음 자료의 도움을 받아 정리했다. 조경달, 『민중과 유토피아』, 역사비평사, 2009, 189~200쪽; 이윤상, 「대한제국기 농민운동의 성격」, 『1894년 농민전쟁연구 2』, 역사비평사, 1992, 362쪽.

3) 활빈당이 1900년에 황도유회소 명의로 발표한 「대한사민논설 13조목」을 말한다. 이는 활빈당 선언서이자 그들의 활동 강령에 해당한다고 볼 수 있다.

4) 도성에서 벌어진 임꺽정 무리 체포작전에 대해서는 다음 사료를 참고. 『명종실록』 27권, 명종 16년(1561) 10월 28일, 10월 29일, 10월 30일 기사.

5) 에릭 홉스봄(이수영 옮김), 『밴디트 – 의적의 역사』, 민음사, 2004, 58~59쪽.

6) '도적 홍길동'이 '의적 홍길동'으로 변모하는 과정에 고소설 『홍길동전』이 영향을 끼쳤다는 시각이 일반적이다. 이와 달리, 재형상화된 '의적 홍길동'이 고소설 『홍길동전』 탄생에 하나의 전제 조건이 되었다고 보는 시각이 있다. 이에 대해서는 다음 자료를 참고. 백승종, 「고소설 홍길동전의 저작에 대한 검토」, 『진단학보』 80, 1995.

정치권력을 뒤엎어라 | 전쟁 뒤의 변란

1) 1601년에 일어난 제주도 역모사건은 다음 사료를 참고해 구성했다. 『추안급국안』 1권, 신
   축년(1601) 길운절 반역사건; 『선조실록』 139권, 선조 34년(1601) 7월 18일, 7월 30일 기사;
   『선조실록』 140권, 선조 34년 8월 2일, 8월 7일 기사. 역모 가담자들이 6월 1일에 가진 비
   밀회합 장소는 『추안급국안』에는 '충암묘정'이나 '충암묘정 후미진 곳'이라 돼 있는데, 여기
   서는 '충암사당과 인접한 어느 구석진 방'으로 잡았다. 회합 인원은 확인이 되는 10명으로
   보았다.

2) 제주 목사의 탐학 실상은 다음 자료를 참고해 정리했다. 유승희, 『조선민중 역모사건』, 역
   사의아침, 2016, 19~22쪽.

3) 길운절 고변 일자는 『선조실록』에는 6월 4일로, 『추안급국안』에는 6월 2일로 기록돼 있다.
   여기서는 『선조실록』을 따랐다.

4) 이하 '1601 제주도 역모사건'의 실패 요인과 성격, 그 성과에 대한 분석은 다음 자료의 도
   움을 받았다. 고성훈, 「1601년 제주도 역모사건의 추이와 성격」, 『사학연구』 96, 2009; 유
   승희, 「길운절과 소덕유의 역모 사건」, 『조선민중 역모사건』, 역사의아침, 2016.

5) 이하의 이충경 사건은 다음 사료를 참고해 구성했다. 『추안급국안』 4권, 기사년(1629) 역적
   이충경 문서; 『인조실록』 20권, 인조 7년(1629) 2월 27일 기사. 『추안급국안』에 따르면, 당
   시 안변에서 평강으로 행군한 무리의 수가 20명과 21명으로 달리 나타난다. 여기서는 행
   군 당시 이충경 무리를 20명으로 보았다.

6) 포로 숫자는 다음 자료를 참고해 정리했다. 유승희, 『조선민중 역모사건』, 역사의아침,
   2016, 84~85쪽.

7) 『개국대전』 내용에 대한 분석은 다음 자료의 도움을 일부 받았다. 유승희, 『조선민중 역모
   사건』, 역사의 아침, 2016, 98~109쪽; 우혜숙, 「17세기 노비층의 작변과 사회개혁안」, 연
   세대대학원 사학과 석사학위논문, 2009.

믿음이 세상을 바꾼다 | 민간신앙 반란

1) 여환 역모사건에 대한 내용은 다음 사료를 참고. 『추안급국안』 10권, 무진년(1688) 여환 등
   신문 기록; 『숙종실록』 19권, 숙종 14년(1688) 8월 1일 기사. 사건의 내용 정리에는 특히
   다음 자료의 도움을 받았다. 한승훈, 「조선후기 혁세적 민중종교운동 연구－17세기 용녀

부인 사건에서의 미륵신앙과 무속」, 서울대대학원 종교학과 박사학위논문, 2012.

2) 명릉은 인현왕후의 능을 이른다. 최규서가 인현왕후 사후에 회고록을 작성해 인현왕후 폐위사건을 '명릉폐처'로 표현한 것으로 보인다.

3) 이하에 나오는 여환의 계시 논리와 신앙사상의 성격에 대해서는 다음 자료의 도움을 받아 정리했다. 한승훈, 「조선후기 혁세적 민중종교운동 연구 - 17세기 용녀부인 사건에서의 미륵신앙과 무속」, 서울대대학원 종교학과 박사학위논문, 2012, 45~68쪽. 한승훈, 「미륵의 시대, 진인의 귀환: 조선후기 종교운동에 대한 반란의 현상학」, 『종교연구』 75-2, 2015.

4) 중국의 유명선 반란사건은 다음 자료에서 재인용했다. 백승종, 「한국에서의 미륵신앙의 역사적 전개」, 『원불교사상』 21, 1997, 549쪽.

5) 다음 사료를 참고. 『추안급국안』 10권, 신미년(1691) 11월 차충걸 신문 기록; 『숙종실록』 23권, 숙종 17년(1691) 11월 25일 기사. 이 사건의 주요 인물인 차충걸과 조이달의 직업에 대해서는 명확하지 않은 점이 있다. 『숙종실록』에는 이들이 무당 애진과 함께 무격巫覡을 업으로 삼았다고 기록했지만 『추안급국안』에는 차충걸과 조이달이 무격이었는지에 대한 확증적인 정보를 제공하지 않는다. 이를 바탕으로 차충걸과 조이달을 무녀 애진이 이끄는 의례공동체의 일원으로만 파악하는 연구자가 있다(최종성, 「17세기 어느 무당의 공부 - 『차충걸추안』을 중심으로」, 『종교와 문화』 24, 2013) 그 외 연구자는 대부분 이들을 무격으로 파악했다.

6) 이하의 생불의 성격에 대해서는 주로 다음 자료의 도움을 받아 정리했다. 최종성, 「무당에게 제사 받은 생불」, 『역사민속학』 40, 2012; 최종성, 「생불과 무당 - 무당의 생불신앙과 의례화」, 『종교연구』 68, 2012; 최선혜, 「조선후기 숙종대 황해도 지역의 생불사건」, 『역사학연구』 50, 2013.

7) 민중의 정치인이란 개념은 다음 자료에서 빌려와 재해석했다. 최종성, 「생불과 무당 - 무당의 생불신앙과 의례화」, 『종교연구』 68, 2012, 214~215쪽.

새 세상을 약속하다 | 정감록 모반

1) 1782년 정감록 역모사건은 다음 사료를 참고했다. 『추안급국안』 24권, 역적 문인방 · 이경래 등 신문 기록; 『정조실록』 14권, 정조 6년(1782) 11월 19일, 11월 20일, 12월 26일, 12월 27일 기사. 사건 전개와 성격 파악에는 다음 자료의 도움을 받았다. 고성훈, 「조선후기 변

란연구」, 동국대대학원 사학과 박사학위논문, 1994; 백승종, 『정감록 역모사건의 진실게 임』, 푸른역사, 2006.

2) 기록상으론 문인방, 박서집, 신형하의 신분이 분명하게 드러나지 않는다. 신분을 특정하지 않을 때는 상민(평민)일 경우가 많다는 점에 근거해 이 세 인물을 평민 지식인으로 보았다. 대부분의 연구자가 문인방을 천민으로 보는데 백승종은 평민 지식인으로 보았다. 또한 거의 모든 연구서가 문인방을 송덕상의 제자로 단정한다. 이는 『추안급국안』에 나오는 역모 가담자들의 진술을 근거로 한 판단으로 보인다. 그런데 『추안급국안』의 문인방 심문을 보면 문인방 자신은 송덕상의 얼굴을 모르며 학문을 배우지 않았다고 진술한다. 실제로 문인방은 송덕상의 제자가 아니었는데 동조자를 모으고 일을 진행하는데 유리하다 싶어 송덕상의 제자를 사칭한 것은 아닌지 검토해볼 만하다.

3) 변란 기도를 누가 먼저 제의했느냐에 대해선 문인방과 이경래의 주장이 서로 다르다. 본서에서는 두 사람 모두 처음부터 변란 기도를 작심하고 있었던 것으로 보았다.

4) 소운릉에 대한 성격 분석은 다음 자료의 도움을 받았다. 고성훈, 「조선후기 변란연구」, 동국대대학원 사학과 박사학위논문, 1994.

5) 1885년 정감록 역모사건은 다음 사료를 참고. 『정조실록』 19권, 정조 9년(1785) 2월 29일, 3월 8일, 3월 16일 기사; 『승정원일기』 1577책, 정조 9년 2월 29일 기사.

풍문 설전風聞舌戰 | 커뮤니케이션 저항

1) 하동과 의령, 창원에서 일어난 괘서사건은 다음 사료를 참고했다. 『승정원일기』 1845책, 순조 1년(1801) 12월 26일 기사; 『순조실록』 3권, 순조 1년(1801) 8월 5일, 10월 30일, 12월 14일, 12월 30일 기사. 이 장에 나오는 괘서사건의 내용과 성격 분석, 맥락 파악은 다음 자료의 도움을 받았다. 한명기, 「19세기 전반 괘서사건의 추이와 그 특성 – 1801년 하동 · 의령 괘서사건을 중심으로」『국사관논총』 43, 1993.

2) 1812 서울 괘서사건은 다음 사료를 참고. 『순조실록』 15권, 순조 12년(1812) 2월 21일 기사.

3) 1819 화성 괘서사건은 다음 사료를 참고. 『순조실록』 22권, 순조 19년(1819) 6월 2일, 7월 18일 기사.

4) 1826년 김치규 괘서사건은 다음 사료를 참고. 『순조실록』 28권, 순조 26년(1826) 4월 11일,

4월 15일, 5월 3일, 10월 15일 기사.

5) 1853년 봉화 괘서사건은 다음 사료를 참고. 『철종실록』 5권, 철종 4년(1853) 12월 28일 기사; 『철종실록』 6권, 철종 5년(1854) 8월 4일 기사. 『승정원일기』 2549책, 철종 4년 12월 28일 기사; 『우포도청등록』 9책, 1854년 9월 15일조.

6) '이인좌의 말'은 "이 괘서를 걸어 놓으면 사방 사람들이 바람에 초목이 쓰러지듯 괘서 내용에 영향을 받을 것이다掛此書 則四方風靡"라고 한 말을 이른다.(『영조실록』 26권, 영조 6년 (1730) 6월 12일 기사)

북풍 반란 | 1811년 평안도 백성의 봉기

1) 1811년에 일어난 평안도 백성의 항쟁은 다음 사료를 참고. 『관서평란록關西平亂錄』 『진중일기陣中日記』 『순조실록』(1811년 12월에서 1812년 4월 사이의 평안도 반란 기사). 정주성 전투 당시 성 안에 있었던 반란군과 주민 규모는 다음 사료에 근거해 추정했다. 『관서평란록』에는 1월 말 경에 성 안에 노약자를 포함해 모두 4000명 정도의 사람이 있었다고 한다. 『순조실록』에는 4월 19일에 생포한 남녀가 모두 2983명이며, 이중 여자와 10세 이하 아이를 제외한 장정이 1917명이라 했다.

2) 정주성 전투에서 반란군이 유지한 사거리에 대해서는 사료마다 차이가 난다. 『서정일기』에는 "50보 이내에 이르면 비로소 총탄과 화살을 발사한다"고 했다. 『관서평란록』에는 "관군이 성 밖 20~30보 내에 접근하면 비로소 총을 쏜다"고 했다. 본서에는 20~30보로 보았다.

3) 봉기 초의 반란군 규모에 대해서는 사료마다 차이가 난다. 『관서평란록』에 따르면 남진군이 가산을 점령할 당시에 인원이 140~150명이었다. 『순조실록』은 북진군이 정주에 들어갈 때 반란군이 90명이었다고 한다. 이 기록을 근거로 가산 다복동에서 봉기했을 당시의 최초의 반란군 규모를 240명 정도로 잡았다.

4) 황해도 지역 상공업 세력의 발전과 한계에 대해서는 주로 다음 자료를 참고해 정리했다. 고동환, 「1811~1812년 평안도 농민전쟁」 『한국사 10』, 한길사, 1994.

5) 일반 병사 모집과 가담 추이에 대해서는 주로 다음 자료를 활용해 정리했다. 학원유, 「평안도 농민전쟁의 참가층」 『전통시대의 민중운동 상上』, 풀빛, 1981; 오수창, 「홍경래난의 주도세력과 농민」 『1894년 농민전쟁연구 2』, 역사비평사, 1992.

분노의 들녘 | 1862년 백성의 항쟁

1) 진주 민란에 대해서는 다음 사료를 참고.『임술록壬戌錄』『진주초군작변등록晉州樵軍作變謄錄』『진양초변록晉陽樵變錄』『진주민변록晉州民變錄』

2) 1862년에 일어난 민란 발생 수치는 보고돼 기록된 민란을 합산한 것이다. 당시에는 중앙 조정에 보고하지 않은 민란도 상당수에 달했던 것으로 파악된다. 이를 감안하면 실제 민란 발생 건수는 일반적으로 말하는 72건보다 더 많을 것이다.

3) 함양민란에 대해서는 다음 사료를 참고.『임술록壬戌錄』『용호한록龍湖閒錄』

4) 함양민란의 전개 과정과 국면 전환에 대해서는 다음 자료를 참고했다. 조윤선, 「사적지주 제의 측면에서 살펴본 임술농민봉기」『사총』 37 · 38, 1990; 김선경, 「19세기 농민 저항의 정치: 1862년 농민항쟁, 관민 관계 위기와 법 담론」『역사연구』 16, 2006.

5) 이하에서 서술한 '민란을 둘러싼 관과 민의 관계', '농민저항과 법 담론'에 대한 개념과 맥락 전개는 다음 자료의 도움을 받아 정리했다. 김선경, 「19세기 농민 저항의 정치: 1862년 농민항쟁, 관민 관계 위기와 법 담론」『역사연구』 16, 2006.

6) 김선경, 「19세기 농민 저항의 정치: 1862년 농민항쟁, 관민 관계 위기와 법 담론」『역사연구』 16, 2006, 122~123쪽.

바깥에 선 자들의 반란과 꿈 | 개항 전후 백성의 저항

1) 광양란에 대한 명칭은 '광양민란', '광양변란' 등으로 통일돼 있지 않다. 본서에서는 민회행이 주도한 광양 봉기를 기본적으로 변란이라 보고 '광양변란'이라 칭했다.

2) 광양변란에 대해서는 다음 사료를 참고.『광양현 적변 사계발사光陽縣賊變査啓跋辭』『용호한록龍湖閒錄』『추안급국안推案及鞫案』[제29권 기사년(1869) 역적 민회행 등 신문 기록]

3) 변란과 민란 결합이라는 개념, 농민의 저항력과 항쟁의 호응 세력에 대해서는 다음 자료를 참고해 정리했다. 배항섭,『조선후기 민중운동과 동학농민전쟁의 발발』, 경인문화사, 2002, 119~121쪽.

4) 이필제가 일으킨 변란에 대해서는 다음 사료를 참고.『신미 영해부 적변 문축辛未寧海府賊變文軸』『경상감영계록』『추안급국안』[제29권 신미년(1871) 역적 이필제 · 정기현 등 심문 기록]

5) 이필제의 기층 민중에 대한 인식 정도에 대해서는 다음 자료를 참고해 정리했다. 배항섭,

『조선후기 민중운동과 동학농민전쟁의 발발』, 경인문화사, 2002, 121~122쪽.

6) 이필제와 이 시기의 반외세 이념에 대해서는 다음 자료를 참고해 정리했다. 배항섭, 『조선 후기 민중운동과 동학농민전쟁의 발발』, 경인문화사, 2002, 116~119쪽.

7) 이하, 영해난의 특징과 성격에 대한 분석은 다음 자료를 도움을 받았다. 임형진, 「혁명가 이필제의 생애와 영해」『동학학보』 30, 2014, 141~143쪽.

8) 본서에서는 가능하면 '임오군란'이란 용어를 사용하지 않았다. 군인들이 일으킨 난이라는 뜻을 갖는 임오군란 명칭이 난의 규모와 의미를 축소시킨다고 보았기 때문이다. 1882년 6월에 서울 하층민이 일으킨 난에 대해서는 다음 사료를 참고. 『추안급국안』[30권, 대역부 도죄인 김장손 등 국안, 대역부도죄인 김춘영·이영식 국안, 대역부도죄인 허욱 등 국안] 『매천야록』『저상일월渚上日月』 그 외 다음 사료의 임오군란 관련 기사; 『고종실록』『승정원 일기』『일성록』『비변사등록』

9) 소제목은 다음 자료의 "실패한 반란에서 영광의 항쟁으로"라는 문구에서 따왔다. 김정기, 「임오년에 다시 보는 120년 전의 '임오군란'」『역사비평』 60, 2002, 311쪽.

10) '양반의 도시 서울을 점령한 하층민'이란 개념은 다음 자료를 참고해 착안했다. 김정기, 「임오년에 다시 보는 120년 전의 '임오군란'」『역사비평』 60, 2002, 311쪽.

11) 2차 집권 때의 흥선대원군 정책에 관해서는 다음 자료를 참고했다. 김정기, 「임오년에 다시 보는 120년 전의 '암오군란'」『역사비평』 60, 2002; 조성윤, 「임오군란」『신편한국사 38 – 개화와 수구의 갈등』, 우리역사넷.

탐학의 왕조 봉기하는 백성 | 1894년 동학농민전쟁

1) 전봉준에 대한 심문과 재판에 대해서는 다음 사료를 참고. 『동학란기록』(전봉준 공초)

2) 1894년 봉기 주체에 대한 명칭은 흔히 '동학농민군'이라 하는데, 본서에서는 '농민군'이라 약칭했다. 이 '농민군' 표기에는 '동학농민군'이란 의미가 들어 있다. 동학교도에 대한 강조 가 필요할 경우는 '동학농민군'이라 따로 표기했다.

3) 연구자에 따라서는 무장에서 농민군이 진군한 시기를 3월 20일, 이때의 농민군 규모를 약 4000명으로 보기도 한다.(정진상, 「제1차 동학농민전쟁」『신편한국사 39 – 제국주의 침투와 동학 농민전쟁』, 우리역사넷) 본서에서는 무장에서 출발한 날을 3월 22일, 주력군 규모를 3000여 명으로 보았다.(김인걸, 「1894년 농민전쟁의 1차 봉기」『1894년 농민전쟁연구 4 – 농민전쟁의 전개

과정』, 역사비평사, 1995.

4) 민씨 척족이 일본군의 파병을 요청했다는 기록이 있다. 황현이 지은 『오하기문梧下紀聞』(1필, 4월 23일자)에는 중전 민씨가 민영준에게 자신은 차라리 왜군의 포로가 될지언정 임오군란 때와 같이 당할 수는 없다며 독설을 퍼부으니, 민영준이 몰래 일본에 구원을 요청했다고 적고 있다.

5) 다음 사료를 참고. 정석모, 「갑오약력甲午略歷」『동학란기록』

6) 이하의 '농민군의 폐정개혁 행위'에 대한 성격 분석은 다음 자료를 참고했다. 김선경, 「갑오농민전쟁과 민중의식의 성장」『사회와 역사』 64, 2003; 김선경, 「1894년 농민군의 조세제도 개혁 요구」『역사연구』 19, 2010; 김양식, 「동학농민군의 도소 조직과 이념기반」『역사연구』 27, 2014; 홍동현, 「1894년 '동도'의 농민전쟁 참여와 그 성격」『역사문제연구』 20, 2008.

7) 예천을 중심으로 한 경상도 북서부 지역의 농민군과 민보군 대치 실상은 주로 다음 자료의 도움을 받아 정리했다. 신영우, 「1894년 영남 예천의 농민군과 보수집강소」『동방학지』 44, 1984; 박진태, 「1894년 경상도지역의 농민전쟁」『1894년 농민전쟁연구 4 - 농민전쟁의 전개과정』, 역사비평사, 1995.

8) 장흥 · 강진 지역의 전투에 대해서는 주로 다음 자료를 참고했다. 박찬승, 「동학농민전쟁기 일본군 · 조선군의 동학도 학살」『역사와 현실』 54, 2004; 배항섭, 「동학농민전쟁 연구의 새로운 가능성: 전남 장흥 지역의 사례를 단서로」『동학농보』 19, 2010.

9) 1894년 6월, 장흥 농민군에서 산성별장을 잡아가자 병마절도사가 포고문 발표하고, 이에 대응해 농민군에서 반박문을 낸다. 이 반박문의 내용이 박기현이 쓴 『일사日史』에 전한다. 이 반박문을 당시 장흥 농민군 지도자였던 이방언이 주도해 작성한 것으로 보았다. 1절에 있는 마지막 인용문 참조.

참고문헌

지존의 밑바닥, 왕권에 균열을 내다 | 국왕 질타

권순철, 「19세기 전반 서울지역의 범죄상과 정부의 대응」, 고려대대학원 사학과 석사학위논
　문, 2001.

김지영, 「19세기 전반기 국가 의례 및 국왕 행차의 추이」, 『한국문화』 54, 2011.

──, 「조선후기 국왕 행차에 대한 연구」, 서울대대학원 국사학과 박사학위논문, 2005.

김현란, 「엘리자베스 1세의 지방 순시와 행차」, 『서양중세사연구』 16, 2005.

심재우, 「심리록을 통해 본 18세기 후반 서울의 범죄 양상」, 『서울학연구』 17, 2001.

유승희, 『조선민중역모사건』, 역사의 아침, 2016.

이나미, 「조선시대 정치커뮤니케이션에 관한 시론」, 『정치와 평론』 16, 2015.

임민혁, 「조선 초기 국가의례와 왕권 −『국조오례의』를 중심으로」, 『역사와 실학』 43, 2010.

조윤선, 「조선후기 강상범죄의 양상과 법적 대응책」, 『법사학연구』 34, 2006.

하라 다케시, 김익한 역, 『직소와 왕권』, 지식산업사, 2000.

한명기, 「19세기 전반 괘서사건의 추이와 그 특성」, 『국사관논총』 43, 1993.

불타는 능과 전패 | 국왕 상징물 훼손

권순철, 「19세기 전반 서울지역의 범죄상과 정부의 대응」, 고려대대학원 사학과 석사학위논

문, 2001.

김 호, 「조선후기 '인간위핍률因姦威逼律'의 이해와 다산 정약용의 비판」『진단학보』 117, 2013.

남달우, 「숙종대 김포 장릉 방화사건과 읍격 변화」『인천학연구』 20, 2014.

배혜숙, 「조선후기 사회저항집단과 사회변동연구」, 동국대대학원 사학과 박사학위논문, 1994.

심재우, 「심리록을 통해 본 18세기 후반 서울의 범죄 양상」『서울학연구』 17, 2001.

윤석호, 「조선후기 전패작변 연구」『한국민족문화』 58, 2016.

─────, 「조선후기 전패작변의 전개와 그 성격」, 연세대대학원 사학과 석사학위논문, 2009.

임민혁, 「조선 초기 국가의례와 왕권 -『국조오례의』를 중심으로」『역사와 실학』 43, 2010.

조윤선, 「조선후기 강상범죄의 양상과 법적 대응책」『법사학연구』 34, 2006.

홍순민, 「17세기 말 18세기 초 농민저항의 양상」『1894년 농민전쟁연구2』, 역사비평사, 1992.

신분질서를 거스르다 | 복수 살인

김선경, 「1833~34년 전라도 지역의 살옥 사건과 심리:『완영일록』 분석」『역사학보』 122, 2012.

김현진, 「복수살인사건을 통해 본 조선 후기의 사회상-『심리록』을 중심으로」『역사민속학』 26, 2008.

─────, 「조선 후기의 유교윤리와 범죄판결 - 정조의 『심리록』을 중심으로」, 인하대대학원 사학과 박사논문, 2012.

김 호, 「의살의 조건과 한계-다산의 『흠흠신서』를 중심으로」『역사와 현실』 84, 2012.

─────, 「1897년 광양군 이학조 검안을 통해 본 동학농민운동의 이면」『고문서연구』 50, 2017.

손균익, 「복수사건 처결을 통해 본 조선 초기 지배질서의 확립」『사학연구』 115, 2014.

유승희, 『민이 법을 두려워하지 않는다』, 이학사, 2014.

─────, 「18~19세기 한성부의 범죄 실태와 갈등 양상-『일성록』의 사형범죄를 중심으로」, 서울시립대대학원 국사학과 박사학위논문, 2007.

조윤선, 「조선 후기의 사회윤리 강상범죄를 통해 본 사회상」『인문과학논집』 35, 2007.

최진경, 「정조시대 복수살인의 양상과 그 의미-『추관지』 복수살인 판례를 중심으로」『한문학보』35, 2016.

벌거벗은 자들의 생존전략 | 양반 모독

강명관, 『조선의 뒷골목 풍경』, 푸른역사, 2003.

──, 「조선후기 체제의 반인 지배와 반인의 대응」『한국문화연구』15, 2008.

김선경, 「1833~34년 전라도 지역의 살옥사건과 심리: 『완영일록』의 분석」『역사교육』122, 2012.

김용만, 「조선시대 17・18세기 민중의 동향 – 노비층을 중심으로」『국사관논총』37, 1992.

류승희, 「조선후기 사노비의 도망과 추쇄」, 부산대교육대학원 석사학위논문, 2016.

유승희, 『민이 법을 두려워하지 않는다』, 이학사, 2014.

이정수, 「조선후기 노상추가 노비의 역할과 저항」『지역과 역사』34, 2014.

이혜정, 「16세기 가내사환노비의 동류의식과 저항」『조선시대사학보』54, 2010.

장재천, 「조선후기 성균관의 반촌과 반촌인」『향토서울』77, 2011.

전경목, 「도망노비에 대한 새로운 시선」『전북사학』40, 2012.

전세영, 「조선초기 노주관계에 대한 연구: 인명범죄의 사례를 중심으로」, 성신여대대학원 사학과 석사학위논문, 2006.

전형택, 「조선후기 사노비의 추쇄」『전남사학』6, 1992.

정성미, 「조선시대 사노비의 사역영역과 사적영역 – 『쇄미록』에 나타나는 사례를 중심으로」『전북사학』38, 2011.

최은정, 「18세기 현방의 상업활동과 운영」『이화사학연구』24, 1997.

관료와 위계에 맞서다 | 관료 능욕

국사편찬위원회 엮음, 『신편 한국사 36 – 조선후기 민중사회의 성장』, 우리역사넷.

고동환, 「19세기 부세운영의 변화와 정소운동」『국사관논총』43, 1993.

이이화, 「반봉건 투쟁의 격화: 17~18세기 민중의 저항」『한국사 9』, 한길사, 1994.

이해준, 「조선 후기 향촌사회구조의 변동」『한국사 9』, 한길사, 1994.

전국역사교사모임 엮음, 『사료로 보는 우리 역사 1』, 돌베개, 1992.

──, 『사료로 보는 우리 역사 2』, 돌베개, 1994.

조윤선, 「조선후기 강상범죄의 양상과 법적 대응책」『법사학연구』 34, 2006.

한상권, 「18세기 중·후반의 농민항쟁」『1894년 농민전쟁연구 2』, 역사비평사, 1992.

———, 「18세기 전반 명화적 활동과 정부의 대응책」『한국문화』 13, 1992.

홍순민, 「17세기 말~18세기 초 농민저항의 양상」『1894년 농민전쟁연구 2』, 역사비평사, 1992.

분노하고 절규하다 | 도시 하층민의 저항

고동환, 「근대 이행기 빈민의 삶과 저항」『역사비평』 46, 1999.

박은숙, 「개항기(1876~1894) 한성부 하층민의 저항운동과 그 성격」『한국사연구』 105, 1999.

———, 「개항기(1876~1894) 포도청의 운영과 한성부민의 동태」『서울학연구』 5, 1995.

배혜숙, 「19세기 한성부 김수정 거사계획 연구」『사학연구』 50, 1995.

심재우, 「심리록 연구」, 서울대대학원 국사학과 박사학위논문, 2005.

유승희, 『민이 법을 두려워하지 않는다』, 이학사, 2014.

———, 「18~19세기 한성부 경제범죄의 실태와 특징 - 사죄를 중심으로」『서울학연구』 31, 2008.

이이화, 「19세기 전기의 민란연구」『한국학보』 10-2, 1984.

조성윤, 「임오군란과 청국 세력의 침투」『신편한국사 38 - 개화와 수구의 갈등』, 우리역사넷.

차인배, 「조선시대 포도청 연구」, 동국대대학원 사학과 박사학위논문, 2007.

———, 「조선후기 서울의 도시범죄와 포도청의 활동」『한국사상과 문화』 41, 2008.

한국역사연구회, 『1894년 농민전쟁연구 2 - 18·19세기의 농민항쟁』, 역사비평사, 1992.

허남오, 『너희가 포도청을 아느냐』, 가람기획, 2001.

E.J. 홉스봄(진철승 옮김), 『반란의 원초적 형태』, 온누리, 1993.

작은 도둑 대 큰 도둑 | 일탈

고성훈 외, 『민란의 시대』, 가람기획, 2000.

김철수, 『19세기 조선의 생활모습』, 상생출판, 2010.

김헌주, 「1907년 의병봉기와 화적집단의 활동」『한국사연구』 171, 2015.

박재혁, 「한말 활빈당의 활동과 성격의 변화」『부대사학』 19, 1995.

박찬승, 「근대이행기 민중운동의 사회사」, 경인문화사, 2008.

박홍규, 「의적, 정의를 훔치다」, 돌베개, 2005.

백승종, 「고소설 홍길동전의 저작에 대한 검토」, 『진단학보』 80, 1995.

E. J. 홉스봄(이수영 옮김), 『밴디트 – 의적의 역사』, 민음사, 2004.

─────(진철승 옮김), 『반란의 원초적 형태』, 온누리, 1993.

오세창, 「활빈당고 – 1900~1904년」, 『사학연구』 21, 1969.

이덕일 · 이희근, 『우리 역사의 수수께끼 1』, 김영사, 1999.

이동한, 「대한제국시기 화적의 활동과 의병 참여」, 계명대대학원 역사고고학과 석사학위논
　　문, 2017.

이 욱, 「조선시대의 의적」, 『내일을 여는 역사』 11, 2003.

임형택, 「역사 속의 홍길동과 소설 속의 홍길동」, 『역사비평』 19, 1992.

조경달, 『민중과 유토피아』, 역사비평사, 2009.

한상권, 「18세기 전반 명화적 활동과 정부의 대응책」, 『한국문화』 13, 1992.

한희숙, 「16세기 임꺽정 난의 성격」, 『한국사연구』 89, 1995.

─────, 「임꺽정이 난을 일으킨 까닭은?」, 『내일을 여는 역사』 5, 2001.

─────, 「조선 명종대 군도의 발생배경과 활동의 특징」, 『조선시대사학보』 10, 1999.

정치권력을 뒤엎어라 | 전쟁 뒤의 변란

고성훈, 「1601년 제주도 역모사건의 추이와 성격」, 『사학연구』 96, 2009.

김용만, 「조선시대 17 · 18세기 민중의 동향 – 노비층을 중심으로」, 『국사관논총』 37, 1992.

김우철, 「변란에서의 정씨 진인 수용 과정」, 『조선시대사학보』 60, 2012.

우혜숙, 「17세기 노비층의 작변과 사회개혁안」, 연세대대학원 사학과 석사학위논문, 2009.

유승희, 『조선민중 역모사건』, 역사의 아침, 2016.

이이화, 「반봉건 투쟁의 격화: 17~18세기 민중의 저항」, 『한국사 9』, 한길사, 1994.

전형택, 「노비의 저항과 해방」, 『역사비평』 36, 1996.

정석종, 「조선후기 민중운동사 서설 –『추안급국안』을 중심으로」, 『청주여자사범대학논문집』 7,
　　1987.

─────, 「중세사회의 동요와 해체」, 『한국사 9』, 한길사, 1994.

최종성, 「17세기에 의례화된 송대장군」『역사민속학』 44, 2014.

믿음이 세상을 바꾼다 | 민간신앙 반란

고성훈, 「조선후기 변란연구」, 동국대대학원 사학과 박사학위논문, 1994.

──, 「조선후기 유언비어사건의 추이와 성격」『정신문화연구』 35-4, 2012.

배혜숙, 「조선후기 사회저항집단과 사회변동 연구」, 동국대대학원 사학과 박사학위논문,
   1994.

백승종, 「한국에서의 미륵신앙의 역사적 전개」『원불교사상』 21, 1997.

유승희, 「조선민중 역모사건」, 역사의 아침, 2016.

정석종, 「숙종조의 사회동향과 미륵신앙」『조선후기 사회변동연구』, 일조각, 1983.

최선혜, 「조선후기 숙종대 황해도 지역의 생불사건」『역사학연구』 50, 2013.

최종성, 「무당에게 제사 받은 생불-『요승처경추안』을 중심으로」『역사민속학』 40, 2012.

──, 「생불과 무당-무당의 생불신앙과 의례화」『종교연구』 68, 2012.

──, 「17세기 어느 무당의 공부-『차충걸추안』을 중심으로」『종교와 문화』 24, 2013.

──, 「어둠 속의 무속: 저주와 반역」『한국무속학』 27, 2013.

한승훈, 「미륵·용·성인-조선후기 종교적 반란 사례 연구」『역사민속학』 33, 2010.

──, 「미륵의 시대, 진인의 귀환: 조선후기 종교운동에 대한 반란의 현상학」『종교연구』
   75-2, 2015.

──, 「조선후기 僧僧·무巫의 민중종교결사-1688년, 〈역적 여환 등 추안〉」『종교연구』
   47, 2007.

──, 「조선후기 혁세적 민중종교운동 연구-17세기 용녀부인 사건에서의 미륵신앙과 무
   속」, 서울대대학원 종교학과 박사학위논문, 2012.

새 세상을 약속하다 | 정감록 모반

고성훈 외, 『민란의 시대』, 가람기획, 2000.

고성훈, 「조선후기 민중사상과 정감록의 기능」『역사민속학』 47, 2015.

──, 「조선후기 변란연구」, 동국대대학원 사학과 박사학위논문, 1994.

──, 「조선후기 '해도기병설' 관련 변란의 추이와 성격」『조선시대사학보』 3, 1997.

김영범, 『민중의 귀환, 기억의 호출』, 한국학술정보, 2010.

김우철, 「변란에서의 정씨 진인 수용 과정 – 정감록 탄생의 역사적 배경」『조선시대사학보』
  60, 2012.

백승종, 「18세기 후반 평민 지식인들의 지하조직 – 1785년 3월의 정감록 사건」『한국사론』 36,
  2002.

───, 『정감록 역모사건의 진실게임』, 푸른역사, 2006.

───, 『한국의 예언문화사』, 푸른역사, 2006.

서신혜, 「조선후기의 이상세계 추구 경향과 현대 한국의 현실」『사회연구』 4-2, 2003.

한승훈, 「전근대 한국의 메시아니즘 – 조선후기 진인출현설의 형태들과 그 공간적 전략」『종
  교와 문화』 27, 2014.

풍문 설전風聞舌戰 | 커뮤니케이션 저항

고성훈 외, 『민란의 시대』, 가람기획, 2000.

고성훈, 「조선후기 변란연구」, 동국대대학원 사학과 박사학위논문, 1994.

김영범, 『민중의 귀환, 기억의 호출』, 한국학술정보, 2010.

이상배, 「순조조 괘서사건의 추이와 성격에 관한 연구 – 1826년 청주목 괘서사건을 중심으로」
  『사학연구』 49, 1995.

───, 「조선후기 괘서연구」, 강원대대학원 사학과 박사학위논문, 1997.

이이화, 「19세기 전기의 민란연구」『한국학보』 10-2, 1984.

조윤선, 「영조 9년, 남원 만복사 괘서사건의 정치적 법제적 고찰」『전북사학』 33, 2008.

한명기, 「19세기 전반 괘서사건의 추이와 그 특성 – 1801년 하동·의령 괘서사건을 중심으
  로」『국사관논총』 43, 1993.

북풍 반란 | 1811년 평안도 백성의 봉기

권내현, 「'홍경래 난' 연구의 쟁점」『한국인물사연구』 11, 2009.

고동환, 「1811~1812년 평안도 농민전쟁」『한국사 10』, 한길사, 1994.

고혜령, 「서북지방 최대의 민중항쟁 – 홍경래의 난과 여러 민란들」『민란의 시대』, 가람기획,
  2000.

박현모, 「홍경래난을 통해서 본 19세기 조선정치」『동양정치사상사』 4-2, 2005.

오수창, 「19세기 초 중국 팔괘교난과 비교한 홍경래난의 정치적 특성」『대동문화연구』 56, 2006.

───, 「홍경래난 봉기군의 최고지휘부」『국사관논총』 46, 1993.

───, 「홍경래난의 주도세력과 농민」『1894년 농민전쟁연구 2』, 역사비평사, 1992.

이이화『민란의 시대』, 한겨레출판, 2017.

이재봉, 「홍경래난의 체계론적 분석」『민족교육연구』 3, 1985.

정석종, 「홍경래난」『전통시대의 민중운동 下』, 풀빛, 1981.

학원유, 「평안도 농민전쟁의 참가층」『전통시대의 민중운동 上』, 풀빛, 1981.

한희숙, 「일탈과 저항」『조선시대사 2 – 인간과 역사』, 푸른역사, 2015.

홍희유, 「1811~1812년의 평안도 농민전쟁과 그 성격」『봉건지배계급에 반대한 농민들의 투쟁 – 이조편』, 열사람, 1989.

분노의 들녘 | 1862년 백성의 항쟁

김석형, 「1862년 진주농민폭동과 각지 농민들의 봉기」『봉건지배계급에 반대한 농민들의 투쟁 – 이조편』, 열사람, 1989.

김선경, 「19세기 농민 저항의 정치: 1862년 농민항쟁, 관민 관계 위기와 법 담론」『역사연구』 16, 2006.

김용곤, 「전국을 휩쓴 민란의 열풍 – 임술민란」『민란의 시대』, 가람기획, 2000.

망원한국사연구실 19세기 농민항쟁분과, 『1862년 농민항쟁』, 동녘, 1988.

방용식, 「재지사족의 체제이반과 1862년 진주민란」『한국동양정치사상사연구』 16-1, 2017.

송찬섭, 「1862년 농민항쟁과 소통의 정책」『한국사연구』 161, 2013.

───, 「1862년 진주농민항쟁의 조직과 활동」『한국사론』 21, 1989.

양진석, 「1862년 농민항쟁의 배경과 주도층의 성격」『1894년 농민전쟁연구 2』, 역사비평사, 1992.

이영호, 「1862년 진주농민항쟁의 연구」『한국사론』 19, 1988.

이이화, 『민란의 시대』, 한겨레출판, 2017.

이지선, 「임술민란에 관한 고찰」, 성균관대교육대학원 석사학위논문, 1996.

조경달, 「민중과 유토피아 - 한국근대민중운동사」, 역사비평사, 2009.

조윤선, 「사적지주제의 측면에서 살펴본 임술농민봉기」, 『사총』 37 · 38, 1990.

최진옥, 「1860년대 민란에 관한 연구」, 『전통시대의 민중운동 하下』, 풀빛, 1981.

바깥에 선 자들의 반란과 꿈 | 개항 전후 백성의 저항

고성훈, 「1869년 광양란 연구」, 『사학연구』 85, 2007.

김정기, 「임오년에 다시 보는 120년 전의 '임오군란'」, 『역사비평』 60, 2002.

김종원, 「임오군란 연구」, 『국사관논총』 44, 1993.

박한남, 「19세기의 대표적 변란 - 광양란과 이필제의 난」, 『민란의 시대』, 가람기획, 2000.

배항섭, 「19세기 후반 '변란'의 추이와 성격」, 『1894년 농민전쟁연구 2』, 역사비평사, 1992.

──, 『조선후기 민중운동과 동학농민전쟁의 발발』, 경인문화사, 2002.

연갑수, 「이필제 연구」, 『동학학보』 6, 2003.

오진욱, 「임오군란의 도시민란적 성격 고찰」, 홍익대대학원 사학과 석사학위논문, 2003.

임형진, 「혁명가 이필제의 생애와 영해」, 『동학학보』 30, 2014.

조경달, 『이단의 민중반란』, 역사비평사, 2008.

조성윤, 「임오군란」, 『신편한국사 38 - 개화와 수구의 갈등』, 우리역사넷.

──, 「임오군란 연구의 현황과 과제」, 『한국사론』 25, 1995.

탐학의 왕조 봉기하는 백성 | 1894년 동학농민전쟁

김선경, 「갑오농민전쟁과 민중의식의 성장」, 『사회와 역사』 64, 2003.

──, 「1894년 농민군의 조세제도 개혁 요구」, 『역사연구』 19, 2010.

김양식, 「동학농민군의 도소 조직과 이념기반」, 『역사연구』 27, 2014.

──, 「동학농민전쟁기 집강소의 위상과 평가」, 『역사연구』 19, 2010.

김양식, 「1, 2차 전주화약과 집강소 운영」, 『역사연구』 2, 1993.

박찬승, 「동학농민전쟁기 일본군 · 조선군의 동학도 학살」, 『역사와 현실』 54, 2004.

배항섭, 「동학농민전쟁 연구의 새로운 가능성: 전남 장흥 지역의 사례를 단서로」, 『동학학보』
19, 2010.

──, 「1894년 동학농민전쟁의 반일항쟁과 '민족적 대연합' 추진」, 『군사』 35, 1997.

신영우, 「1894년 일본군의 동학농민군 학살」『역사와 실학』 35, 2008.

———, 「1894년 영남 예천의 농민군과 보수집강소」『동방학지』 44, 1984.

———, 「제2차 동학농민전쟁 – 동학농민군의 재기」『신편 한국사 39 – 제국주의 침투와 동학농민전쟁』, 우리역사넷.

우윤, 「장흥 · 강진 지역의 농민전쟁 전개와 역사적 성격」『호남문화연구』 23, 1995.

정진상, 「제1차 동학농민전쟁」『신편한국사 39 – 제국주의 침투와 동학농민전쟁』, 우리역사넷.

정창렬 「동학농민전쟁의 지도자 전봉준」『내일을 여는 역사』 2, 2000.

한국역사연구회, 「1894년 농민전쟁연구 4 – 농민전쟁의 전개과정』, 역사비평사, 1995.

홍동현, 「1894년 '동도'의 농민전쟁 참여와 그 성격」『역사문제연구』 20, 2008.

———, 「1894년 동학농민군의 향촌사회 내 활동과 무장봉기에 대한 정당성 논리」『역사문제연구』 32, 2014.

조선에 반反하다

©조윤민

1판 1쇄	2018년 8월 13일
1판 2쇄	2020년 10월 13일

지은이	조윤민
펴낸이	강성민
편집장	이은혜
마케팅	정민호 김도윤
홍보	김희숙 김상만 지문희 김현지
독자모니터링	황치영

펴낸곳	(주)글항아리	출판등록 2009년 1월 19일 제406-2009-000002호
주소	10881 경기도 파주시 회동길 210
전자우편	bookpot@hanmail.net
전화번호	031-955-2696(마케팅) 031-955-8897(편집부)
팩스	031-955-2557

ISBN	978-89-6735-539-5 03910

글항아리는 (주)문학동네의 계열사입니다.

이 도서의 국립중앙도서관 출판예정도서목록(CIP)은 서지정보유통지원시스템 홈페이지
(http://seoji.nl.go.kr)와 국가자료종합목록 구축시스템(http://kolis-net.nl.go.kr)에서
이용하실 수 있습니다.
(CIP제어번호 : CIP2018023574)

잘못된 책은 구입하신 서점에서 교환해드립니다.
기타 교환 문의 031-955-2661, 3580

geulhangari.com